KB274971

팔자 고치는 법

막걸리

팔자 고치는 법

김찬동

미래문화사

점
사주
관상
궁합

시작하는 말

　인간은 이중구조로 되어 있어 육신은 지상에서 100년 이내로 살다가 노쇠하면 자연으로 돌아가고, 육신을 터로 성숙된 영혼만이 영계에 들어가 영원히 살게 된다.

　이러한 생명의 이치를 안다면 어떻게 살아야 하며, 또 어떻게 죽음을 맞이해야 하는 것인가가 매우 중요하다는 것을 알게 된다.

　그러므로 이 책에서 말하고자 하는 영계에 대한 내용을 바로 알지 못하고는 지상의 육신생활을 바르게 살 수가 없는 것이다.

　그럼 무엇이 상팔자일까. 그 대답은 간단하다. 저승보따리를 잘 챙기는 사람이 상팔자다. 세상에서는 돈이 많거나 권세가 높으면 상팔자라고 생각하는 사람이 많은데, 진정한 상팔자는 저승보따리를 잘 챙기는 사람이다.

　그리고 인생에 있어 정도(正道)란 무엇일까. 정도란 올바른 길이며 축복받는 길이다. 그러기에 누구든 행복을 원한다면 정도를 걸어가야 한다.

　오늘날 윤리 도덕이 무너져 세상이 무질서의 세계로 변해 가고 있다. 어떤 교육이나 주의(主義)가 나와야 무너지는 이 세상을 바로 잡을 수 있을까.

　죽음이란 무엇인가. 영계의 실상은 어떠한가. 또 구원받는 방법은 어떤 길인가. 이러한 심각한 문제들을 엮어 보았다.

차례

차례

［天　文］

天地父母來助我
守護神靈來助我
唵　急急如律令

［將軍呪］

天地將軍來助我
三尺長劍在手中
天地父母嚴令下
一揮長劍斬惡神

제1장
상팔자

서울 성동구 성수동 지하철 뚝섬역 계단 밑에는 사주쟁이 한 사람이 돗자리를 깔아 놓고 지나가는 행인을 상대로 운명사주를 봐주고 복채를 몇 푼씩 받아서 살아가고 있었다.

이 사주쟁이의 이름은 모르고 법명(法名)은 역산(易山)이라 했다.

보통 영감님으로 불리우고 있는 이 역산 선생의 나이는 올해가 꼭 백 살이었다.

몇 가닥 남은 머리카락은 백발이 되었고 곱게 자란 수염은 누가 보아도 신선이나 도사로 보기에 의심할 여지가 없었다.

그를 부를 때 호칭이 여러 가지가 있는데 안면이 있는 사람은 역산 선생이라고 불러주는 사람도 있었고 ‘도사님’이나 ‘영감님’ 등으로 부르고 있었다.

역산 선생은 찾아오는 사람들에게 인생과 우주에 관한 문제를 사주팔자를 중심으로 아주 재미있게 풀이해 주므로 무슨 궁금증도 이 역산 선생과 한참 동안만 이야기를 나누고 나면 모든 궁금증이 풀리고 체인 것이 내려간 듯 속이 개운했다.___

가장 귀중한 곳

역술가를 자칭 직업으로 삼고 살아가는 역산 선생은 손님들과 대화를 나누다 보면 상팔자란 말을 많이 하는 것을 들을 수가 있었다.

상팔자란 좋은 팔자를 두고 하는 말이다.

그러나 현시대가 말세가 되다 보니 인생의 가치관이 희미해지고 윤리와 도덕이 땅에 떨어져 무엇이 상팔자인지 무엇이 개팔자인지 구분하기가 어렵게 되고 말았다.

과연 무엇이 상팔자일까?

어느 날 오십대로 보이는 중년 부인이 찾아와서 역산 선생에게 하소연을 하였다.

"영감님, 뭐니 뭐니 해도 무자식이 상팔자 같아요."

"자식 없는 것이 무엇 때문에 상팔자가 되겠소?"

역산이 되물었다. 그녀는 탄식하듯 말했다.

"영감님, 제가 일찍이 청상과부가 되어 하나밖에 없는 자식을 키웠는데, 글쎄 그놈의 자식이 얼마나 이 에미의 속을 썩이는지 미치겠어요……."

그 말을 듣고 역산은 고개를 끄덕이며 그녀의 심정을 이해하겠다는 듯 한마디 내뱉었다.

"오죽 자식이 속을 썩였으면 그런 말을 하겠소."

그녀는 일찍이 남편과 사별을 하고 아들 하나만 바라보면서 애지중지 키워 왔는데, 어머니의 은혜를 모르고 밤낮으로 나쁜짓만

하러 다니다가 이젠 감옥소에 들랑거리는 것을 직업으로 삼고 있었다. 어머니의 속을 많이 썩이므로 그녀는 자식이 차라리 없는 것이 제일 좋은 팔자라고 주장하게 된 것이다.

또 어떤 젊고 싱싱한 아가씨가 자기 팔자가 상팔자라고 주장을 하므로 역산은 여자의 의중이 궁금하여 물었다.

"아가씬 무슨 일을 하며 살길래 상팔자라고 주장하고 있소?"

그녀는 서슴없이 입에 힘을 주어 말했다.

"영감님, 전 몸 팔아 먹고 사는 창녀예요. 뭐니 뭐니 해도 창녀 팔자가 상팔자라니까요."

역산은 하도 기가 막혀서 멍하니 그녀의 이야기를 듣고 있을 뿐이었다.

"어차피 한 번밖에 없는 인생인데 재미를 실컷 보면서 돈버는 직업은 몸 팔아 먹고 사는 이 직업뿐이더라니까요. 전 항상 즐거워요, 호호호……."

역산은 그만 말문이 막히고 말았다.

"참으로 말세구나. 인륜도덕은 다 어디로 숨어버리고 순결이나 정조란 말조차 찾아보기가 어렵게 되었단 말인가?"

역산은 탄식을 했다.

또 어떤 여인이 찾아와서 자기도 이제부터 상팔자가 되었다고 큰소리를 지르므로 역산은 내심 궁금했다.

"무슨 좋은 행운을 만나기라도 했소?"

그녀는 싱글벙글거리며 자랑스럽게 말했다.

"한 달 전에 남편이 교통사고로 죽었지요. 그래서 저도 이제 과부가 되었으니 상팔자일 수밖에요."

역산은 그 말의 뜻이 뭔지 잘 이해를 못하여 그녀에게 물었다.

"과부가 된 것이 무엇이 그리도 좋아서 상팔자라고 큰소리치고 있소?"

그녀는 입가에 미소를 지으면서 말했다.

"남편이란 놈이 손버릇이 하도 더러워서 술만 한잔 입에 들어갔다 하면 저를 마치 개패듯이 두들겨패지 뭡니까. 남편이 아니라 원수같이 생각하고 살았는데 그놈의 원수가 차에 치여 죽었다는 연락을 받자 전 해방을 맞이했지 뭡니까. 그러니 상팔자가 아니고 뭐겠어요."

역산은 그녀의 이야기를 들으면서 심기가 편치 않았으나 그 뜻은 이해할 수 있었다.

또 어떤 거지가 자기도 상팔자라고 주장을 하므로 그 연유를 물어본즉 그 거지는 아주 논리정연한 주장을 했다.

"영감님, 제 이야기를 한번 들어 보세요. 전 아무것도 가진 것이 없으므로 도둑당할 염려가 없고, 또 세금 내라는 고지서가 안 날아와서 편안하고, 또 다리 밑이나 지하도에 들어가 아무 곳이나 눕기만 하면 내 집이니 이보다 더 좋은 팔자가 어디 있겠습니까. 아무튼 거지팔자가 상팔자지요."

역산은 그 말을 듣고 먼 하늘을 바라보며 되뇌었다.

"일리가 있는 말이오."

역산은 고개를 떨구었다.

이렇듯 여러 분야의 사람들과 상담을 나누다 보니 도대체 무엇이 상팔자인지, 또는 무엇이 개팔자인지 구분짓기가 어려울 만큼 세상이 온통 뒤범벅이 되어가고 있음을 느끼고는 개탄했다.

그래서 역산은 이 혼탁하여 망해 가는 세상에서 그래도 하늘이 세우신 창조 본연의 가치관에 기준을 세우고자 당당히 역산 자신이 스스로 수양에서 얻은 철학적인 사상을 주장하게 되었다.

어느 가을날 삼십대로 보이는 여자가 역산 선생을 찾아왔는데 어딘지 모르게 색기가 물씬 풍겨 나왔다.

역산은 수도를 많이 하였기 때문에 느낌만으로도 상대방의 정체를 70퍼센트 이상 아는 신통한 도인이었다.

"영감님, 제 사주를 좀 봐주세요."

그녀는 생년월일과 시를 말했다. 역산은 그녀가 불러주는 대로 만세력을 뒤적거렸다.

만세력은 사주쟁이에게 가장 중요한 무기다. 그것은 마치 군인이 총을 항상 가지고 다니는 것과 똑같은 필수품인 것이다.

년 월 일 시 김현숙
丙 庚 壬 丙   己戊丁丙乙甲癸
申 子 子 午   亥戌酉申未午巳

이렇게 사주를 뽑아 놓고서 유심히 살펴보더니 역산의 인상은 점점 찡그러지고 있었다.

"일지(日支)에 기신(忌神)이 자리하고 남편을 나타내는 관성(官星)이 없어요. 당신은 남편 복이 없는 팔자를 타고났어요."

역산이 말하자 그녀는 묘한 웃음을 지으며 눈웃음을 쳤다.

"영감님, 귀찮게 결혼은 뭣 때문에 하나요. 전 혼자 살아도 늘 즐겁기만 해요. 제가 진정으로 상팔자라고 생각합니다."

역산은 그녀의 사주를 다시 한번 살펴보았다.

"팔자는 더럽게 타고났는데 어찌하여 상팔자라고 하고 있지요?"

역산이 거칠게 묻자 그녀는 속시원하게 자신의 직업을 털어놓았다.

"영감님, 전 직업이 몸 팔아먹고 사는 창녀예요. 남들이 뭐라고 손가락질을 히든 전 제 직업이 상팔자라고 주장해요."

그 말에 역산은 그만 입이 딱 벌어지고 말았다. 세상에 창녀가 상팔자라고 일전에도 주장하길래 그런가보다고 생각했는데 오늘은 된통 걸린 느낌이었다. 그녀는 계속 자랑을 했다.

"어차피 리플레이할 수 없는 것이 인생인데 즐겁게 살아야 하지 않겠어요. 몸파는 직업은요 항상 몸이 즐겁지요. 또 주머니에 돈이 마를 날도 없고요. 즐기면서 돈버는 직업은 몸파는 일뿐이라니까요. 그래서 제 팔자가 상팔자라고 생각해요."

역산은 그녀의 말에 한동안 멍하니 돌로 머리를 얻어맞은듯 그녀의 얼굴만 쳐다보고 있다가 정신을 가다듬었다.

김현숙은 고등학교를 졸업하기가 무섭게 좌우를 살필 겨를도 없이 곧바로 사창가로 들어가 정식으로 창녀가 되었다.

그녀는 앞에서 주장한 바대로 즐기며 돈벌이하기에 가장 쉬운 것이 몸파는 것이라고 생각했기 때문이었다.

지금까지 창녀생활을 한 지 8년째인데 그 동안 그녀의 몸뚱이는 많은 사내들이 즐기고 가는 공동화장실이 되어 왔었다. 그 동안 번 돈으로 조그마한 자기 집도 한 채 장만해 두었고 통장에 돈도 제법 들어 있었다.

그런데 작년 여름에 어느 흑인 미군병사와 진하게 한번 뒹굴고 나서는 성병에 걸리게 되었다. 병원에 가서 치료를 하고 약을 먹고 해도 좀 해복이 되는 듯하다가는 또 재발하여 손님을 못 받게 되어 발을 동동 구르다가 또 얼마간 치료를 하느라 난리를 피우곤 했다. 성병을 치료하느라고 한 달에 5일이나 10일밖에 손님을 받을 수 없었고 나머지는 늘 치료를 해야만 했다.

그녀를 보고 찾아온 손님인데도 받아들이지 못하고 옆에 있는 동료 아가씨에게 양보를 해야 하는 쓰라린 고통을 참으며 완치될 날만 학수고대하다가 하도 답답하여 누구의 소개로 역산 선생을 찾아오게 된 것이다.

"영감님, 저는 밑천이라고는 이 몸 하나뿐인데 이 몸마저 성병에 걸리고 말았으니 어쩌면 좋겠습니까? 빨리 완치되지 않으면 단골손님들을 다 놓치게 된단 말이에요."

그녀는 안타까운 듯 쭈그리고 앉은 상태에서 엉덩이를 상하로 흔들어댔다. 역산은 깊은 탄식을 하며 힐끗 쳐다봤다.

"자업자득(自業自得)이군요."

옛 성현 공자께서 말씀하셨습니다.

'착한 일을 하는 사람에게는 하늘이 복을 주시고 악한 일을 하는 사람에게는 하늘이 재앙을 준다'고 했습니다.

"당신은 몸을 팔며 살아가는 것이 얼마나 큰 죄악인지 모르시나요?"

역산이 묻자 그녀는 오히려 별꼴이라는 듯이 말했다.

"영감님, 내 몸을 내가 파는데 무슨 죄악이 된단 말입니까? 살인한 것도 아니고 도둑질한 것도 아닌데 뭣 때문에 몸을 파는 것이 죄악이 된단 말입니까?"

그녀는 따지듯이 물었다.

"그 이유는 가장 귀중한 것을 가장 천하고 더럽게 마치 걸레처럼 취급하였기 때문에 죄악이 되는 것이지요. 당신의 몸 가운데서 가장 귀중한 곳이 곧 음문이오."

이렇게 말하자 그녀는 이해를 못하겠다는 듯 고개를 갸우뚱거렸다.

"음문이 무엇 때문에 그토록 귀중한 곳이란 말인가요?"

이해를 못하자 역산이 조용히 말을 꺼냈다.

"당신은 가장 귀중한 것을 무엇이라 생각하나요?"

반문하자 그녀는 선뜻 말했다.

"생명 아니겠습니까."

"옳소, 생명이오. 그럼 그 귀중한 생명은 어디로부터 나오는가요?"

역산이 반문하자 그녀는 선뜻 말을 못하다가 입을 열었다.

"아기는 여자의 음문을 통해서 태어나지요."

역산은 고개를 낮게 끄덕였다.

"옳은 말이오. 사람에게서 가장 귀중한 것은 생명이고 그 귀중한 생명은 여자의 음문을 통해서 태어납니다. 그토록 귀중한 생명이 태어나는 곳이 음문이므로 그래서 음문이 귀중한 것이 되며 그 귀중한 음문을 파괴하는 짓은 큰 죄악이 되는 것이오. 간음죄가 왜 무서운 중죄인가를 이제 알겠소?"

그러자 그녀는 이해가 되는 듯 표정관리에 애썼다.

"영감님 말씀을 듣고 보니 음문이 그토록 귀중한 것인 줄 미처 몰랐는데 이제야 조금은 알 것 같아요."

역산은 다시 음문의 귀중함을 놓고 설명을 했다.

"하늘이 여자에게 주신 축복의 선물 중에 가장 귀중한 것이 곧 음문이었지요. 너무나 귀중하고 거룩한 곳이라 하여 궁(宮)이라

했는데 궁 가운데서도 가장 근본적으로 귀중한 궁이라 하여 본궁(本宮)이라고 하였지요. 그러므로 여자의 음문은 천지간에 가장 귀중한 본궁이라는 축복을 받은 것이었소. 그 음문을 통하여 귀중한 사랑이 나오고 생명이 나오고 혈통이 나와서 가정이 형성되는 근원이 되므로 얼마나 거룩하고 귀중한 곳이겠소. 천지를 다 팔아서라도 살 수가 없는 곳이 음문인데 이처럼 귀중한 곳을 돈 몇 푼에 팔아먹고 산다는 것은 하늘의 무서운 벌을 받을 죄악이지요.”

설명이 끝나자 그녀는 얼굴색이 노랗게 변해지며 놀라는 눈치였다.

“영감님, 그런 엄청난 가치가 있는 귀중한 곳인 줄을 미처 몰랐습니다. 이런 말씀을 진즉 들었던들 나쁜 짓을 하지는 않았을텐데 … 용서해 주세요.”

그녀는 몸을 사르르 떨었다.

“당신의 사주를 보니 조상들이 지은 간음한 죄업이 상당히 강하게 나타나는데 이렇게 음란한 기운이 왕성하게 나타난다는 것은 조상들이 지은 간음죄를 갚아야 한다는 내용이지요. 조상들로부터 흘러내려오는 간음한 죄업을 당신이 갚아야 죄업이 소멸되어 음문에 걸린 병도 나아집니다.”

이렇게 말하자 그녀는 무슨 말인지 잘 이해를 못하겠다는 듯 꿀 먹은 벙어리처럼 듣고만 있었다.

“조상들이 지은 죄업을 갚는 길은 조상들이 지은 죄와는 정반대의 길을 걸어가야 합니다.”

즉 조상들이 간음죄를 많이 범했기 때문에 당신은 그 죄업을 소멸시키기 위해서는 일체 간음죄를 짓지 말아야 그 빚을 갚을 수가 있지요.”

그녀는 간신히 입을 열었다.

“영감님, 제가 그럼 어떻게 살아야만 그런 죄업을 다 갚을 수 있을까요?”

역산은 옆에 있는 막걸리병을 잡더니 흔들어 입에 대고 꿀꺽꿀꺽 몇 모금 마시고는 다시 말을 이었다.

“일생 동안에 오직 한 사람의 남편만 위하여 정조를 생명보다 더 귀중하게 지키며 열녀의 길을 걸어가야만 그 죄업이 소멸되지요. 업보가 남아 있는 한 언제 또 무슨 날벼락이 떨어질지 모르므로 스스스 갚지 않으면 하늘은 강제로 갚도록 하지요.”

그러자 그녀는 다소 겁에 질린 모습으로 물었다.

“하늘이 강제로 갚게 한다는 것은 무슨 뜻인가요?”

역산의 음성은 냉정했다.

“무서운 병에 걸리게 하거나 또는 큰 사고를 당하여 불구자가 되게 하거나 아니면 사업이 부도가 나서 졸지에 깡통을 차게 하거나 또는 벼락을 맞아 죽게 하는 등 꼭 그 빚을 받아 가지요.”

그녀는 한숨을 푹푹 쉬면서 눈을 껌벅거렸다.

“영감님의 말씀을 듣고 보니 저는 지금까지 간음죄를 너무 많이 지었기 때문에 조상들의 업보를 소멸시키기는 고사하고 그 업보를 더 크게 키워 놓은 결과가 되고 만 셈이네요? 그럼, 전 어떡하면 좋을까요?”

그녀가 근심 어린 눈빛으로 묻자 역산 선생이 말했다.

“이제부터라도 업보를 소멸시켜 나가야지요. 하늘이 천벌(天罰)을 내려서도 그 업보가 다 소멸되지 않으면 나머지 업보는 자식에게로 넘어가서 또 재앙을 당하지요. 그래서 부모와 자식은 공동운명이 되는 것이며 더 나아가서는 조상과 후손 사이도 혈통의 인연 때문에 공동운명이 성립되는 것이랍니다.”

“그럼 조상이 지은 모든 죄악의 업보는 후손이 반드시 다 갚아야 할 책임이 따르는 셈이군요?”

“암 그렇고말고요. 호리도 남김없이 다 갚을 때까지 그 업보는 사람을 괴롭게 재앙을 주지요. 반드시 다 갚아야 자신이나 후손이 모두 살 길이 열리는 것입니다.”

그러자 그녀는 두 눈에 눈물을 흘리며 말을 이었다.

“그런 기가 막힌 내용이 있었군요. 그런 줄도 모르고 저는 몸을 파는 것을 직업으로 생각하며 즐기며 살아왔으니 이 태산보다 많은 죄악을 어떻게 해야 하나요?”

그녀가 흐느껴 울자 역산은 다시 말했다.

"지금 당신의 조상들은 영계의 지옥에 떨어져서 무서운 고통을 당하고 있습니다. 고통당하는 조상들을 구원해 줄 수 있는 사람은 오직 지상에서 육신을 쓰고 살고 있는 혈통의 인연이 있는 후손뿐이지요. 즉 조상들을 구원하기 위해서는 현숙 씨 당신이 꼭 필요한 것입니다. 조상들의 업보가 당신에게 머물러 있으니까요."

그녀는 다시 한번 놀라며 역산의 얼굴을 쳐다보았다.

"제가 어떻게 그런 막중한 책임을 감당할 수가 있을까요…?"

"최선을 다해 보는 수밖에요. 지금 이 순간도 조상들은 당신에게 간절히 애원을 하고 있어요. 부디 죄를 짓지 말고 공덕을 쌓아 그 공덕의 대가로 조상들을 지옥에서 구원해 달라는 애원의 소리가 천지를 진동하고 있습니다."

그녀는 생전에 듣도 보도 못한 소리에 어안이 벙벙한 듯했다.

"영감님, 정말 영계가 있고 영혼이 있습니까? 정말 조상님들이 지금도 저승세계에 살아 있습니까?"

현숙이 진지한 모습으로 물었다.

"의심이 가는 것은 당연할 거요. 직접 눈으로 보지를 못했으니까요. 그러나 틀림없이 영계와 영혼이 있습니다. 나는 분명히 저 영계를 구경하고 왔어요. 그리고 수없이 많은 우리들의 조상들이 지옥에 떨어져서 무시무시한 고통을 당하고 있는 것을 직접 보고 왔습니다."

하고 힘주어 말하자 그녀는 불안한 듯 얼굴이 노랗게 변했다.

"영감님의 말씀을 듣고 보니 겁이 많이 납니다. 그럼 저는 지금까지 지은 간음죄를 어떻게 해야 할까요?"

역산은 엄중한 목소리로 낮게 말했다.

"먼저 지난날의 모든 간음죄를 회개하세요. 육신을 벗기 전에 모든 죄를 다 씻어야 하니까요. 지금 당신의 영혼에는 지금까지 8년 동안 간음한 내용들이 하나도 빠지지 않고 다 기록되어 있습니다. 그 기록을 지상에서 육신을 쓰고 있을 동안에 다 지우지 않고서 그대로 육신을 벗고 영계에 들어가 버리면 무서운 지옥에 떨어집니다. 그러므로 육신을 벗기 전에 회개하여 지워야 합니다."
　역산은 종이에다 참회게(懺悔偈)라는 문구를 한 장 적어 주었다.

<table>
<tr><td>참회게</td><td>懺悔偈</td></tr>
</table>

아석소조제악업	我昔所造諸惡業
개유무시탐진치	皆由無始貪瞋痴
종신구의지소생	終身口意之所生
일체아금개참회	一切我今皆懺悔
죄무자성종심기	罪無自性從心起
심약멸시죄역망	心若滅時罪亦亡
죄망심멸양구공	罪亡心滅兩俱空
시즉명위진참회	是卽名謂眞懺悔

　그녀는 참회게가 적힌 종이를 받아 들면서 손을 부르르 떨었다.
　"영감님, 전 지은 죄가 너무 많은데 어떻게 해야 빨리 지워질까
요?"
　"공덕을 쌓아야 합니다. 당신 자신이 할 수 있는 범위 내에서
남에게 이익을 주는 일을 하면서 살면 되지요. 그리고 무엇보다도
마음의 자세를 바르게 가져야 합니다. 마음의 자세가 바르게 되어
야 만가지 복이 다 들어오니까요."
　그녀는 이해가 가는 듯 고개를 끄딕이면서 눈시울을 붉혔다.
　"마음의 자세를 바르게 가져야 된다는 말씀은 부처님께서도 많
이 강조하신 말씀이지요."
　역산은 그녀의 입에서 그런 말이 나오자 미소를 지으며 그녀의
본심에서 울리는 소리를 듣는 듯했다.
　"또 있어요. 우주의 근본이시며 인간의 영원한 부모이신 하늘을
알고 믿고 모시며 살아야 큰 공덕이 됩니다. 하늘을 알지 못하고
믿지 않으며 모시지 않고 혼자의 힘만으로서는 절대로 색마를 이
길 수가 없습니다. 하늘의 도우심을 받아야 승리할 수가 있지요."
　역산은 하늘에 대한 믿음을 강조하자 그녀는 다시 물었다.

"꼭 하늘을 믿어야 재앙을 면할 수 있는 이유는 뭔가요?"

"그 이유는 이렇지요. 즉, 사주에 보면 선천적인 기운이 70% 작용을 하고 있고 후천적인 노력이 30% 작용을 하고 있습니다. 그러므로 사주의 기운이 노력의 힘보다 강하기 때문에 현숙 씨처럼 음란한 기운이 왕성한 사주를 타고난 여자는 자기 혼자의 힘으로서는 결코 색마를 이길 도리가 없지요. 그래서 하늘의 도움이 필요한 것이며 신앙이 요구되는 것이지요."

그녀는 끄덕이며 고개를 떨구었다.

"선천적인 기운인 사주팔자가 노력의 힘보다 두 배 이상 강하기 때문에 그런 것이지요. 그럼 당신이 이해를 하기 쉽도록 도표를 하나 보여주겠소."

역산은 종이에다 도표를 그려 보였다.

(색마의 승리)

역산은 도표를 가리키며 설명을 했다.

"이 도표에서 보는 것처럼 창녀들이나 다음녀(多淫女)들을 보면 팔자에 이처럼 음란한 기운이 강하게 작용을 하고 있기 때문에 자신도 모르는 사이에 색마의 노예가 되어 버리지요. 이 색마의 시험을 이기려면 자기 혼자의 힘으로서는 불가능하고 하늘의 도움을 청해야 합니다. 하늘을 믿고 모시면 하늘이 기운을 빌려 주신답니다."

역산은 또 도표를 그려 보였다.

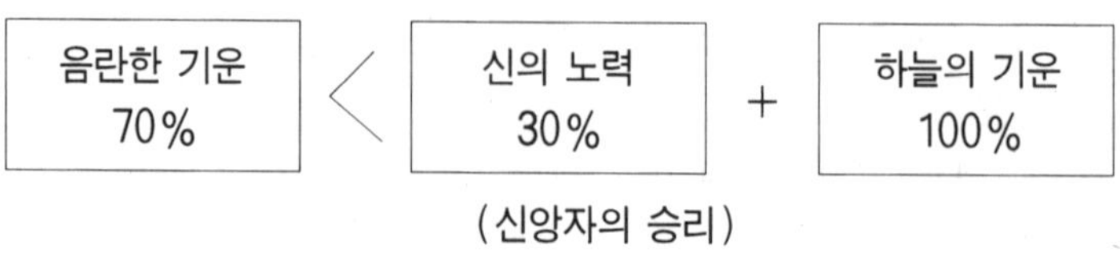

(신앙자의 승리)

도표를 보자 그녀는 이해가 된다는 눈치를 보이며 자세를 낮추었다.

"역시 하늘을 믿지 않고서는 색마의 시험에서 벗어날 수가 없겠군요."

"물론이지요. 이와 같이 하늘을 알고 믿고 모시면 하늘의 도우심으로 색마의 시험에서 쉽게 승리할 수가 있지요."

그녀는 앞으로 하늘을 믿고 모시며 새 사람이 되겠다고 역산 선생께 약속을 했다.

"영감님, 이제부터 저도 새 사람이 되어 사람답게 살겠어요. 지금까지 살아온 것이 부끄럽고 헛 인생을 살아온 것 같아요. 영감님을 만나지 않았다면 계속 하늘 무서운 줄 모르고 아마 개같이 살았을 거예요……."

그녀는 고맙다는 인사를 남기고는 떠나갔다. 현숙이 떠나가자 역산은 다시 한번 그녀의 사주를 살펴보았다.

"임수(壬水) 일주(日主)가 자(子)월에 출생하고 연지(年支)에 신금(申金)이 있고 일지(逸支)에 자수(子水)가 자리하여 신강사주(身强四柱)가 되었는데 관성(官星)인 토(土)가 없으므로 남편 복이 없는 팔자로구나. 관성이 없으므로 왕성한 수(水) 기운을 억제하지 못하여 아무 곳으로나 물이 흘러가게 된 것이니, 즉 팔자에 남편이 없는 몸이라 아무 남자에게나 몸을 허락하는 창녀가 되었구나……."

그로부터 일주일 후에 그녀가 다시 역산 선생을 찾아왔다. 현숙은 얼굴에 근심이 가득한 모습으로 말했다.

"영감님, 그런데 회개를 하려고 해도 좀처럼 잘 되지가 않습니다. 아무리 음란한 생각을 떨쳐 버리고 새 사람이 되려고 해도 전날의 습관 탓인지 자꾸만 정신이 산만하기만 합니다. 기도를 하려고 눈을 감으면 전날에 많이 보아왔던 남자들의 그 성기가 먼저 눈앞에 나타나서 사라지지를 않지 뭐예요. 그것이 눈에 나타나지 않게 하는 좋은 방법이 없을까요?"

그녀가 안타까워하자 역산은 고개를 끄덕이더니 입을 열었다.

"당신의 그 심정을 이해하겠소. 사람은 누구나 타락의 후손이므로 전날의 습관을 쉽게 버릴 수는 없는 법이지요. 악도(惡道)를 버리고 선도(善道)로 마음을 돌리고자 하면 악마가 그냥 쉽게 물러나지 않지요. 그래서 악마를 물리치는 무기를 하늘이 내려 주셨으니 곧 천문(天文)과 장군주(將軍呪)라는 주문이지요. 이 주문을 암송하면 곧 하늘을 믿고 모시겠다는 조건이 성립되므로 백천사마가 다 물러가지요."

역산은 빠른 동작으로 천문과 장군주를 각각 한 장씩 적어 주었다.

천 문

천지부모내조아	天地父母來助我
수호신령내조아	守護神靈來助我
옴～급급여율령	唵～急急如律令

장군주

천지장군내조아	天地將軍來助我
삼척장검재수중	三尺長劍在手中
천지부모엄영하	天地父母嚴令下
일휘장검참악신	一揮長劍斬惡神

"이 두 가지 주문을 많이 암송해 보세요. 그럼 효험을 많이 볼 거요."

그녀는 주문을 받아 들면서 역산 선생에게 물었다.

"하루에 몇 번씩 암송해야 됩니까?"

역산은 편안한 음성으로 그녀에게 말했다.

"뭐 일정한 횟수는 관계없지만 당신처럼 색마의 사슬에서 벗어나지 못한 사람은 하루에 120번 이상씩 암송해야 효험을 볼 수 있습니다."

“영감님, 그럼 어떻게 암송하나요?”

“별로 어려운 것이 없습니다. 마치 중이 염불을 하듯이 운곡을 맞추어야 지치지 않고 오래 할 수가 있습니다. 다른 모든 잡념을 버리고 오직 하늘만 모시고 바르게 살겠다는 일념만 가지고 열심히 암송을 하면 됩니다. 그러면 틀림없이 소원을 이룰 것이오.”

그녀는 마음 속에 민물이 몰려오듯 벅차오르는 기운을 느꼈다.

“별로 어려운 것은 아니군요. 그럼 영감님께서 가르쳐 주시는 대로 한번 열심히 해 보겠습니다. 영감님, 그럼 앞으로의 제 운세는 어떻게 나옵니까?”

그녀가 묻자 역산은 다시 며칠 전에 보았던 그녀의 사주가 적혀 있는 곳을 뒤적거려 찾아서 살펴보더니 말했다.

“초년 대운을 보니 무술(戊戌)과 정(丁)대운은 길운이라 음란한 짓을 수없이 많이 해도 별탈이 없다가 일단 서(西)대운으로 접어들자 음문에 큰 병이 발생한 것입니다. 그러므로 사람은 누구나 길운을 맞이했을 때 공덕을 쌓아 다음에 흉운을 당했을 때 대비하는 것이 중요한 것이지요.”

그녀는 고개를 끄덕였다.

“운세란 수시로 바뀌는 것이므로 편안할 때에 위태한 일을 당할 것을 생각하며, 미리 공덕으로 방비를 하는 것이 현명한 처세인 것이지요. 벌 중에는 천벌이 가장 무섭지요. 천벌을 받는 이유는 그 사람의 조상이 지은 죄업을 갚아야 하는데 자진해서 갚지 않을 경우에 하늘이 강제로 갚도록 하시는데 사주에서는 흉운에 해당하지요.”

그녀는 역산의 말을 듣더니 조용히 읊조리듯 정좌하고 물었다.

“그러니까 지금이 제겐 흉운을 당할 시기란 말씀이군요?”

“그렇소. 지금 당신은 흉운의 시기군요. 저주의 병이나 불치의 병이나 고질적인 병이나 비명횡사(非命橫死)나 큰 사고나 날벼락이나 사업의 부도 등은 모두 조상들의 업보를 소멸시키지 않으며 죄를 지었을 때 하늘로부터 당하는 벌이지요. 당신은 8년이 넘게 몸을 팔고 살았기 때문에 지금 당하는 고통을 피할 도리가 없는 자업자득입니다. 이처럼 천벌을 받아 중병에 걸렸으므로 좀처럼 회복이 되지 않습니다. 온갖 약을 다 사용해 보고 별짓을 다해 봐도 헛수고일 뿐이오. 살 수 있는 길은 오직 하늘을 붙들고 매달리는 도리밖에 없습니다. 망하더라도 하늘을 믿다가 망해야 하며, 죽더라도 하늘을 붙들고 죽겠다는 결심으로 살아야 색마의 마음을 끊을 수가 있습니다.”

역산이 힘을 주어 설명하자 그녀는 입술을 굳게 다물며 다짐을 했다.

“이제 정말 다시 한번 영감님의 말씀대로 지극 정성으로 천문을 암송하며 살아 보겠습니다.”

그녀는 그 말을 남기고 돌아갔다.

현숙은 그 후 정말 새 사람으로 거듭나서 2년 후에 결혼을 하여 행복한 가정을 이루었다.

어느 날 그녀가 다시 역산을 찾아왔을 때 한마디 교훈을 주었다.

“전날 죄를 짓던 마음은 구름이 해를 가린 것과 같았고 훗날 다시 일어난 선한 마음은 밝은 불이 어둠을 파함과 같다고 할 수 있어요. 죄는 본래 마음에서부터 일어난 것이라 마음이 멸함을 따라 반드시 없어지는 것이니 앞으로도 하늘을 붙들고 마음 공부를 잘하여 새 세상에 주인이 되세요.”

조상들의 음덕

　어느 날 중년 신사 한 사람이 지나가다가 역산 선생 앞에 발걸음을 멈추었다.
　"지나가는 길인데 마침 영감님이 보이길래 왔습니다. 제 사주 좀 봐주세요."
　그는 역산 선생 앞에 쭈그리고 앉으며 자기의 생년월일과 시를 말했다.
　역산은 만세력을 뒤적거려 사주를 뽑았다.

년	월	일	시	김만기							
壬	丁	丙	丙		戊	己	庚	辛	壬	癸	甲
午	未	申	申		申	酉	戌	亥	子	丑	寅

　이렇게 사주를 뽑아 놓고서 역산은 입을 열었다.
　"돈도 많이 벌었고 사업도 잘되는 편이고 부인도 밤마다 서비스가 좋겠는데 뭐가 또 궁금하시오?"
　역산이 그를 쳐다보며 말하자 그는 고개를 끄덕이며 말했다.
　"정말 사주란 게 신기하게도 잘 맞는군요. 그런데 한 가지 고민거리가 있습니다."
　"무슨 고민인지 말해 보시오."
　그는 뒤통수를 만지며 말을 이었다.
　"여자 문제 하나가 골치 아픈 게 있습니다. 영감님, 좋은 해결

방법이 없을까요?"

역산은 그를 노려보면서 빠른 속도로 말했다.

"가운데 달고 있는 그놈의 물건을 함부로 놀렸나보군요?"

그렇게 나무라자 그는 죄인처럼 연신 사죄하는 듯한 눈치였다.

"죄송합니다. 영감님, 그러나 사내 대장부가 되어 열 계집을 마다하는 사람이 어디 있겠습니까."

역산은 쓴 인상을 지으며 청년을 노려보았다.

"그래 누구요? 어느 여자랑 뒹굴어가지고 골머리를 앓고 있소?"

그는 쉽게 입을 열지 못하고 머뭇머뭇하더니 입을 열었다.

"실은 제가 부리는 경리일 보는 아가씨인데 그 미스 박의 엉덩이가 하도 탱탱하고 탐스러워서 그만 따먹어 버렸지요. 그런데 그 미스 박은 임신이 되었고 지금 배가 상당히 많이 불러 있거든요. 영감님, 조용히 해결하는 방법이 없을까요?"

역산은 노기를 띠며 언성을 높였다.

"당신이 저질러 놓은 일이니 당신이 알아서 해결을 하시오. 감옥에 들어가든지 돈으로 배상을 해주든지……."

김만기 씨는 어느 중소기업의 사장이었다. 가정에는 아내와 두 아들과 딸을 하나 둔 가장이었다.

그런데 지난 여름에 함께 근무하던 미스 박과 불륜의 관계로 그녀는 임신이 되어 현재 6개월이 된 몸이었다.

물론 임신 4개월째부터는 회사에 출근은 안했지만 김만기는 그녀의 봉급의 두 배씩 매달 전달해 주었다. 처음에는 불장난으로 시작되었지만 그녀는 반드시 김 사장의 아기를 낳겠다고 고집을 부렸다.

아무리 달래고 위협을 해도 말을 듣지 않아 유산을 시키지 않겠다고 하니 소문이라도 날까봐 김만기 씨는 쩔쩔매고 있는 중이었다.

아직 아내와 자식들은 모르고 있지만 만일 그녀가 아기를 낳아서 업고 집으로라도 찾아오는 날이면 난리가 날 판이었다.

"영감님, 무슨 좋은 묘책이 없을까요?"

역산은 마시다가 남겨 둔 막걸리병을 들어 마저 마시고는 입을 열었다.

"어리석은 사람은 걱정과 근심이 있을 때에는 없애기에 노력을 하느라 애를 쓰지만 또 없을 때에는 다시 말썽거리를 장만하기에 분주한 것이 중생들의 생활이라, 그러므로 그 생활에 걱정과 근심이 끝이 날 수 없는 법이오. 당신이 저질러 놓은 일이므로 당신이 책임을 져야 합니다. 정도(正道)란 오직 한 길뿐이니 그녀가 원하는 만큼 손해배상을 해주고서 관계를 청산하세요. 사주에 보니 당신 마누라도 미인이고 엉덩이도 아직 탱탱하겠는데 뭣 때문에 남의 밭에 씨를 뿌려 고민을 사서 하고 있소. 참으로 딱하시오."

하며 역산이 딱하다는 듯 혀를 끌끌 차자 그도 괴로운 듯 얼굴을 찌푸렸다.

"글쎄 말입니다. 그땐 눈이 멀었나 보지요. 인물도 뛰어난 미녀도 아닌데 그땐 정말 제정신이 아니었어요. 따먹기 전까지만 해도 미스 박의 엉덩이가 그토록 탱탱해 보였는데 막상 한번 맛을 보고 나서 다시 살펴보니 형편없더군요."

김 사장은 이 말을 내뱉고는 긴 한숨을 쉬었다.

"아무튼 당신이 저질러 놓은 일이니 그녀가 요구하는 보상을 해줄 생각을 하시오. 마음이 바르지 못한 사람이 돈이나 지식이나 권세가 많으면 그것이 도리어 죄악을 짓게 하는 근본이 된다는 말이 틀림없는 사실이군요. 당신의 경우에는 음욕이 많았기 때문에 그런 죄를 지은 것입니다."

김 사장은 고개를 떨구었다.

"영감님 말씀이 옳습니다. 그런데 미스 박은 경리일을 본 사람이라 회사의 비리를 너무 많이 알고 있기 때문에 그녀가 만일 세무소에 가서 나발을 불게 되면 회사에 막대한 지장을 초래하게 됩니다. 때문에 돈으로 해결하려면 그 여우 같은 년이 엄청나게 요구할 것 같은데 어떡하지요?"

김 사장은 근심 어린 표정을 지었다. 역산은 지그시 눈을 감았다.

"사람이 일생을 살아가면서 만사가 뜻대로만 되기를 원하는 것은 마치 모래 위에 집을 짓고 천만년 영화를 누리고자 하는 것처럼 어리석은 생각이지요. 당신이 오늘날 이만큼 부자가 된 것이 모두 당신이 능력이 많아서 된 줄로 아십니까? 천만의 말씀이오. 바로 당신의 조상들께서 음덕을 쌓아서 물려준 덕분인 줄 아세요. 조상님이 물려준 음덕 때문에 지금까지 만사가 순순히 잘 풀려 온 줄 아세요. 지금 당신은 조상님이 물려준 음덕을 까먹어 가면서 살고 있어요."

조상들에 대한 이야기를 하자 김 사장은 어리둥절해 했다.

"영감님, 그럼 정말 귀신이 있습니까?"

"암 있고말고요. 사람은 몸과 영혼의 이중구조로 되어 있으므로 육신은 지상에서 생활하다가 노쇠하면 벗어버리고 영혼만이 영계에 들어가서 영원히 살지요. 그리고 지상에서 어떻게 살았느냐에 따라서 천국으로도 가고 지옥으로도 가지요."

"그게 사실이라면 저는 지옥 가기가 쉽겠네요. 사실상 마누라 몰래 다른 여자를 많이 건드렸거든요."

역산은 쓴 입맛을 다시며 중년의 얼굴 꼬락서니를 응시했다.

"사람이 지상에서 살 동안에 선악간 지은바 그 모든 것은 영혼에 기록이 되지요. 마치 자동카메라처럼 그 사람의 일생의 모든 언행을 사진으로 찍어 놓습니다."

선한 것을 영혼에다 많이 기록해야 복이 되며 영계에 가서는 행복한 천국으로 갈 수가 있는데 반대로 죄악을 많이 기록해 두면 영계에 가서는 악도에 떨어져서 무수한 고통을 당하게 되지요. 그리고 영혼은 육신을 한번 벗어버리면 이미 지상에서 지은 죄를 씻을 수가 없지요. 그러므로 죄악의 기록은 육신을 쓰고 있을 동안에 다 지워야 장차 악도를 면할 수가 있습니다. 만일 육신을 쓰고 있을 동안에 다 지우지 못하면 다음에 영계에 들어가서는 두고 두고 후회를 하며 탄식을 하게 됩니다."

　역산이 설명하자 김 사장은 다소 겁이 나는 모양이었다.

　"영감님의 말씀을 들으면 들을수록 겁이 나고 두렵습니다. 말씀을 하시는 걸 보니 거짓말은 아닌 것 같고 확실히 영계를 보시고 말씀하시는 것 같군요. 그럼 저는 앞으로 어떻게 살아야 하겠습니까?"

　뭔가 새로운 인생길을 찾아보려는 눈치가 보이자 역산은 그 해결점을 설명했다.

　"우선 내가 말한 대로 먼저 가정을 깨끗하게 정리하세요. 육신의 쾌락은 순간적인 즐거움에 불과합니다. 진짜 중요한 것은 영원히 즐길 수 있는 기쁨을 장만해야 하지요. 그 영원한 기쁨을 얻기 위해서는 먼저 하늘을 알고 하늘을 믿으며 하늘을 모시고 살아야 합니다. 사람이 태어날 때 육신과 영혼의 두 부분으로 태어나는데 육신은 육신의 부모님이 낳아 주셨고 내적인 영혼은 천지 부모님이신 하늘이 낳아 주셨지요. 그러므로 효도를 할 때도 육신의 부모님에게도 효도를 하는 것은 당연하겠지만 더 중요한 것은 영혼의 부모이신 하늘 앞에 더 큰 효도를 해야 진정으로 참된 사람이라고 할 수가 있습니다."

　김 사장은 역산의 논리정연한 이야기를 듣고 감격하였다.

　"하늘 앞에 더 큰 효도를 해야 하는 줄은 미처 몰랐습니다."

　역산은 고개를 끄덕이며 또 말했다.

　"당연한 사실이지요. 지금까지 알려준 사람이 없으니 하늘이 천지부모님이신 것을 모를 수밖에 없지요. 또 한 가지 말해 주겠소. 사람이 지상에서 육신을 쓰고 있을 동안에 해야 할 큰 책임이 있는데 다름이 아니라 조상들이 지은 모든 죄업을 소멸시켜야 할 책임이 있지요. 왜 후손이 조상의 업보를 책임져야 하느냐 하면, 조상과 후손은 혈통의 인연 때문에 공동운명이기 때문이지요."

　이렇게 말하자 김 사장은 또 한번 놀라며 말했다.

　"조상과 후손이 공동운명이라면 죄를 많이 지은 조상의 후손은 업보가 크겠군요? 우리 속담에 모든 일을 조상 탓으로 돌리는데, 그 말이 틀린 말은 아니군요?"

역산은 빙그레 웃었다.

"옳은 말이오. 이러한 원리를 알고 자진해서 갚고자 노력을 하면 쉽게 갚을 수 있는 길이 있으며, 또 갚는 사람에게는 공덕을 짓는 결과가 되지요. 그러나 갚을 생각도 하지 않고 범죄를 자행하는 모습으로 살게 되면 하늘은 강제집행을 통하여 그 죄의 값을 받아 가지요. 아무 때나 받아 가는 것이 아니고, 그 도수가 차면 징계를 내려서 값을 받아 갑니다."

이때 김 사장은 불안한 눈치를 보이며 말했다.

"영감님, 하늘이 내리시는 강제집행이란 구체적으로 어떤 것을 말합니까?"

"그것은 여러 가지가 있습니다. 중병에 걸리게 하여 그 죄업의 값만큼 계산하여 누워 있게 한다거나, 또는 사고를 당하게 하여 치료비로 나가게 하기도 하지요. 또는 사업에 부도가 나게 해서 조상들의 죄업을 갚기도 하지요. 이렇게 하늘은 호리도 남김없이 그 죄의 빚을 다 받아 갑니다. 만일 지은 죄가 너무나 많아서 천벌을 받고서도 다 갚지 못하면 나머지는 자식들이나 후손들에게서 그 빚을 받아 가지요."

이렇게 설명하자 김 사장은 꿀 먹은 벙어리처럼 가만히 듣고 있다가 궁금한 듯 다시 말문을 열었다.

"영감님, 그럼 저는 조상님들의 죄업 중에서 어떤 것이 있습니까?"

역산은 김 사장의 사주를 찬찬히 살펴보더니 말했다.

"당신의 사주를 보니 남을 모함한 죄업과 권력을 남용한 죄업이 강하게 나타나는군요."

다시 김 사장은 감탄을 했다.

"와— 사주에서 그런 것이 다 나오다니, 금시초문입니다. 그럼 저는 무엇을 어떻게 해야 조상님들이 지은 업보를 소멸시킬 수가 있을까요?"

역산은 업보 소멸에 대하여 설명을 했다.

"그 방법을 설명해 주겠소. 제일 중요한 것은 마음이므로, 먼저 마음의 자세를 바르게 가지세요. 그리고 모든 일을 당할 때마다 감사하는 마음을 가지세요. 괴로우나 즐거우나 이 모두가 다 조상님들의 업보 소멸과 관계가 있다고 생각하고 감사하게 받아들여야 합니다. 그리고 사업을 하여 얻어진 수입의 십분의 일을 국가에 성금으로 바치거나 공익사업에 성금을 하세요. 그렇게 성금을 바쳐야만 조상들의 업보가 점점 소멸되어 당신의 앞길에 재앙이 사라집니다.”

김 사장은 고개만 끄덕끄덕할 뿐 아무런 말이 없었다. 역산은 계속해서 입을 열었다.

“그리고 원수를 맺은 사람이 있다면 당신이 갚을 차례에 참아 버리세요. 그 참아 버리는 공덕으로 업보가 크게 소멸이 됩니다. 그리고 제일 중요한 것은 하늘을 마음 속에 모시고 사는 것입니다. 하늘은 만복의 근원이시니까요. 이러한 여러 가지 공덕을 많이 쌓으면 그 정성의 기운에 따라 조상들의 업보가 점차로 소멸되어 가지요.”

김 사장은 계속 감동하며 말했다.

“영감님의 법문은 정말 대단하시군요. 이제 저도 새로운 마음 자세로 다시 태어나겠습니다. 영감님의 말씀을 듣고 보니 정말 인생이란 함부로 살아서는 안된다는 것을 깨달았습니다. 오늘 주신 이 귀중한 말씀 꼭 기억하겠습니다.”

김 사장은 복채를 내고는 일어섰다.

김 사장이 돌아가자 역산은 김 사장의 사주를 풀이했다.

병화(丙火) 일주가 미(未)월에 출생하고 년지에 오화(午火)가 있어 신강사주가 되었다.

강한 불길을 억제하여 사주의 조화를 시키기 위해서는 물이 꼭 필요하므로 용신(用神)은 신중임수(申中壬水)가 되고 희신(喜神)은 금(金)이 된다. 재관(財官)이 길운이라 관운과 재물운이 좋으며, 일지(日支)에 길운이 자리하므로 처덕도 볼 수 있는 사주이다.

대운이 금수(金水)운에는 길하고 목화(木火)운에는 흉한데, 대운이 잘 따르므로 만사가 형통하게 잘 풀리는 사주다.

이와 같이 사주를 보면 그 사람의 과거와 조상들의 업보와 또 현재와 미래를 훤히 내다볼 수가 있는 것이다. 그래서 운이 길하면 행복하게 잘 살고, 운세가 흉하면 누구나 고전을 하는 것이다. 즉 운세가 좋으면 상팔자라고 하고 운세가 나쁘면 개팔자라고 하는 것이다.

그러나 이 세상은 가치관의 기준이 희미하여 인생살이에 절대적인 기준이 없는 것이다. 기준이 없으므로 어떤 것이 진짜 상팔자인지 잘 모르게 되었다. 그럼 진짜 상팔자는 무엇일까?

진짜 상팔자는 하늘을 알고 하늘을 믿고 하늘을 모시고 사는 것이다. 하늘을 모시고 살면서 저승보따리를 잘 챙기는 사람이 진짜 상팔자인 것이다. 그럼 반대로 개팔자는 어떤 것일까? 하늘을 모르며 하늘을 믿지 않고 악심(惡心)을 따라 살면서 삼악(三惡)을 짓는 사람이 진짜 개팔자인 것이다.

김 사장이 돌아간 지 한 달 후에 다시 찾아왔다. 얼굴에는 밝은 미소가 보였다.

"영감님, 안녕하세요."

"어서 오시오. 뭐 좋은 일이라도 있소? 그 미스 박의 문제는 해결을 보았소?"

역산이 묻자 김 사장은 말했다.

"제가 미스 박을 찾아갔더니 그녀는 일주일 전에 사산(死産)을 했더군요."

"사산을요? 그럼 죽은 아이를 낳았단 말인가요?"

"그렇지요. 그래서 잘 달래 천만 원을 주고서는 깨끗이 정리를 했지요. 돈이 좀 아깝다는 생각이 들었지만, 지난번 영감님의 말씀에 하도 감명을 받았기 때문에 주저할 것 없이 내놓았지요. 그랬더니 그녀도 고맙다는 말을 하고는 고향으로 내려갔습니다."

"잘 해결이 났군요. 이제부터는 다시는 그런 어리석은 짓을 하지 마시오. 대신 공덕을 쌓으세요. 음덕(蔭德)을 쌓아야 합니다."

"영감님, 구체적으로 어떻게 사는 것이 음덕을 쌓는 길인가요?"

역산은 목이 말랐던지 막걸리병을 들어 한 모금 마시고는 말했다.

"음덕이란 예수님의 말씀처럼 오른손이 하는 것을 왼손이 모르게 선행을 하는 것을 말하지요. 즉 남에게 이로움을 주고서는 주었다는 그 생각은 가지지 않으며 감추는 것을 말합니다. 부처님께서 말씀하신 무념포시(無念布施)의 공덕을 말합니다. 그러므로 남에게 은덕을 베풀었거든 잊어버려야 하며, 반대로 남에게 은덕을 입었거든 절대로 잊지 않고 갚는 것이 곧 음덕이지요. 사람이 선을 행하고 기억하지 않는다면 그 공덕을 하늘이 보관해 주시지요. 또한 조상과 후손은 혈통의 인연 때문에 공동운명입니다. 그러므로 후손이 복을 받고 잘사는 것은 그 조상들이 음덕을 많이 쌓았기 때문이지요. 그러므로 사람은 누구든 자식이나 후손들을 생각해서라도 악행을 버리고 선행의 공덕을 쌓아야 합니다. 돈을 모아서 자식에게 물려준다고 해서 그 자식이 반드시 그 돈을 다 지킨다고 볼 수 없습니다. 또 책을 모아서 자손에게 남겨준다고 해도 그 자손이 반드시 다 읽는다는 보장이 없습니다. 다만 남모르는 가운데 하늘을 붙들고 눈물을 흘리며 하늘의 뜻을 이루어 드리겠다고 몸부림치며 쌓은 음덕을 물려주는 것이 후손들이 잘사는 길이지요. 천지간에 믿을 곳은 하늘밖에 없으니까요."

역산이 이렇듯 설법을 하자 김 사장은 크게 감동하여 자리에서 일어나더니 넙죽 무릎을 꿇고 큰절을 올렸다.

"앞으로도 많은 가르침을 주십시오. 저는 이제 영감님을 큰 스승으로 모시고 살겠습니다."

역산은 흡족했던지 빙그레 웃으며 붓을 들어 종이에다 갈겼다.

' 초지일관(初志一貫)'이라고……

업보 소멸

어느 날 저녁때 나이가 40대 정도 되어 보이는 한 남자가 상당히 지친 모습을 하고서 역산 선생 앞에 쭈그리고 앉았다. 얼굴은 창백하고 팔과 다리에는 힘이 하나도 없이 실의에 찬 모습이었다.

"영감님, 전 너무 억울합니다. 제 사주를 한번 보시고 말씀해 주세요."

그의 목소리에 힘이 하나도 없는 걸 보아 필경 무슨 일을 당하고 찾아온 사람이라 짐작했다. 사업에 실패를 하였거나, 아니면 결혼에 실패하였거나, 아니면 애지중지 키운 자식이 죽었거나, 무슨 일을 당한 것만은 틀림이 없는 사실이라고 역산은 짐작하면서 그 사람이 불러 주는 대로 사주를 뽑았다.

눈동자에서 나오는 그 눈빛은 불신의 빛이라 누구에게 배신을 당했거나, 아니면 억울한 누명을 쓰고 옥살이라도 한 것 같았다.

년 월 일 시 정준호
癸 甲 丁 辛   癸壬辛庚己戊丁
巳 子 巳 亥   亥戌酉申未午巳

이렇게 사주를 뽑아 놓고서 역산은 입을 열었다.

"당신의 사주를 보니 정화(丁火) 일주가 자(子)월에 출생하여 신약사주(身弱四柱)인데 사해(巳亥)가 상충하여 처궁과 자녀궁이 불길한 사주군요. 지금이 경(庚)대운이라 갑경(甲庚)이 상충을 하므로 아주 흉한 시기입니다. 더구나 연운이 계해(癸亥)년이라 사해(巳亥)가 상충하므로 상당히 불길한 시기이지요. 즉 관액살(冠厄殺)이 끼어 있음을 볼 수 있는데, 금년에 억울하게 옥살이를 하고 나오지 않았소?"

역산이 이렇게 말하자 그는 눈물을 흘리며 울기 시작했다. 분통이 터진다는 듯 엉덩이를 들썩들썩거렸다. 얼마나 억울하면 저토록 서럽게 울고 있을까 궁금했다.

"실컷 우시오. 우는 것도 스트레스 해소지요. 울고 싶을 때는 실컷 울어 버려야 속이 시원하니까요."

그는 한참 울고 나더니 눈물을 닦으며 입을 열었다.

"영감님 죄송합니다. 주책없이 눈물을 흘려서요."

"괜찮아요. 무슨 억울한 일을 당하신 것 같군요. 지금 운세가 최악의 흉운으로 달려가니 누가 막을 수가 있겠소."

역산이 위로 아닌 위로를 하자 그는 한숨을 쉬면서 자신의 억울함을 털어놓았다.

"영감님, 저는 왜 이토록 재수가 없습니까? 물에 빠진 사람을 힘들여 건져 주었더니 보따리 내놔라 하는 말이 있지요. 제가 꼭 그런 꼴을 당했습니다."

그의 이야기를 간추려 보면 대충 다음과 같았다.

정준호 씨의 직업은 영업용 택시기사였다. 어느 날 새벽에 차를 몰고 나가는데 웬 여인이 차에 치여 꿈틀거리고 있었다. 아마 어느 차가 사고를 내고는 뺑소니쳐 버린 모양이었다.

정준호 씨는 급히 내려 사경을 헤매고 있는 그 여인을 자기 차에 태워 가까운 병원으로 옮겨 겨우 목숨을 구해 낸 것이다.

그런데 천만 뜻밖에도 사건은 이상하게 돌아가 정준호 씨에게 아주 치명적인 일이 생겼다. 즉 사고가 난 그 근처에 사는 어느 할머니가 증인으로 나타나서 정준호 씨의 차가 사고를 낸 차량이라고 말하고 나선 것이다.

참으로 어이없는 일이었다. 그녀의 주장에 의하면 사고가 난 순간 차의 번호를 기억해 두었는데, 그 번호가 바로 정준호 씨의 차

번호임을 주장했다.

참으로 사건은 난처하게 꼬이고 말았다. 정말 물에 빠진 사람을 건져 주었더니 보따리 내놔라 하는 식이었다.

결국 정준호 씨는 감옥에 들어가게 되었고, 피해자와 합의를 보느라고 집을 팔아서 합의를 보고 나서 3개월 만에 겨우 풀려난 신세가 되었다.

결국 남의 집에서 셋방살이를 하게 되니 자신의 신세가 너무나 어리석어 보였다. 그는 분해서 못살겠다는 듯 주먹으로 바닥을 치며 하소연을 했다.

"영감님, 돈 손해 난 것도 억울하지만, 더 억울한 것은 죽기 직전의 중상자를 구해 준 것이 도리어 범인으로 몰려서 옥살이를 하고 나왔다는 것이 너무나 억울합니다. 흐흐흑……."

역산은 고개를 끄덕거렸다.

"정말 억울한 일을 당하셨군요."

정준호는 역산 선생이 마시다가 남겨 둔 막걸리병을 들어 마셨다.

"영감님, 지금 당장 달려가서 엉터리 증거한 그 할머니를 칼로 난도질을 하고 싶어요. 제가요 못 마시던 술도 요즘은 한자리에서 2홉짜리 소주를 한 병씩 나발을 불지 않고서는 분해서 견딜 수가 없습니다. 너무나 억울해서 죽고 싶은 마음이 하루에도 몇 번씩 불쑥불쑥 일어나기도 한다구요!"

"그럴 거요. 그래 당신이 범인이 아니라는 증거를 댈 수가 없던가요? 세상의 법이란 증거를 중요시하기 때문에 그런 봉변을 당한 거군요."

"영감님, 제가 아무리 범인이 아니라고 소리를 질러도 증거를 대라고 하더군요. 무엇을 증거로 내세우란 말입니까?"

"증거를 중요시하는 경찰관의 주장은 당연하겠지요. 말만 들어 보면 양쪽이 다 옳기 때문이니까요. 그러니까 당신의 주장대로라면, 증인으로 나타난 그 할머니는 분명히 잘못 보았거나, 거짓 증거를 한 것이군요……."

"맞습니다. 그 할머니는 오히려 큰소리를 치더군요. 그때 차 번호를 적어 두지 않았다면 부상자를 싣고 가다가 버리고 갔을 것이 뻔하다고 법정에서 주장을 하지 뭡니까? 정말 전 너무너무 억울합니다."

"법관의 입장에서는 정말 누구의 말이 진실인지 알 수 없는 사건에 휘말려 들었군요. 결국은 증인으로 나타난 그 할머니 때문에 당신은 옥살이를 하게 된 것이군요."

그는 한숨을 땅이 꺼지라고 내쉬면서 말했다.

"차라리 그때 모른 척하고 그냥 지나가 버렸더라면 이런 봉변은 당하지 않았을 것 아닙니까. 제가 정말 바보 같은 짓을 했어요."

역산은 정준호의 어깨를 어루만져 주며 "참으로 안됐군요. 사주를 보니 조상들의 업보가 무겁기 때문에 당한 것이오" 했다.

"그럼 저희 조상들이 무슨 나쁜 짓이라도 지은 것이 있단 말인가요?"

"암 있고말고요. 당신의 사주에 보니 조상들이 권력을 남용하여 남을 모함한 죄가 있어요. 그 업보 때문에 이번에 당신이 당한 것이오."

역산이 이렇게 말하자 그는 눈을 동그랗게 뜨며 말했다.

"그게 사실인가요?"

"암 사실이고말고요. 이제부터 내가 하는 법문을 잘 듣고 깊이 한번 생각을 해 보시오."

"……"

"당신은 영계에 대하여 잘 모르지만 난 사주만 보면 훤히 다 알게 되는 겁니다. 당신의 사주를 보니 조상들의 업보가 강하게 나타나고 있어요.

즉, 조상이 지은 업보는 후손이 반드시 갚아야 하는데, 만일 스스로 갚지 않으면 하늘은 강제로 갚도록 하시니 곧 천벌을 받게 되는 겁니다. 천벌을 받아도 그 업보가 무거워서 다 못 갚으면 다시 자식이나 후손에게 내려가게 되지요. 당신 같은 경우에는 조상의 업보 중에서 권력의 남용과 또 간음을 하여 남의 가정을 파괴

한 업보와 남을 모함한 업보가 있습니다. 또 남의 돈을 빌려 쓰고는 고의로 갚지 않은 죄업도 있군요.”

정준호는 듣고만 있었다.

“이러한 조상들의 업보 때문에 이번에 억울하게 누명을 쓰고 옥고를 치르도록 하늘이 인도하신 것입니다. 사람이 이처럼 불행한 일을 당하는 것은 모두 조상들의 업보 때문임을 깨달으세요. 업보를 갚지 않고서는 결단코 마음을 놓고 편히 살 수가 없는 것이 우리들의 인생살이랍니다.”

“그러니까 영감님의 말씀은 조상님이 지은 업보는 후손이 반드시 갚아야 한다는 말씀이시군요.”

역산은 목에 힘을 주며 말했다.

“그렇고말고요. 그것이 천리 원칙인 것을 깨달으세요. 그래서 지혜로이 자진해서 업보를 갚으려고 노력하는 사람에게는 하늘이 은사를 베푸시어 쉽게 갚을 수 있는 길로 인도해 주시기도 하고, 또 갚아야 할 기간이 넘었다 하더라도 연장을 시켜 주시기도 하지요.”

“영감님, 그런데 세상에는 조상들의 업보를 자진해서 갚으려고 노력도 하지 않으며, 오히려 죄를 지으며 사는 사람에게는 어떻게 됩니까?”

그가 묻자 역산은 얼굴에 근심 어린 모습을 하면서 말했다.

“하늘은 할 수 없이 강제집행을 할 수밖에요.”

그러자 정준호는 놀라는 눈빛을 하며 말했다.

“강제집행이라니요?”

“무서운 불치의 병에 걸리게 하여 누워 있게 만들어 그 값을 받아 가거나, 아니면 불행한 사고를 당하여 불구자로 만들거나, 아니면 당신처럼 억울하게 옥살이를 시키거나 또는 사업이 부도가 나서 졸지에 알거지가 되게 하는 것 등인데, 강제집행의 방법은 그 사람의 처지와 형편에 따라서 천태만상이지요.”

“⋯⋯.”

“그래서 하늘이 보시기에 당신에게는 강제집행으로 천벌을 내릴 수 있는 방법이 바로 억울한 옥살이로 정하셨던 것 같군요. 이렇게 하늘로부터 강제집행을 당하면 조상들의 업보는 그 당한 만큼 소멸이 되는 것입니다. 그렇게 한번 억울한 옥살이를 당했다고 해서 조상들의 업보가 완전히 소멸된 것이 아니고 아직도 많이 남아 있어요. 다음에는 또 무슨 재앙을 어떻게 당할지는 아무도 모르는 일이니 더욱 조심을 많이 하세요.”

역산 선생이 심도 깊은 내용으로 설명을 하자 그는 반신반의하는 눈치를 보이면서도 뭔가 마음속으로는 다음에 당할 재앙을 두려워하는 눈치였다.

“영감님, 그럼 다음에 또 재앙을 안 당하려면 어떻게 해야 되겠습니까?”

그는 예방책을 물었다.

“여러 가지가 있습니다만, 우선 간단하게 몇 가지만 말해 주겠소. 제일 첫째는 그 마음속에 원한을 풀어 버리도록 노력하세요. 지금 병원에서 치료받고 있는 그 여인에 대한 저주하는 마음을 깨끗이 씻어 버리세요. 당신을 범인으로 생각하고 있는 조 여인도 어디까지나 당신의 업보를 소멸시켜 주기 위한 도구로 사용된 사람에 불과하니까요. 미워하는 마음을 돌려 도리어 감사하는 마음을 가져야 합니다. 당신의 마음속에서 먼저 원한이 사라져야 저 영계의 지옥에서 고통당하고 있는 조상들이 고통을 벗을 수가 있기 때문이지요.”

역산이 한참 천법을 설명하자 정준호는 역산 선생의 심오한 법문에 압도당한 듯 그냥 듣고만 있었다. 역산은 막걸리병을 들어 한두 모금 마셔 목을 좀 축인 다음 설법을 계속했다.

“그리고 더 나아가서 그 여인이 어서 빨리 완쾌를 하도록 진심으로 기도해 주세요. 과거 부처님께서 말씀하시기를 ‘사람이 다생(多生)의 업보를 소멸시키는 방법은 내가 갚을 차례에 갚지 않고 참아 버리면 그 업보가 소멸된다’고 했습니다. 그러므로 행여 복수하겠다는 생각은 꿈에도 해서는 안됩니다. 피묻은 칼을 씻는 데 다시 피로써는 씻어질 수가 없지요. 복수는 복수를 낳게 되고, 원한으로 갚으면 또다시 원한으로 당하게 되니까요."

"……."

그리고 증인으로 나왔던 그 할머니도 저주하지 마세요. 결국 따지고 보면 그 할머니도 당신의 업보를 소멸시켜 주기 위해서 하늘이 잠깐 이용한 것뿐이었으니까요. 그러므로 오히려 그 할머니에게도 만수무강을 위하여 기도해 주세요. 그렇게 하면 업보가 크게 소멸이 됩니다. 절대로 원한을 품어서는 안되므로 마음을 선하게 돌리세요. 피묻은 칼을 씻으려면 용서와 사랑의 눈물로써 씻어야 진정으로 지워지는 것입니다. 복수의 원한을 씻으려면 내가 갚을 차례에 참아 버리는 것이 최상의 공덕이니까요."

역산 선생이 이렇게 하늘의 참사랑과 용서에 대하여 설명을 하자 그는 감격하는 모습을 보였다.

"영감님은 정말 대단하신 분이시군요. 말씀에 정말 크게 감동했습니다."

역산은 다시 말을 이어 나갔다.

"원한을 씻으려면 부모의 심정으로 원수를 사랑하지 않고서는 원한의 업보가 지워지지가 않습니다. 그리고 다음은 마음의 자세를 바르게 가지십시오. 마음의 자세가 바르지 못하면 모든 일에서 죄업을 장만하게 되지요. 마음이 바르지 못한 사람이 돈이나 지식이나 권세가 많으면 그것이 도리어 죄업을 짓게 하는 근본이 된다이겁니다. 마음이 바른 뒤에라야 돈이나 지식이나 권세가 다 영원한 복으로 변할 수가 있기 때문이지요."

정준호는 고개를 끄덕였다.

"마음의 자세가 정말 중요한 것이군요."

"업보를 소멸시키는 데 있어서 중요한 것은 모든 일에 감사하는 마음을 가지는 것입니다. 즉, 즐거운 일을 당하면 하늘의 것이므로 하늘의 은혜에 감사하며, 또 고통의 시험을 당할 때에는 하늘이 나에게 잘못을 깨우쳐 주시기 위함인 줄로 알고서 또한 감사하는 마음으로 받아들여야 하지요. 이처럼 괴로우나 즐거우나 모든 일에 감사하는 마음으로 살 때 업보가 화로에 눈 녹듯 녹아내려서 재앙이 사라지고 행복이 찾아옵니다.”

　이렇게 설명하자 정준호는 얼굴에 밝은 미소를 띠우며 즐거워했다.

　“괴로우나 즐거우나 모든 일에 감사하며 살 수만 있다면 천지간에 원수가 없겠군요. 영감님의 말씀에 저는 지금 크게 은혜를 받아 날아갈 것 같은 기분입니다.”

　그가 즐거워하자 역산은 입가에 웃음을 띠우며 또 말했다.

　“무엇보다도 중요한 것은 하늘을 알고, 하늘을 믿으며, 하늘을 모시고 살아야 합니다. 하늘을 알지 못하면 생활의 기준을 잃게 되고, 하늘을 믿지 않고서는 진정으로 참사람이 될 수가 없으며, 하늘을 모시지 않은 빈자리에는 악마의 사심이 들어오게 되지요. 그러므로 사람에게서 가장 중요한 것은 하늘을 알고 믿고 모시며, 저승보따리를 잘 챙기는 생활입니다. 하늘은 곧 천지부모시며 생사화복의 주관자시요, 참사랑의 참생명과 만복의 근원이시기 때문이지요. 그러나 막상 세상을 살아가노라면 증오심이 좀처럼 풀리지가 않고, 마음의 자세가 좀처럼 바르게 잡히지 않으며, 시기, 질투심과 불신과 탐욕과 불평이 자꾸 일어나게 되지요. 그래서 이러한 모든 악심을 잠재우는 무기가 있으니, 곧 천문이라고 하는 일종의 주문이 있는데, 이 천문을 많이 암송하면 모든 악심을 물리칠 수가 있지요.”

　역산은 종이에다 천문을 한 장 적어 주었다. 그러자 그는 반가워하는 모습으로 받아들었다.

천 문

천지부모내조아	天地父母來助我
수호신령내조아	守護神靈來助我
옴　급급여율령	唵　急急如律令

　“이 천문을 지성으로 암송하면 모든 재앙이 소멸되며, 때와 장소에 관계없이 항상 암송하다 보면 신비한 기적과 같은 효험을 얻

게 될 것입니다. 이 천문을 암송하는 자체는 곧 하늘을 믿고 모시겠다고 맹세하는 조건이 성립되므로 큰 은혜를 받게 됩니다.”

정준호는 고개를 끄덕이면서 물었다.

“어떻게 암송하지요? 저는 한번도 주문을 암송해 본 경험이 없어서요.”

“별로 어려울 것이 없어요. 천문을 암송할 때는 마치 중이 염불을 하듯이 암송을 하면 되고, 또 운곡을 맞추기 위해서 북이나 목탁을 치면서 암송하면 지치지 않고 오래 할 수가 있지요. 다른 모든 잡념을 다 버리고 오직 하늘의 아들이 되겠다는 일념 하나만 가지고 지성으로 암송해 보세요. 반드시 구원을 받을 것입니다.”

“그래요! 그렇다면 저도 할 수 있겠습니다.”

“물론 어려운 것이 아닙니다. 수도하는 방법이 천만 가지가 넘으나 이 천문암송법이 가장 쉽고 효과를 많이 보는 수도 방법이지요. 얼마나 오랜 기간 동안 지성으로 암송하느냐 여하에 따라서 성패가 좌우됩니다. 막상 암송을 시작해 보면 마군들의 시험이 닥치므로 쉽지만은 않아요.”

정준호는 천문을 고이 접어서 안주머니에 깊이 간직했다.

“열심히 한번 암송해 보겠습니다.”

“열심히 해 보세요. 수도생활이란 악마의 길을 따라가던 그 발길을 돌려 하늘을 찾아가는 길이므로 쉽지만은 않으니 단단히 결심을 해야 합니다. 지금까지 여러 가지로 악한 습관에 젖어서 살던 사람이 하루아침에 선한 사람으로 쉽게 바뀌어지지가 않습니다. 그래도 가지 않을 수 없는 길이 곧 하늘을 찾아가는 길이란 것을 명심해야 합니다.”

하고 말하자 정준호는 뭔가 이해가 되지 않는 점이 있는 듯 물었다.

“영감님, 조상이 지은 죄는 조상이 받아야지, 왜 후손에게 넘겨와서 받게 됩니까?”

역산은 설명했다.

“그 이유는 이렇지요. 큰 죄를 짓고는 몇 년 뒤에 육신을 벗어

버리면 언제 갚을 시간이 없는데, 이 같은 경우 그 업보가 자손에게 넘어갈 수밖에 없지요. 육신이 없는 영혼에게는 죄의 값을 받을 수 없으므로 하늘은 그 자식이나 후손에게 죄의 값을 받고자 하시는 것입니다. 그래서 조상과 후손은 공동운명이 성립되는 것입니다.”

“아, 그렇군요.”

“또 만약 사람을 열 명 죽인 업보가 있다고 할 때 혼자의 힘으로서는 다 갚을 수가 없으므로 혈통의 인연으로 태어나는 후손들의 여러 대를 통하여 재앙을 받으며 갚아 나가기도 하지요.”

이렇게 설명하자 정준호는 놀랐다.

“영감님, 만일 사람 열 명을 죽인 업보를 다 갚으려면 그 후손의 몇 대까지 재앙을 받아야 다 갚아지나요?”

“그것은 여러 가지로 다르긴 하나 약 30대를 통하여 갚아야 하지요. 전에 내가 사주를 봐준 사람 가운데 할아버지와 아버지와 아들, 이렇게 3대가 모두 한쪽 다리를 사용 못하는 불구자 집안이 있었습니다. 이렇게 3대가 모두 불구자인 것을 사주를 통해서 살펴보니 그 조상이 사람을 한 명 죽인 업보가 있더군요. 그와 같이 한 명의 살인한 업보를 소멸시키느라 3대가 재앙을 당하는 것을 볼 때 함부로 살 수가 없지 않겠소.”

“영감님, 그럼 자기의 조상들이 무슨 짓을 했는지 어떻게 알 수가 있습니까?”

“그 업보를 알 수 있는 방법은 자신의 사주를 보면 금방 알 수가 있지요. 사주는 곧 조상들의 업보에 대한 기록이니까요. 그리고 사주는 조상들이 저질러 놓은 죄의 빚을 소개하는 안내장과도 같으며, 또 빨리 갚으라는 독촉장과도 같다고 할 수가 있지요.”

“아이쿠야!”

“그러므로 사람이 금방 죄를 범했다고 해서 금방 벼락이 떨어지는 것이 아니라 언젠가는 갚아야 하는 업보로 남아지는 것이지요. 도수(度數)가 차면 언젠가는 다 갚아야 하는 것이 업보라고 하는 빚입니다. 또 반대로 사람이 오늘 하루 선한 일을 했다고 해서 금방 복이 돌아오는 것도 아닙니다. 천지에는 도수란 것이 있는데, 이 도수가 차면 선업의 복이든 악업의 재앙이든 모두 다 받게 되는 것입니다. 천지의 법칙에는 공짜나 우연이란 것은 절대로 없는 것이지요. 사람이 살면서 재앙을 당하는 것은 그만한 이유가 있는데, 가까이는 자신이 범죄를 하였거나 아니면 부모나 조상이 범죄한 것이 분명히 있기 때문입니다. 하늘이 사람을 대할 때에는 어느 한 사람의 개인을 중심으로 보시는 것이 아니라, 혈통의 인연을 중심하여 조상과 후손을 함께 보시고 섭리하시기 때문에 조상과 후손은 공동운명이 되는 것이지요."

정준호는 계속 고개를 끄덕거렸다.

"영감님, 그럼 몇 대까지의 조상들과 가장 깊은 관계가 맺어지나요?"

"보통 사람은 7대 조상까지 그 업보의 영향을 강하게 받습니다. 즉 7대 조상이 범죄한 내용을 후손인 내가 벌로써 받을 수 있다는 말이지요. 그리고 특별한 사람은 14대까지도 그 영향을 받기도 하나 드문 일입니다. 이러한 배후의 세계에 대한 업보의 내용을 모르면서 눈앞에 일어나는 보이는 것만 가지고 판단을 내리는 이가 있으니 어찌 올바른 판단이라고 할 수 있겠소."

"글쎄 말입니다."

"근시안적인 눈을 가지고서 세상을 바라보는 사람들은 그 생각하는 것이 좁아서 작은 선행을 하고서는 복이 빨리 오지 않는다고 투덜거리지요. 또 악한 짓을 많이 했는데도 아직 벌을 받지 않았다고 자랑을 하나 이러한 것은 아직 도수가 차지 않았기 때문입니다. 즉, 선한 일을 했는데도 아직 복을 못 받은 것은 아직도 악업의 기운이 남아 있기 때문이며, 또 반대로 악행을 저질러도 아직 재앙을 당하지 않는 것은 아직도 조상들의 공덕의 기운이 남아 있기 때문이지요. 그러므로 사람이 이러한 인생과 우주에 대한 근본적인 이치를 올바르게 깨달아야 복된 인생을 살 수가 있으며, 복된 영생길을 보장받을 수가 있는 것입니다."

역산 선생이 이처럼 우주를 달관한 모습으로 설명하자 정준호는 얼굴에 웃음이 충만한 모습을 하며 말했다.
"정말 영감님의 법문은 대단하십니다. 앞으로 틈나는 대로 종종 찾아뵙겠습니다."
정준호는 무엇인가 깨달은 모습을 하고는 돌아갔다.
그가 돌아가자 역산도 영업을 끝내고는 깔아 놓았던 돗자리를 둘둘 말아서 계단 구석에 밀어 넣고서 집으로 향했다.

돌아온 아들

역산 선생은 하루의 영업이 끝나면 꼭 들러서 동동주 한잔씩을 걸치고 들어가는 습관이 있었다. 그날도 동동주집에 들어서니 주모가 반갑게 맞이하며 동동주 한 병과 간단한 김치 한 접시를 내놓았다.

"영감님, 오늘은 어떤 사람들과 인생 상담을 하셨나요?"

주모가 묻자 역산은 우선 막걸리를 한 잔 쭉 들이키고는 말했다.

"망해 가는 이 세상을 바라보니 정말 걱정이 태산 같소. 사람들이 하늘을 모시거나 진리를 찾을 생각들은 하지 않고 주야로 돈벌 궁리만 하고 있으며, 또 돈푼깨나 가지고 있는 사람들은 엉덩이 탱탱한 여자 사냥이나 하려고 설치고 다니니 어찌 걱정이 안 되겠소."

역산은 역겨운 듯 또 한 잔을 더 마셨다.

그러자 주모가 조용히 말했다.

"영감님, 안방으로 좀 들어가서 말씀해 주세요. 지금 안방에서 한 손님이 영감님을 기다리고 있어요."

"누군데 그러세요?"

"영감님, 다름이 아니라 제 언니예요. 언니도 저와 같이 팔자가 험악하여 과부로 살고 있는데, 지금 고민을 무척 많이 하고 있어요. 좋은 말씀 좀 해 주세요."

그리하여 역산은 자리에서 일어나 주모를 따라 안방으로 들어갔다.

　방 안에는 50대로 보이는 중년 부인이 자리에서 일어났다.

　"언니, 이 영감님께 인사 드리세요. 이 영감님이 국내에서 사주를 제일 잘 보신다는 역산 선생님이세요."

　주모가 소개를 하자 주모의 언니가 인사를 했다.

　"처음 뵙겠습니다. 동생한테서 소문을 많이 들었습니다. 제 사주를 좀 봐 주세요."

　그녀는 자신의 생년월일과 시를 말했다.

　역산은 만세력을 뒤적거리며 그녀의 관상을 살펴보았다.

　관골이 유난히도 튀어 나온 것으로 봐서 남편 복이 없는 팔자가 센 여자임을 역산은 짐작했다.

　"영감님, 저는 팔자가 워낙 험악해서 서른두 살에 서방하고 사별하여 아들 하나만 키우면서 온갖 고생을 다해 왔는데, 이놈의 자식마저도 죽은 즈그 애비 닮아서인지 천하에 불효 막심한 자식이지 뭡니까. 도대체 이년의 팔자는 왜 이토록 험악하기만 합니까?"

하며 한숨을 방바닥이 꺼져라고 내쉬었다.

　"사람은 누구나 특별한 신앙심이 없는 한 팔자에 타고난 대로 살아가게 마련이지요."

```
년  월  일  시      이득남
癸  庚  壬  丙          辛壬癸甲乙丙丁
酉  申  子  午          酉戌亥子丑寅卯
```

　"이름이 이득남(李得男)이라고 하신 것을 보니 남자 이름인데, 딸 많은 집안에서 태어나셨나 보군요?"

　역산이 이렇게 말하자 이번엔 주모가 말했다.

　"예 그래요. 딸만 아홉을 둔 집에 제가 일곱번째 딸이고, 언니가 여섯번째 딸이었지요."

　역산은 고개를 끄덕이며 말했다.

"그럼 친정 모친께서 딸만 낳는다고 해서 구박을 많이 당했겠군요?"

그러자 두 자매는 고개를 끄덕였다.

주모는 눈가에 눈물이 고이면서 말했다.

"저희 어머니께서는 3대 외동 아들집에 시집을 왔는데, 딸만 줄줄이 낳았지요. 그러자 할머니와 아버지께서 구박을 무척 많이 했지요.

둘째 딸까지만 해도 별로 구박이 없었는데, 셋째 딸부터는 난리가 난 것이지요. 아들 낳기를 온 가족이 고대하고 있는데 낳고 보면 계속 딸이었어요. 어머니가 네번째도 또 딸을 낳자 할머니께서는 노발대발하면서 빨랫방망이로 어머니의 엉덩이를 사정없이 타작을 했대요. 그래도 딸을 낳은 죄로 어머니는 한마디 반항도 못하고 맞고만 지낸 것이지요."

주모가 눈물을 흘리자 이번에는 언니가 말을 했다.

"어머니께서는 딸을 하나씩 낳을 때마다 할머니에게 동네북처럼 맞았답니다. 막내가 아홉번째 또 딸로 태어나자 집안은 완전히 초상집이 되었고, 크게 진노하신 할머니는 빨랫방망이를 들고 들어와서 저의 어머니를 사정없이 두들겨 패는 바람에 해산을 한 지 3일 만에 숨을 거두고 말았어요."

하며 두 자매는 손수건으로 눈물을 닦았다. 역산도 침통한 모습을 했다.

"그 다음은 어찌 되었소?"

역산이 묻자 이번에는 주모가 흐느끼며 말했다.

"어머니가 돌아가시자 아버지도 큰 병이 들어 시름시름하시더니 이듬해 돌아가셨지요. 그래서 할아버지와 할머니는 아홉 명이나 되는 손녀들을 키울 능력이 없어서 누구든지 원하는 사람만 있으면 주었어요. 식모로도 가고 공장에도 가고 또 술집에도 갔지요."

이번에는 언니가 또 말했다.

"저도 열 살 때 어느 집에 식모로 들어가게 되었지요. 월급 같은 것은 생각도 못했고, 밥만 먹여 주고 잠만 재워 준다는 조건으로 들어가서 새벽부터 밤늦게까지 죽도록 일만 했어요. 밥하고 빨래하고 청소하며 집안에 온갖 궂은일은 다 했지요. 나이가 들어 열일곱 살이 되자 제법 가슴도 튀어 나오고 엉덩이도 탱탱해지고 여자의 구색을 갖추어 나가자 그냥 두질 않더군요.”

그녀는 흐르는 눈물을 닦아냈다.

“그냥 두질 않다니요?”

역산이 궁금한 듯 묻자 이번에는 동생인 주모가 말했다.

“제가 언니에게 들은 이야기인데, 밤마다 주인집 아들놈에게 정조를 유린당했대요. 주인 아들이 다섯 명이 있었는데, 밤만 되면 다섯 명이 다 언니의 몸을 범하고는 돌아갔대요. 언니는 밤낮으로 시달린 처지가 되었지요. 몸이 만신창이가 된 상태로 지내다가 나이 26세가 되자 한집에 살던 머슴과 결혼을 하고는 그 집에서 나와 읍내에서 살았지요. 남편이란 사람도 성격이 난폭하고 무례한 이라 언니를 무척 많이 구박했대요. 몇 년 뒤에 아들을 하나 낳았는데, 이름을 경수라고 불렀지요. 경수가 두 살 되던 해 언니의 남편 마씨는 친구와 싸우다 칼에 찔려 죽고 말았지요. 그때부터 언니는 과부가 된 몸으로 아들 경수만 키우면서 살아왔지요.”

역산은 고개를 끄덕끄덕했다.

“정말 험악한 인생을 살아오셨군요.”

그때 밖에서 손님이 오는 소리가 들리자 주모는 눈물을 닦으며 밖으로 나갔다. 방 안에는 역산과 그녀 단 두 사람뿐이었다. 그녀는 한숨을 쉬면서 아들에 대한 이야기를 털어놓았다.

“경수가 나이가 들자 그 성격이나 행동하는 것이 죽은 남편과 똑같이 난폭하며 살벌하지 뭡니까? 매일 싸움질을 하여 경찰서에 들락거렸고, 감옥에도 여러 번 들어갔지요. 또 풀려 나오면 술을 마시며 주머니에 단돈 몇 푼만 생기면 창녀촌으로 달려가기가 바빠요. 아무런 직업도 없는 백수건달이 되어 파출부를 해서 먹고 사는 저한테 매일 돈을 내놓으라고 윽박지르기도 하지요. 전과가 8범이 넘었고, 이번에도 또 사고를 내어 감옥에 들어갔는데, 며칠 전에 면회를 다녀왔지요. 경수 이놈은 자식이 아니라 원수예요.”

그녀는 숨을 돌린 후 또 하소연을 했다.

"제가 오죽이나 답답하면 저승사자님 제발 내 아들 좀 잡아가 달라고 기도를 했겠습니까. 어미도 몰라보고 함부로 주먹질을 해 대요."

그녀는 옆구리를 만지며 계속 말했다.

"아들에게 옆구리를 맞아서 아직도 통증이 심해요. 참으로 남부 끄러워 누구에게 말도 못하고 혼자만 끙끙 앓고 있어요. 영감님, 저는 무자식이 상팔자라고 생각합니다. 자식이 원수 같으니까요."

그녀가 탄식을 하자 역산은 고개를 저으며 말했다.

"당신의 말도 일리가 있고, 또 그 심정을 충분히 이해를 하겠소. 그러나 세상에는 모두 불효자만 사는 것이 아니지 않습니까. 당신 의 자식이 속을 썩이는 것도 모두가 다 조상들의 업보 때문이지 요. 당신 사주에 보니 관살이 기신(忌神)에 해당하는 것을 봐서 친 정집의 조상들이 음란한 죄를 많이 지었음을 알 수 있어요."

역산이 꼬집어 말하자 그녀는 놀라는 표정을 지으며 말했다.

"아― 그런 것이 다 나오는군요. 사실 저의 아버지나 할아버지 는 소문을 듣기에 유명한 바람꾼이었대요. 할아버지는 그 많은 재 산을 바람 피워서 다 날렸다고 들었어요."

역산은 다시 그녀의 사주를 보며 입을 열었다.

"임수(壬水) 일주가 신(申)월에 출생하여 신강사주인데, 용신 (用神)은 많은 물기운을 억제하는 토(土)가 필요합니다. 그래서 당 신의 사주에는 토(土)가 필요한데 당신의 사주에는 토(土)가 없군 요. 임수(壬水) 일주에서 토(土)는 관성(官星)인데 관성은 곧 남편 을 의미합니다. 그러므로 관성이 없다는 말은 남편 복이 없다는 뜻이지요. 더구나 남편궁인 일지(日支)에 자수(子水) 비겁(比劫)이 자리하므로 남편은 천하에 몹쓸 건달이거나 무례한이지요. 용신은 시주(時柱)에 병오화(丙午火)로 재성(財星)이 되므로 의당 재물도 있고 자식도 효도할 것 같으나, 자오(子午)가 상충하므로 재물도 없고 자식도 개망나니가 된 것 같군요."

그녀는 또 한숨을 쉬었다.

"당신의 사주를 보니 부모 덕도 볼 수가 없고, 형제나 남편의 덕도 볼 수가 없는 팔자지요. 한마디로 말해서 사주가 험악하게 타고났습니다."

역산이 안쓰럽게 말하자 그녀는 눈물을 흘리며 말을 했다.

"결국은 팔자를 더럽게 타고난 것이군요. 이런 더럽고 험악한 팔자를 고치는 방법은 없을까요?"

"힘이 좀 들긴 합니다만 어느 정도까지는 고칠 수가 있지요. 원래 사주팔자란 것이 100% 고정되어 있는 것이 아닙니다. 물론 선천적으로 타고난 사주는 70%가 이미 정해져 있지만, 후천적으로 노력의 여하에 따라서 30%까지는 변동을 할 수가 있지요. 물론 당신처럼 팔자에 부모 덕이나 형제 덕이 없으므로 초년에는 고생을 많이 할 수밖에 없어요. 대운이 자꾸만 흉운으로 흘러가니 무슨 재주로 막을 수가 있겠소."

"그리고 용신이 상충을 당하고 있으므로 아들이 개망나니 짓을 하는 것입니다. 그러나 우주의 주인이신 천지부모님을 모시고 마음의 자세를 바르게 가지며, 모든 일에 감사하는 마음으로 살면 흉운이 점차로 변하여 길운으로 바뀌어지기도 하지요."

그녀는 고개를 끄덕거렸다.

역산은 목이 마른지 문을 열며 밖을 향해 주모를 찾았다.

"여기 막걸리 한 병 가져와요."

그러자 주모는 얼른 막걸리 두 병과 비대떡 안주를 차려서 들여놓았다.

"영감님, 저는 손님 때문에 밖에서 일 보겠어요. 언니를 잘 좀 위로해 주세요."

주모는 당부하고서 문을 닫았다.

역산은 손수 한 잔을 따라 마셨다.

"당신도 한 잔 할 거요?"

"영감님, 죄송합니다. 저도 한 잔 주세요. 술이 아니면 이 마음을 달랠 수가 없을 것 같아요."

그녀도 한 잔 들이켰다.

역산은 다시 말하기 시작했다.

"자식이 속을 썩이는 것을 다 업보로 돌리고, 하늘을 모시는 생활을 하세요. 그리고 지금 감옥에 들어가 있는 아들을 미워하지 말고 진심으로 사랑하세요. 모든 잘못을 아들에게 돌리지 말고 오히려 내 탓으로 돌리세요. 그 모든 잘못이 내게 있다고 생각하세요. 그리고 아들이 감옥에 들어간 것도 조상들의 업보가 무거워서 그런 것이니, 아들을 불쌍하게 생각하여 어서 빨리 구해 내서 새 사람을 만드세요. 조상들의 업보가 너무 무거워서 고통과 시련을 당하는 것이니, 이때는 달리 무슨 방법이 없습니다."

"방법이 없다니요……?"

"오직 하늘을 모시고 사는 길밖에 없지요. 무거운 짐을 혼자서 지고 고생하지 말고, 그 모든 고통의 짐을 벗어서 하늘 앞에 내려 놓으세요. 그리고는 하늘에 다 맡겨 버리세요. 그러면 훨씬 가벼워질 것입니다. 지금까지는 하늘을 몰랐기 때문에 그랬다지만, 이제부터 하늘을 모시고 살게 되면 새로운 좋은 행운이 찾아올 것입니다."

이때 그녀는 새로운 모습으로 다짐하는 눈치를 보였다. 그리고 늘 입버릇처럼 하는 말이 무자식이 상팔자라고 하므로, 역산은 자식에 대한 귀중함을 다시 설명했다.

"당신 같은 경우에는 아들이 속을 많이 썩이기 때문에 무자식이 상팔자라고 하는데, 그러나 알고 보면 무자식은 불행한 팔자입니다. 인간은 본래 하늘을 닮아서 태어났어요. 하늘은 인간에게 세 가지의 큰 축복을 허락하셨는데, 그 첫째는 개성을 완성하는 축복이지요. 개성을 완성한다는 말은 곧 성불을 말하지요. 둘째는 하늘을 중심삼고 일남일녀가 만나서 가정을 이루어 자녀를 낳는 것이 큰 축복입니다. 사람이 아무리 뛰어난 재주가 있다 해도 자녀를 두지 못하면 그 사람은 일대에 끝이 나고 마는 법입니다. 자녀는 반드시 필요합니다. 그리고 세번째가 만물을 사랑으로 다스리는 주관자의 축복을 받는 것입니다. 이처럼 삼대 축복 속에서 사람은 누구나 하늘을 중심삼고 가정을 이루어 자녀를 반드시 가져야 천국에 들어갈 수가 있지요.”

“…….”

“물론 당신의 경우처럼 속을 썩이는 자식이라도 없는 것보다는 훨씬 낫습니다. 왜냐하면, 지금의 아들은 비록 불효자이며 패륜아라 할지라도, 그 아들의 몸을 통하여 효자와 충신이 태어날 수가 있기 때문이지요. 그러나 자식이 없어 대가 끊어지면 후손 중에서 효자나 충신을 기대할 수가 없지 않겠습니까?”

“그러고 보니 그것도 그러네요.”

“하늘은 이러한 법칙을 잘 아시기 때문에 비록 그 어떤 사람이라도 완전히 버리지 아니하시고 그 후손을 기대하시면서 참고 또 참아 오신 것입니다. 그러한 입장에서 볼 때, 지금 감옥에 들어가 있는 그 아들의 몸을 통해서 장차 큰 충신이 태어난다면 어떻게 하겠습니까? 그러므로 사람을 볼 때 그 사람만 보지 말고, 그 자손까지 보는 눈을 가져야 진정으로 천리를 아는 사람이라고 할 수가 있습니다. 결론적으로 말해서 무자식이 상팔자가 아니라 개팔자이지요.”

역산이 이처럼 천리를 통한 설법을 하자, 그녀는 기쁜 얼굴을 하고는 방문을 열고 동생 주모를 향해 주문했다.

“오늘 술값은 내가 낼 테니, 이 영감님께 한 상 더 차려 와!”

주모가 다시 술상을 처려서 방으로 들여보내며 말했다.

“언니도 영감님의 설법에 완전히 감동받았나 보군요?”

“감동받은 정도가 아니라, 설법에 완전히 반해 버렸지 뭐야.”

그녀는 역산에게 한 잔 따라 올렸다. 역산은 술 한 잔을 들이키며 말했다.

“오늘 따라 술맛이 유난히 좋구만…….”

그로부터 몇 달 뒤에 다시 주모의 언니가 역산 선생을 찾아왔다.

그녀는 아주 반가운 모습을 하며 말했다.

“영감님, 정말 감사합니다. 전날 영감님께서 일러주신 대로 아들이 출감을 하자 눈물로써 맞이하며 사랑했지요. 그러자 그 정성에 경수는 감동하여 이제 철이 들어 참사람이 되었습니다. 지금은 공장에 취직하여 열심히 일하고 있어요."

그녀가 기뻐하자 역산도 함께 기뻐하며 말했다.

"짐승도 공을 들이면 주인을 알아보는데, 하물며 만물의 영장인 인간이 진실로 공을 들이면 참사람으로 돌아오지 않겠어요. 본래부터 악인이란 없습니다. 사람은 환경과 교육의 영향을 많이 받게 됩니다. 그러므로 부모가 하늘을 잘 모시고 살며 정도의 길을 가면 자식이 나쁜 길로 가지 않는답니다."

이렇게 말한 역산은 역학자로서의 보람을 느낀 듯 종이에다 글 한 구절을 써 주었다.

일심시천만사안   一心侍天萬事安
효심시천만복래   孝心侍天萬福來

"영감님, 이 글의 뜻이 무엇인가요?"

"천하에 이보다 더 좋은 글은 아마 없을 거요. 일심으로 하늘을 모시고 살면 만사가 편안하며, 효심으로 하늘을 모시고 살면 만가지 복이 찾아오는 것이 천지의 이치이지요."

역산의 호의에 그녀는 고개를 끄덕끄덕했다.

부부의 인연

　한 달 전에 남편이 교통사고로 죽어 졸지에 과부가 된 여자가 평소에 안면이 있는 역산 선생을 찾아왔다.
　"영감님, 안녕하세요."
　그녀가 자리에 앉자 역산은 위로의 말을 했다.
　"아직 더 살아야 할 남편인데, 뜻하지 않은 사고를 당하여 얼마나 마음이 상하십니까?"
　역산이 위로의 말을 하자 그녀의 대답은 의외로 달랐다.
　"잘 죽었지요 뭐. 저는 과부팔자가 상팔자라고 생각해요. 혼자 사는 것이 제일 편합니다."
　"도대체 무슨 말이오? 그럼 남편이 잘 죽었단 말입니까?"
　역산이 놀라운 기색으로 묻자, 그녀는 연신 고개를 좌우로 돌리며 말했다.
　"암요, 잘 죽고 말고요. 그놈은 말이 남편이지, 나하고는 원수예요. 그놈이 차에 치여 죽었다는 연락을 받고서 저는 기뻐서 만세를 불렀어요."
　역산은 하도 기가 막혀서 멍하니 그녀의 모습을 쳐다보았다.
　"죽은 남편을 왜 그토록 욕을 하고 있어요?"
　그녀는 불평을 털어놓았다.
　"사실 그놈은 밤에 남자의 책임도 못하는 주제에 의처증이 어찌나 심한지 저를 못살게 굴었어요. 지금까지 20여 년이 넘게 함께 살아온 것이 억울합니다. 그놈한테 맞기도 부지기수로 많이 얻어

맞았지요.”
이때 역산은 만세력을 뒤적거려 그녀의 사주를 뽑아 보았다.

년 월 일 시 김순자
癸 庚 丙 庚   辛壬癸甲乙丙丁
未 申 申 寅   酉戌亥子丑寅卯

김순자 씨는 남편이 교통사고로 죽자 두 딸과 한 아들을 키워야
할 책임 무거운 과부가 된 것이다.
역산은 말했다.
“남편의 죽음 앞에서 슬퍼하기는커녕 오히려 잘 죽었다고 만세
를 불렀다 하니 당신의 숨은 고충을 짐작할 만하군요. 남편은 무
슨 일을 하던 사람이었소?”
“남편은 트럭 운전수였어요. 성미가 불같이 급하고 무식하며 무
례하고 난폭했어요. 또 손찌검을 자주 하였고, 더 고약한 것은 저
를 의심하는 의처증이 아주 심했지요. 제가 잠깐이라도 외출을 하
고 돌아오면 남편은 무서운 눈초리로 어디서 누구와 무슨 짓을 했
느냐고 따지며 저를 사정없이 때렸어요. 그리고는 속옷까지 벗겨
서 몸을 검사하고 나서야 안심을 하는 사람이었어요.”
“고약한 병에 걸려 있었군요.”
“제가 가까운 시장에 가서 반찬거리만 몇 가지 사가지고 와도
남편은 꼭 빠뜨리지 않고 제 치마를 들추어서 검사해 보는 지독한
의처증 환자였으니, 그놈이 너무나 미웠어요. 그러다가 걸핏하면
저를 동네 북으로 착각을 하고 몽둥이 타작을 한바탕씩 치르곤 했
지요. 사실상 저는 지금까지 죽지 못해서 살아온 거예요. 그래서
그놈이 죽자 이제 해방된 기분으로 과부가 상팔자라고 소리를 지
른 것입니다.”
여인은 이내 눈물을 흘렸다.
“영감님, 제 팔자가 정말 남편에게 매를 많이 맞아야 할 팔자인
가요?”

"당신 사주를 보니 병화(丙火) 일주가 일지(日支)의 남편궁인 신금(申金)을 극하므로 남편을 구박하는 형상인데, 그러나 신약사주이고 보니 도리어 남편에게 얻어맞고 살아야 하는 팔자가 되었지요."

역산 선생이 이렇게 말하자 여자는 다시 푸념을 토해 냈다.

"그놈이 그토록 저를 못살게 굴었는데, 또 남자 구실도 제대로 못했어요."

"남자 구실이라니요?"

"글쎄 그놈이 저를 때리는 주먹 힘은 강하면서 가운데 달고 있는 그 물건은 왜 그토록 힘이 없었는지 모르겠어요. 한 달에 한 번 정도 기어 올라오긴 하는데 너무나 책임을 못해 주는 병신이나 다름이 없었어요."

"……."

"옆집에 숙이 엄마 말에는 밤마다 까무러치는 즐거움 속에서 진하게 뒹굴며 산다는데, 전요 남편이 살아 있을 때나 죽은 뒤에나 생과부나 다름없지 뭡니까."

그녀가 이처럼 투덜거리자 역산은 말했다.

"그러니까 결국 밤에 많이 굶었단 말이군요. 사람에게는 하늘이 부여해 주신 네 가지 본능이 있는데, 그것은 의식주성(衣食住性)이지요. 인간은 본능적으로 좋은 옷을 입고서 살고 싶어하며, 또 맛있는 음식과 요리를 먹고 싶어하는 본능이 있어요. 좋은 집에서 화려하게 살고 싶어하며 그리고 제일 강한 본능인 성(性)에 대한 것입니다. 인간에게 남자나 여자나 할 것 없이 누구나 성욕을 충족하고자 하는 본능은 하늘이 주신 것입니다. 본능 자체는 죄가 안 되지만, 그 본능을 악하게 사용하므로 죄가 되지요."

"영감님, 그럼 선은 무엇이며 악은 무엇인가요?"

"지금까지는 죄악의 세계였으므로 절대적인 선악에 대한 기준이 없었지요. 선은 하늘의 뜻대로 사는 것이며, 악은 악마의 뜻대로 사는 것입니다."

역산이 이렇게 말하자 그녀는 이해가 된다는 듯 고개를 끄덕였다.

"영감님, 그럼 하늘의 뜻은 무엇이며 또 악마의 뜻은 무엇입니까?"

"하늘의 뜻은 하늘을 중심으로 삼대 축복을 이루어 지상천국과 천상천국을 건설하는 것이고, 악마의 뜻은 악마를 중심하고 삼대 죄악을 이루어 지상지옥과 천상지옥을 만드는 것이지요."

"영감님, 그럼 삼대 축복은 무엇입니까?"

여인은 흥미를 가지고 물었고, 역산 선생은 자기의 견해(신앙)를 말할 수 있어서 신이 났다.

"개성을 완성하는 것이 제1의 축복이고 개성을 완성한 남자와 여자가 만나 가정을 이루어 자녀를 번식하는 것이 제2의 축복이며, 그리고 만물을 다스릴 권세를 가지는 것이 제3의 축복입니다. 이것이 곧 삼대 축복으로 하늘의 뜻이요 창조 목적이며 선이라고 할 수가 있지요."

"영감님, 그럼 악은 무엇입니까?"

"악은 곧 악마의 뜻대로 살면서 악마를 중심으로 삼대 죄악을 이루는 것이지요. 즉 악마의 노예가 되어 살인을 하며, 간음을 행하며, 도둑질을 하는 것 등입니다. 이처럼 악마의 뜻대로 살면 개인이나 가정이나 사회나 국가가 반드시 망하게 되지요."

"예, 그래요!"

"악마의 본체는 음란한 마귀이므로 음란으로 온 세상을 어지럽게 하고 있습니다. 악마는 가장 귀중한 사랑을 가장 천하고 더럽게 만들어 버렸지요. 그러기에 남녀의 성기는 본래 일남일녀가 만나서 참사랑의 이상을 이루기 위해서 하늘이 주신 귀중한 선물인데, 악마는 이것을 나쁜 방향으로 사용하여 온 세상을 소돔과 고모라성으로 만들어 버립니다."

"악마는 인간을 유혹하여 다남다녀가 혼음을 하기를 가장 즐기고 있지요. 인간은 본래 반드시 윤리와 도덕을 지켜야 하며, 또 하늘을 부모로 모시고 효도하며 살도록 창조되었습니다. 그런데 악마는 인간의 이러한 윤리 도덕을 짓밟아 버렸고, 근친상간(近親相

姦)을 하도록 유혹하고 있습니다. 그리고 하늘 대신 돈이나 미신을 숭배하도록 가르치고 있지요.”

역산이 여기까지 설명하자 여인은 감탄사를 연발했다.

“정말 영감님의 설법은 대단하시군요. 사통오달이십니다.”

그러자 역산은 더욱 신이 나서 말했다.

“이제 당신도 지난날의 모든 일을 깨끗이 잊어버리시고 새 인생을 한번 살아 보세요.”

“영감님, 그 새 인생이라는 것이 구체적으로 어떤 것을 뜻하는 것인가요?”

“제가 드리는 새 인생이란 곧 도문(道門)에 입도하여 영생길을 준비하는 것이지요. 공덕과 선연(善緣)과 심정을 준비해서 저승보따리를 잘 챙기는 것입니다.”

“영감님, 정말 저승 세계가 있나요? 영계의 존재 여부가 늘 궁금하거든요.”

“암, 있고말고요. 저는 직접 보고 왔습니다. 하늘이 사람을 만드실 때 몸과 영혼의 이중구조로 만들었는데, 몸은 지상에서 살게 되어 있고 육신은 노쇠하면 벗어버리고 영혼만이 영계에 들어가서 영원히 살도록 만들었지요. 사람이 지상에서 살 동안에 선악간 행하는 모든 내용은 모두 자신의 영혼에 기록이 됩니다. 그러므로 무엇을 기록하느냐 하는 것이 중요하지요.”

“예, 그렇군요.”

“하늘을 모시고 살면서 참사랑을 기록하였다면 장차 그 영혼은 천국으로 들어가서 영원히 행복하게 살게 되는 것이고, 반대로 악마의 노예가 되어 간음과 도둑질과 살인을 행하여 그 영혼에 죄악을 기록하였다면 지옥에 떨어져서 영원토록 고통을 당하겠지요.”

이때 그녀는 다소 놀라는 모습을 하며 말했다.

“그럼 저승 세계에 가서 죄를 씻으면 되지 않습니까?”

역산은 단호히 말했다.

“일단 영혼이 육신을 벗어버리면 행동에 문제가 있으니 지은 죄를 씻을래야 씻을 수가 없습니다. 그래서 지상생활이 중요하며, 함부로 인생을 살 수가 없는 것이지요. 그러니 당신도 이제 얼마 남지 않은 여생을 하늘을 잘 모시고 저승보따리 챙기는 데 정성을 드리세요."

그녀는 감격하며 기뻐했다.

"저승보따리에 대한 내용이 너무나 실감 있게 느껴지는군요. 감사합니다."

역산은 계속 말을 이어 나갔다.

"하늘이 본래 일남일녀에게 짝을 지어 행복하게 살게 하였기 때문에 부부는 함께 동고동락하는 것이 가장 이상적입니다. 그러니 아직 젊은 나이에 과부가 되는 것은 불행한 일이지요. 부부의 인연은 참으로 소중한 인연이며, 인생에. 가장 귀중한 동반자입니다. 부부가 참사랑을 나누려면 참사랑의 주인이신 하늘을 모신 가운데 부부가 만나야 진정한 참사랑의 부부가 될 수 있습니다. 하늘을 모시지 않는 가운데서 만난 부부는 결코 진정한 참사랑의 부부가 될 수 없는 법이지요. 그러기에 참사랑의 부부가 아닌 마귀의 유혹에 끌려 육신의 욕망을 채우기 위해서 만난 부부는 모두 간음이며, 짐승들의 짓이나 다름이 없는 것입니다."

"영감님, 그럼 하늘을 모시지 않고서 부부가 성관계를 가지는 것도 모두 간음에 해당한단 말입니까?"

역산은 고개를 끄덕이며 대답했다.

"그렇소. 그러므로 부부와의 관계에 앞서 남녀 각자가 하늘을 잘 모시어 하늘과 자녀의 관계를 먼저 맺어야 합니다. 즉, 하늘을 천지부모로 모시고 인간은 천지자녀의 자리에서 부모와 자식이라는 확실한 관계를 맺은 후에 남자와 여자가 만나서 부부가 되어야 참사랑이 되며 참가정이 되어 하늘가정이 되는 것입니다. 그러므로 하늘과 인간과의 관계는 부자지간이며 종적인 관계가 되며, 부부의 관계는 남매지간이며 횡적인 관계가 되는 것이지요."

역산 선생은 여기서 목이 말랐던지 막걸리 한 잔을 쭉 들이켰다.

"이렇게 볼 때 종적인 관계는 근본이고, 횡적인 관계는 지엽입니다. 그래서 사람은 먼저 하늘과의 관계를 철저하게 맺어 두고서 살아야 인생길에 풍파를 당하지 않아요. 만일 이처럼 인간이 하늘과의 부자지간의 관계가 무너지면 다른 것도 모두 다 무너지고 맙니다. 근본이 무너지는데 지엽이 어찌 온전할 수가 있겠소.”

그녀는 연신 고개만 끄덕이고 있었다.

“그러나 세상에는 이러한 천지의 이치를 모르고 살다 보니 본향이 어디인지도 모르는 뒤죽박죽이 되어버린 것입니다. 이처럼 하늘과의 관계는 끊어 버리고 부부의 관계만 맺고 살다 보니 서로가 서로를 의심하게 되어 남자는 의처증에 걸리게 되고 또 여자는 의부증에 걸려서 서로가 서로를 믿지 못하여 언제 허물어질지 모르는 상태에서 불안한 가정을 꾸려 나가게 되는 것이지요.

물론 부부의 만남도 육신의 성욕을 채우기 위한 만남이고 보니 그 속에는 참사랑이 없습니다. 참사랑이 없는 가운데서 거짓사랑의 자녀가 탄생하니 그 자녀 또한 거짓자녀가 되어 부모의 속을 썩이게 되고, 행동이 불순하며 패륜아가 되기도 하는 것입니다.”

역산은 다시 옆에 있는 막걸리병을 들어 한 모금 마셨다.

“정말 영감님의 설법은 대단하십니다. 그러고 보니 과부는 불행한 팔자군요. 과부팔자가 상팔자가 아니라, 가장 불쌍한 개팔자인 것 같군요.”

역산은 고개를 끄덕이며 열변을 토했다.

“사람은 누구나 세 가지의 사랑을 먹고서 자라야 이상적인 참사랑이 됩니다. 어릴 때는 부모의 사랑을 먹고 자라야 합니다. 어릴 때 부모의 사랑을 제대로 받지 못한 사람은 그 성격상 결함이 생겨 문제아가 되거나 패륜아가 되지요. 그리고 나이가 들면 부부의 사랑을 먹고서 그 영혼이 성장을 합니다. 남자는 아내의 사랑을 취하지 못하면 불행하며, 또 여자는 남편의 사랑을 취하지 못하면 불행한 사람이 되는 것입니다. 그리고 다음에는 자녀의 사랑을 느껴 보아야 하지요. 즉, 자녀들로부터 사랑도 받아 보아야 비로소 그 영혼은 온전한 영혼으로 완성을 하는 것입니다. 사람은 이와 같이 지상에 살 동안에 삼대 사랑을 느껴 보아야만 완전한 사람이 될 수가 있는데, 이 중에서 그 어느 것 하나라도 갖추지 못하면 불행합니다. 그래서 부모의 사랑을 받지 못하는 고아가 불쌍한 것이고, 남편이 없는 과부가 불쌍한 것이며, 아내가 없는 홀아비가 불쌍하며, 또 자식이 없는 무자식의 부모가 불쌍한 것입니다.”

여기까지 들은 여인은 사뭇 정중하게 말했다.

“영감님, 저는 이제 남은 인생을 오직 하늘을 잘 모시며, 저승보따리를 잘 챙기는 공덕을 쌓으며 살렵니다.”

역산은 빙그레 웃으며 막걸리병을 들어 남은 술을 마저 마셨다.

“오늘 따라 술맛이 좋군요, 허허허……”

제2장
정도(正道)의 길

　사람은 본래 하늘의 아들과 딸로 창조되었는데 죄를 지어 타락
함으로써 천지자녀의 자리에서 떨어져 나와 죄악자녀가 되고 말았
다.
　죄악의 자녀에게는 자유가 없고 행복이 없으며 구속과 불행뿐이
다.
　자유를 누리며 행복하게 살기를 원한다면 먼저 정도의 길을 걸
어가야 한다. 사도(邪道)의 길을 걸어가면서 자유와 행복을 바라는
것은 콩을 심어 놓고 오이를 기다리는 것과 같이 어리석은 일이
다. 심은 대로 거두는 것이 전리 원칙이므로 행복을 원한다면 진
실을 심어야 한다.

제일 좋은 수도장

어느 가을날 30대로 보이는 청년이 사주를 보러 왔다. 그 청년의 얼굴에서 풍겨 오는 살기를 느낀 역산은 사주를 뽑기 전에 먼저 한마디했다.

"천명에 순종하는 자는 살고 천명을 거역하는 자는 망하는 법이오. 천명을 거역하고는 결코 성공할 수가 없으며 살아 남지를 못하는데, 그 이유는 천지의 이치가 그렇게 되어 있기 때문이지요."

그렇게 말하자 그 청년의 얼굴에는 괴로운 빛이 보였다.

"영감님, 사주나 한번 봐 주세요."

청년은 생년월일과 시를 말했다.

역산은 만세력을 뒤적거려 사주를 뽑았다.

년	월	일	시	윤영식						
癸	己	戊	壬	戊	丁	丙	乙	甲	癸	壬
巳	未	午	子	午	巳	辰	卯	寅	丑	子

이렇게 사주를 뽑은 역산 선생의 인상은 어두워졌다. 잠시 머뭇거리자 윤영식이 재촉했다.

"영감님, 빨리 말씀을 좀 해주세요. 답답합니다."

청년이 보채자 역산은 무거운 입을 열었다.

"당신 혹시 경찰에 쫓기고 있는 중 아니오? 사주에 보니 관액살(官厄殺)이 너무 강하게 나타나니까 말이오."

그 말이 채 끝나기도 전에 윤영식은 바짝 긴장하는 태도를 보였다.

"영감님, 금년은 그럼 무사히 넘어갈 수가 있겠습니까?"

윤영식의 두 눈동자는 마치 놀란 토끼눈처럼 되어 심각하게 물었다.

역산은 쓴 입맛을 다시며 고개를 좌우로 흔들었다.

"글쎄요, 힘들 것 같군요. 경찰에 체포되는 것보다는 차라리 자수를 하세요. 무슨 죄를 지었는지는 모르지만……."

그 말에 윤영식은 괴로운 듯 인상을 찌푸리며 말했다.

"영감님, 무슨 좋은 방도가 없을까요. 잡히지 않고 무사히 넘어갈 수 있는 좋은 비책 같은 것 말입니다."

"무슨 죄를 지었길래 그토록 괴로워하시오. 부적을 부치든 방도를 찾든간에, 내용을 알아야 묘책을 찾을 게 아니겠소. 그러니 하나도 숨김없이 다 사실대로 털어놔 보세요."

그는 사실을 다 털어놨다.

윤영식이 경찰에 쫓기고 있는 이유는 그가 살인죄를 저질렀기 때문이었다.

5년 전 윤영식이 세를 들어 산 집의 주인 남자는 고등학교 교사였고 사모님은 양귀비 버금가는 미녀였다.

지하실 방에서 세를 들어 살면서 직장에 다니던 윤영식은 사모님의 미모에 빈하여 짝사랑을 히게 되었다.

사모님은 윤영식이 아직 혼자 사는 것이 안타깝다며 가끔 반찬이며 빨래 등 여러 가지로 보살펴 주자, 윤영식은 사모님도 자기를 사랑하는 줄로 착각을 하고 있었다. 말이 사모님이지, 나이는 윤영식과 동갑인 30세였다.

아직 깨끗한 처녀나 다름없이 젊고 싱싱한 아름다움을 간직하고 있는 사모님이었다.

윤영식은 주야로 사모님을 사모하면서 밤에는 좀처럼 잠을 이루지 못했다.

'저런 천하에 양귀비 같은 미녀와 함께 살고 있는 남편 임동수 선생은 얼마나 행복할까. 너무나 행복할 거야! 내가 만일 저런 양귀비와 한 달만 함께 살아 봤으면 죽어도 여한이 없겠어…….'

밤마다 이런 저런 생각을 수없이 하며 세월을 보내다 어느 날 문득 윤영식은 주어진 운명의 길을 가고 있었다.

윤영식은 그녀의 남편을 죽이기 위해 식칼을 감추고 2층으로 들어갔다. 임 선생은 거실에서 신문을 보며 차를 마시고 있었고, 사모님은 주방에서 저녁식사를 준비하는 듯 주방에서 소리가 들렸다.

"윤씨가 웬일이오?"

임 선생이 묻자 윤영식은 대답 대신 준비해 간 칼로 임 선생을 찔러 순식간에 살해해 버렸다.

남편의 비명 소리를 듣고 사모님이 주방에서 달려나오자 윤영식은 사모님의 손목을 잡으며 말했다.

"사모님, 아니 미숙 씨, 진실로 사랑합니다. 너무나 당신을 사랑하다 보니 당신의 남편을 죽이지 않을 수가 없었습니다. 이제 저와 결혼해 주세요."

그녀는 남편이 피를 흘리며 쓰러져 있는 모습과 윤영식의 뜻밖의 말에 그만 그 자리에서 기절하여 쓰러지고 말았다.

사모님이 쓰러지자 윤영식은 갑자기 덜컥 겁이 났다. 그래서 앞뒤 생각도 없이 입은 옷 그대로 도망을 쳐버렸다.

그 다음날부터 윤영식은 경찰에 쫓기는 몸이 되었다.

노동판에 숨어 들어가서 일을 하면서 몸을 피하기도 했고, 때로는 행상을 하면서 경찰의 눈을 피해 살아왔다.

다른 사람의 신분증을 위조하여 지금까지 5년이 넘게 숨어서 살아왔는데, 언제 신분이 들통날지 몰라 항상 조마조마한 불안 속에 살아온 것이었다.

그런데 며칠 전 꿈에 경찰에 잡혀가는 꿈을 꾸고는 그는 틀림없이 체포될 것 같았다.

늘 불안해서 함께 행상을 하는 김씨에게 물어보았다.

"김씨, 어디 용한 점쟁이 있는 곳 모릅니까?"

하고 묻자 김씨는 문득 생각이 난다는 듯 말했다.

"우리 마누라가 이야기하는데 지하철 뚝섬역 계단 아래서 점을 보는 용한 사주쟁이가 있다는 이야기를 했어요. 한번 가서 상담해 봐요. 그 사주쟁이가 쪽집게라고 그래요. 역산 선생이라고 부른다든가, 잘 기억이 안 나는군요."

그 말을 듣고 물어 물어 역산 선생을 찾아온 것이다.

이야기를 다 듣고 난 역산은 눈을 감고서 잠시 생각에 잠겨 있었다.

초조해진 윤영식이 재촉했다.

"영감님, 이제 말씀을 좀 해주세요. 정말 금년에는 잡히겠습니까? 안 잡히는 비결은 없습니까?"

역산 선생이 말했다.

"천지에는 천리밖에 없는 것이오. 천명을 순종하는 자는 살고 천명을 거역한 자는 반드시 망하는 것이 천지의 이치입니다. 당신은 지금 천명을 거역하고 있습니다. 천명을 거역하고서 어떻게 살기를 바랍니까."

그 말을 들은 윤영식은 부들부들 떨었다.

"영감님, 정말 살 길이 없습니까?"

역산은 옆에 있는 말걸리병을 들어 몇 모금 마시고 나서는 입을 열었다.

"당신이 살인죄를 범하게 된 그 원인을 사주를 통해서 살펴보면 조상들 중에서 살인죄를 범한 조상이 있었습니다. 그 조상은 살인죄를 짓고는 숨어다니면서 그 죄를 갚지 않고 영계에 들어갔어요. 막상 영계에 들어가서 보니 살인죄의 그 형벌이 얼마나 무서운 것인지 알게 되었습니다. 지옥에서 많은 고통을 당하며 살아가는 조상의 그 업보는 스스로 씻지를 못하고 있는데, 그 이유는 육신이 없기 때문입니다. 그 조상은 지금도 지옥에서 고통을 당하며 후회하고 있습니다."

"……"

"차라리 지상에 살 동안 잡혀서 응분의 벌을 받았다면 좋았을텐데 하면서 후회를 무척 많이 하고 있지요. 그 살인죄의 업보가 당신에게 혈통을 가지고 밀려 내려왔는데, 당신이 그 업보를 소멸시키려면 어떤 경지를 당하더라도 살인을 범하지 말아야 합니다. 오히려 생명을 살리는 공덕을 쌓아야 하는데, 당신은 실수하여 또 살인죄를 짓고 보니 업보 소멸은 고사하고 오히려 그 업보를 더 크게 만들고 만 셈이군요.”

“…….”

“이제 더 큰 살인죄의 업보가 당신과 당신의 혈통에 남아지게 되었으니 당신이나 자녀나 후손을 통해서 반드시 갚아야 합니다. 지금 당신의 조상들은 당신에게 간절히 애원하고 있습니다. 빨리 자수하여 그 죄를 씻는 것이 최선의 방법이라고 소리지르고 있습니다. 설사 사형을 당한다고 해도 지상에서 죄를 씻는 것이 가장 유리하다고 애원하고 있어요. 만일 당신이 자수를 하지 않고, 또 잡히지도 않고서 일생을 무사히 살았다 해도 그 일생은 허망한 인생입니다. 영계에 들어가서는 무서운 지옥에 떨어지기 때문이지요.”

“…….”

“그러니 차라리 잡히거나 자수를 하여 웅분의 형벌을 지상에서 받는 것이 훨씬 더 이익입니다. 사람의 일생이 지상의 육신생활만이 전부라면 안 잡혀도 무방하다고 하겠지만, 그러나 이 우주는 육신을 벗고 영혼은 영계에 들어가서 영원히 사는 세계가 또 있기 때문에 죄지은 것을 갚지 않고 가는 것이 가장 어리석은 사람이라고 할 수가 있습니다.”

역산 선생이 한참 동안 설법을 하자 윤영식은 고개를 끄덕이며 눈물을 흘렸다.

“영감님, 그게 사실입니까? 정말 죽은 뒤에 가서 사는 세계가 또 있습니까?”

역산은 또 말했다.

“사람이 지상에서 사는 것은 장차 저 영계에 들어가서 영원히 잘 살기 위해 준비하는 수련장과도 같습니다. 영계에 들어가서야 영원히 살 수가 있으며, 그곳이 곧 인간의 본래 고향인 것입니다. 천지부모님이 계시는 영계에 들어갈 때에 무엇을 선물로 가지고 가야 할 것인가 하는 것을 한번 생각해 보면, 그 답은 저절로 나오게 됩니다. 즉, 저승보따리를 잘 챙겨야 하는 것인데, 그 저승보따리에다 과연 무엇을 챙겨야 할까요?"

"……."

"지금 당신의 저승보따리 속에는 살인죄가 가득히 담아져 있어요. 그 죄악의 보따리를 짊어지고 영계에 들어가면 어떻게 되겠습니까?"

윤영식은 흐르는 눈물을 손수건으로 닦으며 말했다.

"영감님, 두렵습니다. 제 손에 죽은 임동수 선생은 지금 어디에 계실까요?"

"저승문 입구에서 당신을 기다리고 있겠지요. 한을 품고 기다리고 있을 것입니다. 그때 당신은 임 선생에게 무슨 말을 하겠습니까? 임 선생이 당신에게 원한을 품고 있는 한 결국 당신은 지옥에 떨어질 수밖에 없습니다.

"……."

"가장 현명한 길은 지상에서 자수하여 죄를 씻는 방법뿐입니다. 당신이 염라대왕의 빽이라도 있다면 몰라도 100% 지옥에 떨어지게 되어 있습니다. 육신을 벗기 전에 영혼에 기록된 죄의 기록을 빨리 지우는 것이 가장 시급한 일입니다. 자수를 하세요."

역산이 이렇게 말하자 윤영식은 하염없는 눈물을 흘리며 말했다.

"영감님의 뜻에 따라 자수하겠습니다. 영감님, 저를 위해서 기도 좀 해주세요."

그 말에 역산은 기뻐하며 윤영식의 손을 꼭 잡고는 기도를 했다.

"천지부모님 간절히 애원하는 저희들의 기도를 들어 주옵소서. 오늘 이 자리에 윤영식 한 아들이 하늘 앞에 구원을 청하옵나이다. 조상들의 무거운 업보에 눌려 그만 살인죄를 저지르고 말았나이다. 이미 지은 죄를 씻지 않고는 살아갈 수가 없는 천지의 이치를 이제야 깨달았기에, 그 죄를 씻고자 자수를 하기로 다짐했사옵니다. 감옥에 들어가서라도 그 죄업을 씻을 수 있는 길이 열리게 도와주시옵소서. 부디 이 아들이 육신을 벗기 전에 영혼에 기록된 모든 업보를 완전히 씻어 주시고, 이제 남은 일생을 오직 하늘만 믿고 모시며 살 수 있는 그 마음이 변치 말게 도와주시옵소서. 마음속에 하늘을 모시고 살면 초막이나 감옥이나 그 어디나 천국임을 깨닫게 도와주옵소서. 설사 사형을 당한다 하더라도 감사하는 마음으로 받아들일 수 있는 큰 믿음을 허락해 주옵소서. 죽음이란 본래 없는 것이오니 없는 죽음에서 있는 죽음으로 착각하지 말게 도와주옵시며, 항상 하늘을 모시고 살며 죽을 때 가장 기쁜 마음으로 죽을 수 있는 힘과 은혜를 베풀어 주시옵소서.

일심으로 비옵나이다.

일심으로 비옵나이다.

일심으로 비옵나이다."

기도가 끝나자 윤영식은 참회의 눈물을 흘리고 나서는 역산 선생과 함께 경찰서에 가서 자수를 했다.

재판을 받으니 징역 20년이었다.

강산이 두 번 변해야 나올 수 있는 길고 긴 세월이었다.

몇 달 후 역산은 윤영식이 옥살이하고 있는 감옥소로 면회를 갔다.

창살 사이를 두고 만나는 면회에 윤영식은 반가움의 눈물을 금치 못했다.

"영감님, 여기까지 어떻게 면회를 오시다니…… . 너무나 고맙습니다."

"힘들지는 않소?"

"별로 힘드는 줄 모르겠습니다."

역산은 윤영식을 위로했다.

"수도하는 셈 치면 크게 어려울 것도 없을 거요. 사실상 수도하기에는 가장 좋은 여건이 구비되어 있는 곳이 감옥입니다. 감옥

안보다 수도하기에 더 좋은 장소는 없습니다. 때가 되면 밥 주고 옷 주고 잠 재워 주니, 그만하면 그 이상 더 좋은 수도장이 어디 있겠소? 마음 공부나 잘 하세요."

그렇게 말하자 윤영식은 빙그레 웃으며 고개를 끄덕였다.

"사람이 마음의 자세만 바르게 가지고서 감옥에서 한 10년만 잘 있다가 나오면 반드시 성불을 약속받을 수가 있을 것이오. 감옥 안은 귀중하지 않는 것이 없습니다. 감옥 안에서는 밥 한 톨도 귀중함을 깨닫게 되며, 물 한 방울이 하늘의 생명수임을 느끼게 될 것입니다. 늘 갇혀 있으니 자유가 얼마나 소중한 것인가를 절실히 깨닫게 되는 곳이 감옥 아니겠소."

"영감님 말씀이 사실입니다. 다른 동료 죄수들은 무척 고통스러워하는데, 저는 영감님께서 들려주신 말씀에 감동하여 하나도 고통을 모르고 마음 공부를 하고 있습니다."

그 말에 역산도 빙그레 웃으며 말했다.

"잘 생각했소. 올바른 마음과 감사하는 마음과 참는 마음으로 하늘을 잘 모시고 살면 다음에 출옥을 할 때에는 부처님이 되어 나올 것을 장담하겠소. 부디부디 마음 공부하는 그 마음 변치 말고 정진하세요."

"잘 알겠습니다. 지금 이 순간도 전국에서 숨어다니는 범죄한 친구들에게 용기를 내어 자수를 하라고 강력히 권하고 싶습니다."

"암 당연한 말이오. 마음 한번만 잘 돌리면 새 사람이 될 수 있는 가장 좋은 수도장이 감옥인 것을 그들이 모르고 있어요. 아무튼 육신을 벗기 전에 영혼에 기록된 죄악의 기록을 다 지우는 것이 가장 현명한 방법이지요. 조상들의 죄업도 하루빨리 소멸시켜 주어야 앞날의 행복을 약속받을 수 있어요. 참 그리고, 솜옷과 용돈을 좀 넣었으니 받아 보세요."

역산 선생의 말을 듣고 난 윤영식은 눈물을 주르르 흘리며 말했다.

"영감님께서도 어렵게 사시면서 어떻게 그런 일을 하셨습니까. 저는 여러 모로 영감님께 신세만 지는 못난 놈입니다."

"마음 공부 잘하라는 뜻으로 차입한 것이니 그렇게 아시오. 난 이제 가볼 테니 마음 공부 잘하시오."
옆에서 감시하던 간수도 고개를 끄덕끄덕하며 감동해 했다.
역산은 다시 버스를 타고 뚝섬으로 돌아와서 돗자리를 깔았다.

관운(官運)이 없는 사람

어느 날 오후에 50대로 보이는 남자가 얼굴에 술냄새를 잔뜩 풍기며 역산 선생 앞에 쭈그리고 앉았다. 무슨 속상한 일을 당해 술을 마신 듯싶었다.

"영감님께서 국내서 사주를 제일 잘 보신다면서요? 제 사주를 좀 봐 주세요. 저는 지금까지 계속 실패만 했습니다."

이렇게 말하며 그는 자신의 생년월일과 시를 말했다.

```
년  월  일  시  이문호
戊  甲  丙  丙              乙丙丁戊己庚辛
寅  寅  戌  申              卯辰巳午未申酉
```

이렇게 사주를 뽑아 놓고서 역산 선생은 고개를 설래설래 흔들었다.

"지금까지 헛수고 많이 하셨군요. 오르지도 못할 나무에 올라가 보려고 애를 무척 많이 썼군요."

그러자 이문호는 고개를 끄덕이며 말했다.

"지금까지 여러 번 도전해 보았지만 매번 낙방이더군요. 이것도 다 타고난 팔자인가 보지요. 참으로 미치겠습니다."

이문호는 경남이 고향이었다.

부산에서 고등학교를 졸업하고 가정형편상 대학에는 진학을 못했다.

이문호의 꿈은 판사가 되는 것이었다. 그래서 독학을 하여 여러 번 고시에 응시했으나 매번 낙방을 하고 말았다. 어느덧 나이가 들자 부모님께서는 결혼을 시키려 했지만, 이문호는 판사가 된 뒤에 결혼을 하겠다고 하여 할 수 없이 동생들부터 먼저 결혼을 하게 되었다.

나이가 마흔이 넘도록 계속하여 낙방만 하면서도 판사의 꿈을 버리지 못하고 지내니 어느덧 기력이 쇠잔해지자 점점 꿈도 허물어져 가고 좌절 속에 빠지기 시작했다.

자포자기하며 지내는데, 동생이 어느 회사에 일자리를 알선해 주자 마지못해 호구지책으로 두어 달 다니다가 회사의 공금을 훔쳐 도망을 치고 말았다. 두 달 만에 붙잡혀 1년간 옥살이를 하고 나오니 이문호는 완전히 폐인이 되고 말았다. 이제 쉰이 넘어가는 나이에 마누라도 없고 돈도 없고 집도 없어 동생집에 기대어 사는 자신의 신세가 너무나 처량하여 죽고 싶은 마음밖에 없었다.

온종일 집안에서 빈둥거리자 어느 날 동생이 용돈을 주며,

"형님, 그렇게 실망에만 빠져 있지 말고 사주쟁이 영감을 한번 만나 보세요. 지하철 뚝섬역 계단 밑에 가보면 아주 용한 사주쟁이가 있대요."

하며 권해 시간도 보낼 겸해서 찾아온 것이었다.

역산은 이문호의 사주를 다시 한번 살펴보더니 입을 열었다.

"분수를 알고 살았다면 그렇게 비참한 인생이 되지 않을 수도 있었는데, 분수를 너무 모르고 살아오셨군요."

그러자 이문호는 지친 목소리로 말했다.

"영감님, 제 나이가 50이 넘었는데 이 모양 이 꼴입니다. 동생들과 고향의 친척들 뵙기가 부끄러워서 고향에 안 가본 지도 벌써 20여 년이 넘었어요. 그런데 전 왜 이 모양입니까?"

그는 아주 탄식을 했다.

역산은 말했다.

"높은 벼슬이나 큰 재물은 하늘이 주는 것이므로 인력으로는 쉽게 구할 수가 없는 것이지요. 사람이 살아가면서 무엇이나 자기가

원하는 대로 다 잘 이루어지기를 바라는 것은 마치 모래 위에다 집을 지어 놓고 천만년의 영화를 누리려는 사람처럼 어리석은 짓이지요. 천리를 아는 사람은 무슨 일이나 절반 이상만 이루어지면 그것으로 만족을 합니다. 그리고 또 원하는 것이 다 이루어졌다고 해도 그 복을 자기 혼자서 다 누리지 않고 세상과 나누어 누리므로 그 복록이 오랫동안 유지가 되지요. 사람은 무엇보다 자신의 분수를 아는 것이 중요합니다.”

역산이 이렇게 말하자 이문호는 고개를 끄덕이며 물었다.

“영감님, 저에겐 관운이 없습니까?”

“당신의 사주를 보면 남의 집 하인 노릇할 팔자입니다. 하인 팔자를 타고났으면 하인답게 주인을 잘 섬기며 부지런히 막노동이라도 열심히 했다면 행복한 가정을 이루어 지금쯤 다복하게 살았을 것입니다. 그런데 당신은 팔자에도 없는 고시에 응시를 했으니 열다섯번 씩이나 낙방을 하는 수난을 당하여 왔던 것입니다.”

그 말에 이문호는 침통한 표정을 하며 고개만 끄덕거렸다.

역산이 다시 말했다.

“사람은 누구나 팔자에 타고난 대로 살아가게 마련이지요. 당신은 자신의 분수를 몰라서 얻어진 자업자득이었습니다. 그리고 회사의 공금은 왜 훔쳤습니까. 땀흘려서 번 돈이 아니면 내 돈이 아니며, 공짜로 생긴 재물은 마귀가 던져 놓은 낚싯밥인 줄 왜 몰랐습니까? 사람이 자기의 분수도 모르고 팔자에 없는 부귀를 구하려 하는 것은 마치 뜬구름을 잡으려는 것처럼 어리석은 일입니다.”

“……”

“부귀재천(富貴在天)이라고 하지 않았습니까. 하늘이 부자가 되게도 해 주시고, 권세를 주시기도 하지요. 그리고 하늘이 부귀를 주실 때는 그만큼 책임이 따르는 법입니다. 그러므로 하늘이 주시지 않는 것은 바꾸어 생각해 보면 그만큼 홀가분한 마음으로 살아갈 수가 있지 않겠습니까?”

“글쎄요.”

“하늘이 당신에게 그토록 고시에 계속 낙방을 시켜 권세를 주시지 않는 것은 그만큼 당신에게 평안을 주시기 위한 하늘의 은총임을 알아야 합니다.

꼭 벼슬을 해야만 된다고 고집을 피우는 이유가 뭐예요? 하늘이 주시는 부귀가 아니라면 바라지 말아야 하며, 또 하늘이 주시는 가난과 천함이면 피하지 말아야 하는 것이 순리지요.”

이문호는 역산 선생의 도력 높은 설법에 압도당한 듯 한마디 변명도 못하고 듣고만 있을 뿐이었다.

역산은 또 말했다.

“지금 당신에게 주신 가난과 고통은 하늘이 주신 것입니다. 하늘이 주신 것이라면 무엇이라도 감사하게 받아들이는 것이 군자의 도리라고 할 수 있지요. 하늘이 주신 것이라면 죽음까지도 감사하게 받아들이는 것이 참사람의 길이라고 할 수가 있습니다.”

이렇게 설명하자 이문호는 크게 깨달음을 얻었다.

“영감님, 그럼 저는 무엇을 어떻게 해야 하나요?”

당장 살아가기가 힘든 처지임을 안 역산 선생은 이렇게 말했다.

“무슨 기술이 있소?”

“특별한 기술은 없고 자동차 운전면허증을 가지고 있을 뿐입니다. 노동일은 한번도 해보지 않았구요…….”

역산은 이문호의 사주를 다시 한번 살펴보더니 말했다.

“그럼. 자가용 운전기사로 취직을 하세요. 그리고 주인을 위하여 받는 봉급의 3배 이상 열심히 일을 해 주세요. 그럼 행운이 열릴 것입니다.”

이문호는 감사하다는 인사를 하고는 돌아갔다. 이문호는 역산 선생이 시키는 대로 일자리를 구하러 여러 곳을 기웃거려 보았다.

중곡동 어느 골목을 지나가며 어느 부잣집 대문을 보니 ‘기사 구함’이란 쪽지가 붙어 있어 무조건 대문을 열고 들어가서 취직을 했다.

이문호는 그날부터 역산 선생이 들려주신 것처럼 봉급의 3배 이상 열심히 일해 주었다.

그 집 주인은 어느 의류도매업을 하는 여자 주인이었다.

그 여주인은 남편과 사별한 지 20여 년이 넘었는데, 그간 여러 사내들과 교제를 해 보았으나 모두가 늑대 같은 인간들뿐이었다. 그래서 일체 남자를 상대하지 않고 오직 아들 하나만 키우면서 혼자 살아온 50대의 돈 많은 과부였다.

이문호가 이 집에 운전기사로 들어와서 성실하게 일하는 모습을 지켜보자 그 여인은 감동하여 6개월 만에 이문호와 결혼을 하게 되었다. 두 사람은 진실한 사랑을 하여 생의 존재 목적인 행복한 가정을 이루게 되었다.

이제 이문호는 운전기사가 아니라 당당하게 그 집의 중심인 가장이 되었고 22세 된 아들도 친아버지처럼 잘 따랐다. 만사가 다 잘 된 것이었다.

어느 날 이문호와 결혼한 아내가 함께 역산 선생을 찾아왔다. 이문호는 역산 선생에게 큰절을 하며 고마워서 어쩔 줄을 몰라했다.

"영감님 덕분에 저는 늦게사 크게 출세했습니다. 여기 이 사람이 제 집사람입니다. 여보, 역산 선생님께 인사드려요."

그녀도 밝은 미소를 지으며 인사를 했다.

"영감님, 제가 지금까지 20여 년 동안 혼자 살아오다가 이문호 씨 이분이 너무나 진실하여 제가 결혼까지 하게 됐어요."

역산도 기뻐하면서 입을 열었다.

"사람은 누구나 부자가 되어 살고 싶어합니다. 그 이유는 돈만 있으면 무엇이든지 마음대로 할 수 있다는 생각 때문이지요. 돈만 많으면 천하에 양귀비 같은 미녀와도 즐길 수 있기 때문이니까요. 또 사람들은 누구나 높은 벼슬자리에 오르고 싶어하지요. 높은 벼슬은 곧 권력이므로, 따라서 재물은 가만히 있어도 들어오게 되어 있다는 생각을 하고 있기 때문입니다."

"……."

"그러나 큰 재물이나 높은 벼슬은 모두 팔자에 타고나야 하는 법입니다. 큰 재물이나 높은 벼슬은 모두 하늘이 주시는 것인데 하늘이 주실 때에는 뜻이 있어요.

즉, 하늘이 어떤 사람에게 많은 재물을 주시는 것은 많은 사람을 구제하게 하기 위한 뜻이 있는 것입니다. 그러므로 많은 재물을 소유한 사람은 그 많은 재물을 자기 것으로만 생각해서는 안 되며, 하늘 것이라 생각하고 공적으로 사용해야 하는 것입니다. 공익을 위하여 사용함으로써 많은 사람들이 혜택을 누리도록 해야 하는 것이 곧 하늘의 뜻입니다."

이문호와 그녀는 동시에 고개를 끄덕였다.

"영감님, 그럼 하늘이 주신 재물을 자기의 개인 소유로 착각을 하여 자신의 영화에만 사용한다면 천벌을 면치 못하겠군요?"

"그렇지요. 암, 천벌을 받고말고요. 그리고 또 하늘이 어떤 사람에게 높은 벼슬을 주시는 것도 큰 뜻이 있지요. 즉 권세를 선용(善用)하여 천하의 모든 불의와 죄악을 몰아내라는 하늘의 큰 명령이 있는 것을 알아야 합니다. 그러므로 높은 권세를 가진 사람은 그 권세를 하늘 것으로 알고, 오직 하늘을 대신하여 공적으로만 사용하여야 하는 것입니다. 그러나 과거에 보면 많은 벼슬아치들이 이러한 하늘의 뜻을 모르고 권력을 남용하여 부정한 짓을 너무 많이 했지요. 최근 노씨라는 사람이 사욕을 부려 나라가 온통 시끄럽지 않습니까."

"예, 그렇지요."

"권세를 이용하여 남의 재산을 빼앗기도 하고, 또는 남의 처자를 빼앗는가 하면, 심지어는 남의 목숨까지도 빼앗는 죄를 무척이나 많이 지었지요. 이러한 것은 모두가 살아계신 하늘의 무서움을 몰랐기 때문입니다. 사실 정감록, 격암유록 예언에도 없는 변이(별종)들이 둘이나 나타나서 나라꼴이 우습게 되어 버린 것입니다.

"사실상 알고 보면 하늘은 무서운 것입니다. 하늘이 무서운 분이심을 깨닫는다면 함부로 살 수가 없지요.

세상 인심을 보면 사람 속여서 재물을 빼앗거나 간음한 것을 무슨 큰 공적이나 세운 것처럼 버젓이 자랑하고 다니는데, 그것이 얼마나 큰 범죄인 줄 몰라서 하는 짓이지요. 하늘을 무서워할 줄 아는 사람은 함부로 살지를 않습니다."

그 말에 이문호는 크게 감동하며 맞장구를 쳤다.

"정말 그렇군요. 하늘이 무서운 분이심을 아는 것이 바르게 살아가는 출발이겠군요."

그러자 옆에 있던 이문호의 부인이 말했다.

"영감님, 그럼 사주에 타고나기를 가난뱅이로 타고났다면 아무리 노력해도 큰 부자는 될 수가 없겠군요."

역산은 말했다.

"사람은 누구나 태어날 때 그릇의 크기가 다릅니다. 한 되짜리 그릇을 타고나는 사람이 있고 한 말짜리 그릇을 타고난 사람이 있으며, 한 섬짜리 그릇을 타고난 사람이 있지요.

그러니까 한 되짜리를 타고난 사람은 한 말을 담을 수가 없습니다. 그러므로 사람은 자기의 분수를 알고 분수에 맞게 사는 것이 행복하지요. 자기의 분수도 모르고 욕심만 앞세워 아무리 날뛴다 하더라도 성공하지 못하지요."

그녀가 말했다.

"그런데 가난은 다 부끄럽게 여기며 싫어하지 않습니까? 그래서 저도 가난을 면해 보고자 열심히 일을 했지요. 가난도 죄가 됩니까?"

역산은 고개를 좌우로 흔들었다.

"가난은 죄가 아닙니다. 또 벼슬 못하는 것도 부끄러운 일이 아니지요. 다만 노력을 하지 않아서 가난하게 산다면 죄가 될 수 있겠지만, 열심히 노력을 했는데도 가난하게 산다면 그것은 타고난 팔자라고 생각하면 됩니다. 사람은 누구나 자기의 분수에 맞게 살면 올바른 인생이지요."

"……."

"그리고 하늘은 누구에게나 한 가지씩 먹고 살 수 있도록 재주를 주십니다. 굼벵이는 꿈틀거리는 재주가 있고, 사슴은 잘 달리는 재주가 있지 않습니까. 사람들 중에서도 음식을 잘하는 재주가 있는 사람이 있고, 또 노래를 잘하는 재주가 있는 사람도 있고, 나처럼 사주를 잘 보는 재주가 있는 사람도 있지 않습니까."

다시금 이문호가 물었다.

"영감님, 그럼 저는 무슨 재주가 있습니까?"

역산이 말했다.

"당신은 뒤늦게 돈 많은 여자를 잘 거느리는 재주가 있어 지금 깨가 쏟아지는 즐거움을 누리고 있지 않소, 허허……."

두 사람도 웃었다.

그들은 인사를 하고서 돌아갔다.

다정히 팔짱을 끼고 가는 두 사람의 모습이 아름답게 보였다.

역산은 이문호 부부의 뒷모습을 쳐다보며 중얼거렸다.

"하늘을 모시고 남녀가 짝을 이루어 부부가 되는 것보다 아름다운 것이 어디 있으리요. 그것이 곧 하늘의 뜻이기도 한 것을……."

역산 선생은 남은 막걸리를 마셨다.

불장난의 결과

어느 날 30대 중반의 남자가 며칠째 면도를 하지 못한 모습으로
얼굴에는 수심이 가득한 빛으로 역산 선생을 찾아왔다. 그는 종이
쪽지를 한 장 내밀며 말했다.
"영감님, 여기에 적힌 여자의 사주를 좀 봐주세요."
역산 선생은 본능적으로 만세력을 뒤적거렸다.

년 월 일 시 김미희
乙 甲 庚 戊   乙丙丁戊己庚辛
巳 申 申 寅   酉戌亥子丑寅卯

이렇게 사주를 뽑아 놓자 역산 선생의 얼굴은 심각한 표정으로
굳어졌다.
"이 여자의 팔자는 아주 험악합니다. 지금쯤 혹시 죽었거나, 아
니면 감옥소에 들어가 있다고 사주가 나오는데요……."
역산이 심각한 뜻으로 말하자 그 남자는 깜짝 놀라며 고개를 끄
덕였다.
"역시 사주에도 그런 것이 나오는가 보군요. 사실 이 여자는 무
서운 살인마로서 두 사람의 목숨을 희생시킨 악마입니다. 아마 얼
마 후에 사형을 당할 겁니다."
그 남자의 이름은 김정환이고, 김미희라는 여자가 두 사람의 목
숨을 해친 사연은 이러했다. 김정환은 이미 결혼하여 딸을 하나

둔 가장이었다. 김정환이 퇴근하여 집에 돌아오자 아내는 낯선 여자와 재미있게 이야기를 나누고 있었다.

"여보, 이쪽은 고향 친구예요."

아내가 소개하자 낯선 여자는 일어나 자기 소개를 했다.

"김미희라고 해요. 정숙이와는 같은 마을에서 태어나 중학교까지 함께 다녔어요."

김미희, 그녀는 얼마 전 남편과 이혼을 하고서 괴로워하다가 막상 갈 곳도 없고 해서 고향 친구인 이정숙을 찾아와 당분간만 머물면서 신세를 좀 지자고 했다. 마침 지하실 방이 하나 비어 있고 해서 갈 곳이 마련될 때까지 머물게 했다.

그런데 김정환과 김미희는 서로 눈이 맞아 사랑하는 사이가 되었고 아내는 그러한 사실도 모른 채 지냈다.

두 사람간의 불륜의 사랑은 깊어지면서 문제가 생긴 것이다. 김미희는 김정환과 꼭 결혼을 하고 싶었다. 그런데 장애물이 가로막고 있으니, 친구이자 김정환의 아내인 이정숙이 문제였다.

김정환과의 밀애가 깊어갈수록 장애물을 제거해야겠다는 생각이 그녀의 마음을 흔들어 놓았다. 그러던 어느 날 김미희는 중대한 결심을 했다. 즉 이정숙을 살해하기로 작정한 것이다.

김미희는 음료수에다 독약을 넣어 이정숙에게 마시게 하여 살해했다. 그리고는 김장독 속에 시체를 넣어서 암매장했다. 그리고 두 살 된 김정환의 딸 연화도 감장독 옆에 구덩이를 파고는 암매장해 버린 것이다. 그녀는 사랑에 눈이 어두워 친구와 친구의 딸을 몰래 죽여버린 것이다.

그러한 사실도 모르고 퇴근하여 집에 돌아온 김정환은 아내와 딸이 없어진 사실에 궁금해 하다가 경찰에 실종신고를 했다. 경찰의 치밀한 수사에 드디어 사건의 전모가 밝혀지자 김정환은 그만 넋을 잃고 말았다.

김미희는 즉시 구속되어 사형을 선고받았고, 얼마 후면 집행을 당할 목숨이었다.

졸지에 아내와 딸을 잃어버린 김정환은 괴로움의 나날을 보내다가 친구의 소개로 이곳에 오게 된 것이었다.

"영감님, 용서해 주십시오. 한때의 불장난으로 크게 실수한 것을 깨달았습니다. 김미희 그녀가 그처럼 끔찍한 짓을 할 줄은 상상도 못했습니다."

그는 부들부들 떨면서 말했다.

역산은 냉정한 목소리로 말했다.

"김미희가 당신의 아내와 딸을 살해한 것에 대해서는 당신의 책임이 아주 큽니다. 당신은 장난삼아 밀애를 즐겼지만, 그 결과는 두 생명을 앗아 가는 엄청난 비극이 생겨나지 않았소!"

역산이 야단을 치자 김정환은 연신 사죄하는 모습으로 굽신거리며 말했다.

"영감님, 이 모든 것이 제 잘못입니다. 입이 열 개라도 할말이 없군요……. 그녀가 그토록 악독한 여잔가요?"

그가 김미희에 대하여 묻자 역산은 그녀의 사주를 살펴보았다.

"경금(庚金) 일주(日主)가 신월생(申月生)이라. 신강사주인데, 용신은 사중병화(巳中丙火)와 인중병화(寅中丙火)가 되겠군요. 편관이 용신이라 일견하여 남편복도 있을 만하지만 일지(日支)의 남편궁에 기신이 자리하고, 또 초년과 중년의 대운이 악운으로 흐르므로 결혼에 실패하여 방황하는 신세가 되었지요. 인신(寅申)이 상충하고 갑경(甲庚)이 상충하므로 상당히 불길한 팔자임은 피할 수 없는데, 지금이 해(亥)대운이라 사해(巳亥)가 상충하므로 위태하고, 또 금년의 태세가 계해(癸亥)년이라 사형은 피할 수 없는 운명이겠군요."

역산이 이렇게 설명하자 김정환은 고개를 끄덕이며 질문했다.

"그녀는 처음부터 흉사를 당할 팔자군요?"

"꼭 그렇다고 단정을 할 수는 없지요. 사람의 운명은 선천적인 사주와 후천적인 노력에 의해서 좌우되니까요. 이 사주를 보면 조상들의 업보가 얼마나 무겁다는 것을 알 수 있습니다.

조상들의 업보를 보니 부모에게 불효한 업보가 많으며, 또 남의 재산과 생명을 약탈한 업보가 무겁군요. 아마 김미희의 조상 중에는 산적 노릇을 했거나 강도짓을 한 조상이 많은 것 같군요. 그 조상들의 업보를 후손이 소멸시켜야 하는데, 그녀는 오히려 두 사람을 더 살해했으니 그 업보가 태산같이 불어나고 말았습니다. 사람이 눈앞에 보이는 사건만 가지고 시비를 논하지 말고 입체적으로 보아야 그 문제를 정확하게 알 수가 있습니다.”

김정환은 고개를 끄덕였다.

“그렇군요. 영감님, 그건 그렇구요. 제 아내는 저 때문에 희생의 제물이 되었는데 어떻게 하면 좋겠습니까?”

“당신의 아내와 딸은 당신의 실수로 한많은 원혼이 되어 있습니다. 위령제를 지내서 그 원한을 씻어 주는 것이 좋겠군요.”

“영감님, 그럼 저희 집에 가시어 위령제를 좀 지내 주십시오. 사례비는 넉넉히 드리겠습니다.”

역산은 흔쾌히 허락했다.

이튿날 역산 선생은 김정환을 따라 택시를 타고 구의동으로 갔다. 어느 아담한 연립 2층에 올라가니 김정환이 이미 조촐하게 제삿상을 차려 놓았다. 역산은 먼저 천문과 장군주와 영생주 등을 목탁을 치며 암송했다.

천문은 천지부모님의 도우심을 받기 위한 주문이고 장군주는 위령들의 침범을 막기 위한 주문이고, 영생주는 글자 그대로 영생을 얻기 위한 주문인 것이다.

영생주

영원천상원장생	永遠天上願長生
만세불멸영수복	萬世不滅榮受福
천지부모동심정	天地父母同心情
수호신령동일체	守護神靈同一體

역산 선생은 주문을 한참 동안 암송하여 분위기를 잡고 나서는 기도를 했다.

“영가시여, 정신을 차려 이 법문을 잘 들으소서. 원래 하늘이 사람을 만드실 때 이중구조로 만드셨나니, 곧 몸과 영혼이나이다. 육신은 지상에 살면서 생활 속에 얻어진 모든 선악간 업보가 영혼에 기록이 되나이다. 그 기록으로 다음에 육신을 벗고 영계에 들어가서 영원히 살게 되는데, 선업을 많이 기록한 영혼은 천상의 낙원이나 천국으로 들어가서 무궁한 복락을 누리며 살게 될 것이옵니다. 반대로 악업을 많이 기록한 영혼은 천상세계의 연옥이나 지옥에 떨어져서 끝없는 세월 속에서 무수한 고통을 당하게 되나이다. 그러므로 지상에 살 동안에 하늘을 모시고 살면서 바른 마음을 가지고 모든 일에 감사하며 살아야 그 영혼에 좋은 기록이 남아지게 되나니, 이러한 이치로 볼 때 지상의 육신생활이 얼마나 중요한가를 느끼게 되나이다.

영가시여, 죄많은 사람을 친구로 잘못 만나 억울하게 죽어간 그대의 원한이 얼마나 크시나이까. 천번 만번 죽어 마땅한 죄인을 용서해 주소서. 이제 지상에서 영가를 위로하고자 위령제를 드리오니 부디 모든 악심이나 원심을 다 놓아 버리시고 좋은 세상으로 들어가시옵소서. 천지부모님과 수호신령님께서 당신의 영혼을 지켜 주실 것이나이다. 부디 모든 원한을 다 잊어버리시고 편안히, 편안히 가시옵소서.

일심으로 비옵나이다.

일심으로 비옵나이다.

일심으로 비옵나이다."

기도를 하는 동안 김정환은 참회의 눈물을 하염없이 흘렸다.

"영감님께 맹세를 합니다. 이제 다시는 어리석은 불장난을 하지 않겠습니다. 바르게 살겠어요……."

그는 통곡을 했다.

위령제가 다 끝나자 김정환은 다시 역산 선생을 택시로 뚝섬으로 모시고 왔다. 차에서 내리자 김정환은 미리 준비해 온 봉투를 역산 선생의 주머니에 집어 넣었다.

"영감님, 약소하지만 받아 주십시오. 이렇게 위령제를 한번 지내고 나니 마음의 죄책감이 다소 가벼워지는군요. 그럼 안녕히 계십시오."

그는 돌아갔다.

역산은 다시 돗자리를 깔면서 중얼거렸다.

"중생들은 스스로 화근을 만들어 재앙을 당하면 뒤늦게서야 후회와 탄식을 한단 말씀이야…….

사람이 건강할 때 건강을 잘 지켜야 하는 것처럼, 무슨 일이든 그 재앙이 일어나기 전에 조심하는 것이 중요한 거야. 사건이 터진 뒤에는 이미 때가 늦은 법이지. 아직 평온할 적에 평화의 기틀을 견고히 해두는 것이 일생을 편안히 사는 비결인 것이야……."

역산 선생은 한참을 중얼거리다가 자리에 좌정했다.

영계의 실상

며칠 후에 김정환이 다시 역산 선생을 찾아왔다. 손에는 막걸리 세 병과 오징어 안주가 담긴 봉지를 들고 왔다.

"영감님께서 술을 좋아하시기에 사 왔습니다. 특히 막걸리를 좋아하시는 것 같아서 막걸리를 사왔어요."

역산은 빙그레 웃으며 막걸리병을 하나 잡고서 흔들어 병째 나발을 불었다. 금세 한 병을 다 비웠다.

"술 중에는 막걸리가 최고로 좋은 술입니다. 당신도 한 잔 하지요."

"전 소주만 마십니다. 막걸리는 마시고 나면 뱃속이 거북하더군요."

"내가 막걸리 마실 복이 많나 보군요. 그럼 남겨 뒀다가 나 혼자 다 마실께요."

김정환이 드디어 본론을 끄집어냈다.

"영감님께서 위령제를 한번 지내 주고 나니까 제 마음이 아주 편안해졌습니다. 사실상 저는 지금까지 영계에 대한 내용을 부정해 왔는데, 이제 무조건 부정만 할 수 없게 됐습니다. 영계에 대한 내용과 지상에 종종 나타나는 영적인 현상에 대하여 설명을 좀 해 주세요."

역산은 잠시 좌선을 하더니 말했다.

"우선 내가 본 것을 그대로 말해 주겠소. 인간은 육신과 영혼의 이중구조로 만들어져 있는데, 인간의 영혼은 천지부모님이 내려

주시는 생소(生素)와 육신으로부터 오는 생력(生力)의 기운에 의해
서 성장을 하지요. 그렇기 때문에 영혼은 육신을 떠나서는 성장할
수가 없으며, 또 죄를 씻을 수도 없지요.”

“그렇군요. 영감님, 그럼 만일 지상에서 육신을 쓰고 생활하는
동안에 완성을 하지 못하고 육신을 벗어 버리면 어떻게 되나요?”

역산은 계속 심중히 말했다.

“그러한 영혼들의 성장을 위해서는 지상에 살고 있는 지상인과
상생의 인연을 맺어 자기들이 지상에서 다 이루지 못한 사명 부분
이나 속죄해야 할 내용들을 지상인을 협조하여 그 사명이나 속죄
를 하게 함으로써 지상인의 육신을 통하여 단계적으로 이루어 나
가지요.”

여기까지 설명하자 김정환은 잘 이해가 되지 않는 듯 고개를 갸
웃거리며 물었다.

“영감님, 잘 이해를 못하겠군요. 좀더 상세하게 말씀을 해주세
요.”

역산은 잠시 숨을 멈추었다가 말했다.

“영계에서 살고 있는 영인(靈人)은 지상에 살고 있는 지상인에
게 꿈으로나 또는 계시에 의하여 바른길을 가도록 인도합니다. 그
리하여 지상인이 정성을 들이면 그 기운을 받아서 영계에 있는 영
인은 자기가 생전에 지은 죄를 조금씩 씻는 데 사용하기도 하고,
또 영혼의 성장을 위해 사용하기도 하지요.”

그제서야 김정환은 다소 이해가 된다는 눈치였다.

“영감님, 그럼 영인들이 어떤 방법으로 지상인에게 협조를 합니
까? 그 구체적인 내용이 상당히 궁금하군요.”

“그것은 여러 가지 방법이 있으나, 몇 가지만 말해 주겠소. 즉,
지상에 살고 있는 지상인이 기도를 하거나 천문 등을 암송하면 거
기에는 영적인 기운이 흐르게 되지요. 그때 영계에 있는 영인이
그 기운을 따라서 협조를 하는데, 영인이 보내준 생령의 기운으로
지상인은 불치의 병이 낫는 수도 있고, 또는 영인이 알려주므로
지상인은 예언도 하며, 영인이 격려를 해주므로 지상인은 용기를

얻기도 하는 것입니다. 그리고 지상인이 정성들인 그 생력의 기운으로 영인은 자신의 죄를 씻기도 합니다."

"그러고 보니 영인과 지상인은 서로가 상부상조를 하는 셈이군요."

역산은 계속 말했다.

"그렇습니다. 그리고 여기서 말하는 영인이란 대부분이 지상인과의 혈통의 인연이 있는 조상들이 많습니다. 상부상조란 것도 알고 보면 조상과 후손과의 공동운명에 대한 상부상조가 많지요. 그리고 하늘의 뜻은 지상천국 건설이라는 큰 목적을 완성하시기 위하여 역사상에 많은 성현이나 의인이나 선지자(先知者) 등을 부르시어 그 개체에 적합한 사명을 분담시켜 나왔습니다. 그러나 그 사명을 맡은 사람이 책임을 다하지 못한 채 육신을 벗어 버리고 영계에 들어가면 그 사명은 다음 지상에 태어나는 사람에게로 옮겨지게 되지요. 그러니까 어떠한 사명을 이루기 위해 수고를 하다가 다 이루지 못하고 영계에 들어간 사람은 지상에서 다시 다른 사람이 사명의 바톤을 이어받아 나가게 합니다. 이것을 조상과 후손을 두고 보면, 조상이 어떤 천적인 사명을 맡아 수고하다가 다 이루지 못하면 그 사명을 아들이나 손자나 그 후손이 이루어 나가게 되는 것과 똑 같아요."

"영감님, 그럼 윤회환생은 어떻게 보십니까?"

역산 선생은 술병을 한번 쳐다보더니 다시 말했다.

"영계를 알려면 분명하게 알아야 합니다. 지상인이 열심히 기도나 정성을 들이다 보면, 가끔 자기를 협조하는 조상이나 수호신령을 만나게 됩니다. 이러한 것을 잘못 알고 지상인은 자기가 다시 태어난 줄로 착각을 하여 내가 옛날에 살았던 누구인데, 다시 태어난 것이다 하고 떠들게 되지요. 사실상 이 우주를 정확하게 바로 알고 보면, 윤회환생을 주장하는 것은 우주의 원리를 잘 모르고 다만 그 나타난 결과만 보고서 잘못 판단한 것입니다. 영계에 있는 많은 영혼들이 자기와 상대 기준이 맞는 지상인을 찾아 헤매고 있으나 생전에 워낙 지은 죄가 많은 영혼들은 지상에 상대자가 없을 수가 있습니다. 이처럼 지상에 상대자가 없을 때는 할 수 없이 소나 돼지나 말이나 또는 뱀이나 여우 등의 동물에게 재림하여 기회를 기다리지요. 이러한 현상을 지상에서 영안이 열린 수도인이 보고서 소나 말에게 사람의 영혼이 재림해 있는 것을 보고는 저 소는 전생에 죄가 많아서 소로 태어났다고 주장을 하게 된 것입니다."

김정환은 일리가 있다는 듯 고개를 끄덕거리며 들었다.

"영감님의 말씀이 상당히 일리가 있어 보이는군요. 지금까지 많은 영통인들이나 선지자들이 밝히신 내용보다 더 차원이 높아 보입니다."

"차원이 높고 낮은 것이 문제가 아니라, 내가 하는 말은 천지의 이치를 두고 한 우주의 원리예요. 그런데 만일 동물에게도 재림할 상대자가 마땅하지 않을 때는 나무나 또는 바위에 재림하기도 하지요. 재림이란 영계에 있는 영혼이 지상에 살고 있는 사람에게 의지하는 것을 말합니다. 지금 김정환 씨 당신에게는 조부모님이 재림하여 협조하고 있군요."

역산이 여기까지 말하자 그는 놀라워했다.

"그게 사실입니까? 그럼 제 사주도 한번 봐 주세요."

그가 자신의 생년월일과 시를 말하자 역산은 사주를 뽑았다.

년 월 일 시 김정환
戊 辛 庚 戊   壬癸甲乙丙丁戊
戊 酉 午 寅   戌亥子丑寅卯辰

"영감님, 제 사주에도 조부모님이 협조한다고 나옵니까?"

역산은 고개를 끄덕거리며 선(禪)문답을 풀어 나갔다.

"그렇소 경금(庚金) 일주(日主)가 유월생(酉月生)이라 신강사주이고, 용신은 일지의 오화(午火)니 조부모님이 늘 보살필 수밖에요. 이렇게 사주만 보아도 어느 조상님이 협조하고 있다는 사실까지 자세히 알 수가 있지요. 당신 사주를 보니 목화(木火)운이 길운

인데, 병인(丙寅) 대운부터 발복할 수가 있습니다. 지금은 축(丑)
대운이라 한창 흥운인데, 그래서 아내와 딸을 잃어버리는 비운을
만난 것이오. 그러나 염려 마세요. 앞으로 4년만 지나면 좋은 운세
가 돌아오니 걱정할 것 없어요. 꾸준히 저승보따리나 잘 챙기세
요."

김정환은 앞으로 좋은 운세가 돌아온다는 역산의 말에 기분이
다소 좋아진 듯 얼굴에 화기가 돌았다.

"그럼 앞으로 기대를 한번 해 보겠습니다. 그건 그렇구요, 엉뚱
한 것을 하나 묻겠습니다. 나무가 벼락을 맞는 이유는 왜 그렇지
요?"

역산은 말했다.

"우리가 흔히 죄지은 자가 벼락을 맞아 죽는 것을 종종 봅니다.
그런데 나무 그 자체는 아무런 죄 지은 것이 없다 해도 나무에 죄
많은 영혼이 재림해 있으면 하늘은 그 나무에다 벼락을 때리지요.
또 죄많은 영혼이 바위에 재림해 있으면 하늘은 바위에다 벼락을
치는 이유가 여기에 있습니다."

김정환은 신기한 듯 계속 물었다.

"그럼 윤회 환생이 아니고 재림 부활하는 것이군요. 그런데 윤
회 환생이나 재림 부활이 비슷한 것 아닙니까?"

"물론 비슷한 점이 있긴 하지만, 자세히 알고 보면 다르지요. 윤
회 환생은 육신으로 다시 태어나는 것을 말하지만, 재림 부활이란
영혼이 지상인에게 의지하여 성장하는 것을 말하므로 다르지요.
내가 저 영계의 극락에 계신 부처님께 여쭈어 보았지요. '부처님
께서는 지금까지 육신을 바꾸어 쓰고 몇 번이나 지상에 다녀가셨
나요' 하고 여쭈어 보았더니, 부처님께서 말씀하시기를 '한번도
지상에 다녀간 적이 없다'고 했습니다. 그래서 이렇게 여쭈어 보
았지요. '그러면 흔히 지상에서 부처님의 환생자라고 하는 사람이
많이 나타나는 이유는 무엇입니까?' 하고 물었습니다. 그랬더니
부처님이 말씀하시길 '그들의 정성이 높은 것을 기특하게 여겨 용
기를 주기 위해서 협조를 좀 해주었더니 그만 자기가 부처님의 환

생자인 줄로 착각을 하며 일어난 결과라' 하시더군요.”

“그리고 내가 또 낙원에 계시는 예수님께 여쭈어 봤지요. ‘성경에 보니 예수님께서 다시 지상에 오신다고 기록되어 있는데 오시는 것이 사실입니까?’ 하고 여쭈어 보았더니, 예수님 말씀이 ‘내가 직접 지상에 가는 것이 아니고 다만 나의 사명을 가지고 지상에서 하나님의 뜻을 이루어 나가는 사람에게 협조하는 것이 곧 사명 완수를 위한 재림이라’고 하더군요. 그래서 또 여쭈어 보았지요. ‘그럼 요즘에는 자기가 재림주라는 사람이 많이 나타나서 세상 인심을 혼미케 하는데 왜 그렇습니까?’ 하고 여쭈었더니 예수님 말씀하시기를 ‘보통 목사나 장로나 권사들 중에서 신앙이 독실한 사람들에게 그 신앙을 격려해 주기 위하여 칭찬을 좀 해 주었더니 그만 자기가 진짜 재림주인 줄로 착각을 하고서 날뛰는 적그리스도가 되었다’고 했습니다. 그래서 말세에는 가짜 그리스도가 많이 나타나며, 또 가짜 미륵부처님이 많이 나타나며, 또 가짜 선지자가 많이 나타나게 되는 것이지요.”

그 말에 김정환은 호기심이 간 듯 바짝 다가앉았다.

“그렇군요. 그러니까 결론은 사람은 누구나 한번 육신을 벗어버리면 다시는 육신을 쓸 수가 없다는 말씀이군요.”

“그렇소. 이러한 우주의 원리를 바르게 알아야 영생길을 준비하는 데 실수를 하지 않는 법입니다.”

“영감님의 말씀은 아무리 들어도 신기하기만 합니다. 그러니까 영혼을 중심삼고 보면 죽음이란 없는 것이군요.”

“그렇지요. 죽음이란 타락으로 영안이 어두워진 다음에 생겨난 인간의 무지 때문입니다. 원래 하늘이 인간을 만드실 때 육신과 영혼의 이중구조로 만들어 놓았고, 또 인간을 기본으로 하여 영계와 지상세계로 창조했어요. 인간은 지상에서 살다가 육신이 노쇠하면 벗어버리고 영혼만이 영계에 들어가서 영원히 살도록 만드셨지요. 그러므로 영계가 인간 본래의 고향입니다. 사람이 세상에 살면서 이와 같이 영계와 영혼에 대한 내용을 잘 모르면 살아도 헛된 인생을 사는 거예요. 지상의 생활은 장차 영계에 들어가서 영원히 잘 살기 위하여 준비하는 수도장과도 같다고 할 수 있습니다. 이처럼 사람은 먼저 죽음에 대한 문제가 완전히 해결되어야 삶에 대한 모든 문제가 해결될 수 있습니다. 인간에게 있어 제일 중요하고 근본된 문제가 죽음인데, 이 죽음에 대하여 잘 알지 못하면 아직 소아의 자리를 벗어나지 못한 상태이지요."

역산이 차근차근 설명하자 김정환은 감격을 했다.

"영감님의 말씀을 듣고 보니 정말 죽음에 대하여 가볍게 생각할 문제가 아니군요. 그럼 죽음이란 무엇입니까?"

역산은 그 나이에 지치지도 않고 계속 말했다.

"죽음이란 천지부모님이 계신 본고향으로 돌아가는 것입니다. 본고향에 돌아갈 때 무엇을 선물로 가지고 가야 하늘이 기쁘게 맞이해 주실까요? 그것은 저승보따리에 담고 갈 세 가지 보물밖에 없습니다. 즉 남을 위해 수고한 공덕과 선한 사람과 맺은 상생의 인연과 하늘의 뜻을 이루어 드리는 실적뿐이지요."

역산 선생은 막걸리병을 들었다.

김정환은 고개를 끄덕거리며 심중한 한마디를 남겼다.

"영감님의 말씀을 깊이 간직하고 살아가겠습니다. 안녕히 계십시오."

그는 몇 번이나 감사함을 표하며 돌아갔다.

직업의 선택

어느 날 저녁때 얼굴의 광대뼈가 유난히도 많이 튀어나온 50대의 여인이 역산 선생을 찾아왔다. 얼굴 모습에 어울리지 않을 정도로 짙게 바른 화장품의 냄새가 역산 선생의 코를 자극했다.

"영감님, 사주 좀 봐주세요."

그녀는 자신의 생년월일과 시를 말하자 역산은 아무 대꾸도 없이 만세력을 뒤적거렸다.

```
년  월  일  시   이정순
癸  辛  丙  甲              壬癸甲乙丙丁戊
未  酉  申  午              戌亥子丑寅卯辰
```

이렇게 사주를 뽑아 놓았다.

"영감님 어떻게 나옵니까?"

그녀가 묻자 역산은 말했다.

"부모 덕도 없고 남편 덕도 없는 험악한 팔자군요."

"영감님, 역시 제 팔자가 그 모양 그 꼴이군요. 그럼 자식 덕은 어떻게 나옵니까?"

역산은 그녀의 사주를 살펴보며 말했다.

"용신(用申)이 자식궁인 시주(時柱)에 자리하므로 자식 덕은 볼 수 있겠군요."

그녀는 고개를 갸우뚱거렸다.

 "영감님, 실은 제겐 아들이 하나 있는데, 제 속을 무척이나 많이 썩입니다. 어떻게 자식 덕을 볼 수 있다고 하세요?"

 그렇게 반문하자 역산은 다시 그녀의 사주를 자세히 살펴보았다.

 "거 참 이상하군요. 당신 사주를 보면 분명히 자녀 덕을 볼 수 있다고 나오는데, 자식이 속을 썩인다니 이상하군요."

 역산도 이상하다는 듯 고개를 갸웃거렸다.

 "우리 아들은 올해가 25세로 평소에는 착하고 이 어미에게도 효도하는 아들인데요, 가끔 술만 한 잔 마셨다 하면 갑자기 이성을 잃어버리고 식칼을 들고 들어와서 저를 죽이겠다고 소란을 피우지 뭡니까. 그러다가 술만 깨고 나면 잘못했다고 빌어요. 이런 일들이 3일이 멀다고 반복되니 제가 죽을 지경이에요. 영감님, 우리 아들 정신 좀 차리게 하는 방법이 없을까요?"

 역산은 두 눈을 지그시 감고는 무슨 생각에 잠긴 듯하다가 다시 눈을 뜨며 말했다.

 "사주에는 효자라고 나오는데, 그 자식이 불효자 노릇을 한다면 그것은 당신이 지금 바르게 살지 않고 있기 때문입니다. 당신은 지금 무슨 일을 하면서 살고 있습니까?"

 역산이 묻자 그녀는 갑자기 당황하는 빛을 보였다.

 "그냥 그렇게 살고 있어요. 설마 아들이 제 직업 때문에 그럴라구요."

 그녀가 자신의 직업을 감추자 역산은 말했다.

 "자식은 부모를 말없이 가르치는 스승입니다. 부모의 잘못을 자식은 깨우쳐 주는 행동을 자주 하지요. 아이는 어른의 아버지란 말도 있잖아요. 아무튼 자식이 잘못된 길로 가는 것은 전적으로 그 부모에게 책임이 있습니다. 부모가 바르게 살지 않기 때문에 자식도 바르게 자라지 않는 것입니다. 아들을 효자 만들고 싶으면 먼저 당신이 처신을 바르게 하세요."

 그때서야 그녀는 고개를 숙이며 자신의 직업을 털어놓았다.

 이정순, 그녀의 직업은 사창가의 대모(代母)로 불리우는 포주였다. 일찍이 남편과 사별하고는 아들 하나를 키우면서 먹고 살기 위해 포주가 된 것이었다. 그녀의 집에는 몸 파는 아가씨가 다섯 명이 있었고, 손님들도 심심찮게 찾아와 수입도 괜찮았다. 지금까지 포주 노릇한 지 20여 년이 넘었다. 그간 돈도 제법 모으기도 했는데 문제는 아들이었다. 평소에는 착한 아들이었는데 어머니가 남들로부터 손가락질을 받는 포주라는 것에 불만을 품고는 술을 먹고 어머니에게 행패를 부렸던 것이다. 아들은 술에 취한 상태에서 소리질렀다.

"어머니, 제발 다른 직업을 가지세요. 남의 딸들을 데려다가 몸 팔게 해서 그 돈을 뒤에서 가로채는 직업은 옳지 못한 직업이에요. 그리고 순옥이는 아직 미성년자인데 어떻게 법을 어겨 가면서까지 돈만 생각하여 윤락녀를 만듭니까……."

그녀는 아들의 말을 듣지 않았다.

"정수야, 직업에 귀천이 어디 있니. 살인하지 않고 도둑질하지 않으면서 돈 버는데 뭐가 잘못이니. 그렇다고 이 어미가 직접 나서서 몸 파는 것은 아니지 않느냐."

아들은 그래도 말렸다.

"어머니가 직접 몸을 파는 것은 아니지만, 어머니가 손님을 끌고 와서 아가씨들과 즐기도록 방을 빌려주고 모든 일을 조성해 주지 않습니까. 어머니도 알고 보면 몸 파는 아가씨들과 똑같은 죄를 짓고 있습니다."

"정수야, 이렇게 돈을 버는 것도 다 너를 위해서 하는데, 왜 너는 이해를 못해 주니. 네가 지금까지 살아왔고, 또 대학까지 무사히 공부하게 된 것이 모두 누구의 덕인 줄 알아?"

그러자 아들은 밖에 나가서 술을 잔뜩 마시고 들어와서 어머니에게 행패를 부리기 시작했다.

"어머니도 창녀나 다름없이 나쁜 사람입니다. 난 어머니가 포주 노릇하는 것이 싫단 말이에요."

아들이 칼을 휘두르자 그녀는 2층으로 몸을 피하며 지내왔다.

지금까지의 이야기를 듣고 난 역산은 고개를 끄덕이며 말했다.

"아들의 말이 하나도 틀린 데가 없군요. 당신은 지금 간음하는 죄와 똑같은 무서운 죄를 짓고 있는 중이오. 그러니 당신을 깨우치기 위해 아들이 칼을 휘두른 거요. 당신이 직업을 바꾸지 않는 한 아들의 그 술병은 못 고치겠군요."

역산은 기분이 상한 듯 막걸리병을 들어 마셨다.

"영감님, 간음죄가 나쁜 줄은 저도 압니다만, 제가 직접 몸을 파는 것은 아니지 않습니까. 전 다만 방을 빌려주고 손님을 끌고 오는 일만 하는데도 죄가 됩니까?"

역산은 역겨운 듯 말했다.

"성경에 보면 예수님께서 말씀하시기를 여자를 보고서 음욕을 품기만 해도 간음죄가 된다고 했습니다. 그런 입장에서 볼 때, 당신은 간음죄를 짓도록 분위기를 조성해 주는 일을 하고 있으니 직접 몸을 파는 여자와 같이 간음죄가 되는 것입니다."

그녀는 이해가 되는 듯 고개를 끄덕였다.

"결국은 제가 직업을 바꾸어야 우리 아들이 바르게 살겠군요."

"그렇지요. 당신은 잘 모르겠지만, 난 저 영계에 대하여 잘 압니다. 저 영계의 법(法)에서 보면 간음죄를 지은 죄인에게 아주 무서운 벌을 내리는 것을 보았지요. 당신은 지금 영계에 대하여 잘 모르니까 함부로 살지만 큰일날 일입니다. 지금 당신의 영혼에는 간음죄의 기록이 가득히 기록되어 있습니다. 육신을 벗기 전에 죄를 씻으세요."

그녀는 당황한 듯 보였다.

"영감님 말씀을 듣고 보니 제가 잘못한 것을 깨달았습니다. 이제부터라도 바르게 살겠습니다. 영감님, 지금까지 지었던 죄를 씻을 수 있도록 지도해 주십시오."

그녀가 부탁하자 역산은 〈참회계〉 한 장을 적어 주었다.

그녀는 역산 선생이 적어 준 참회계를 잘 접어서 지갑 속에 넣고는 물었다.

"영감님, 제 사주를 좀 봐 주세요."

역산은 그녀의 사주를 풀이했다.

병화(丙火) 일주가 유월생(酉月生)이라 신약사주다.

신약이면 인성이나 비겁이 길한 사주인데, 이 사주에는 금(金)이 왕성하므로 비겁인 화(火)가 용신이 된다. 금수(金水)는 흉신(凶神)으로 년월주에 기신이 자리하여 부모 덕이 없는 팔자다. 일찍이 부모 잃고 할머니 손에서 자라다가 나이가 들자 인신매매범에 속아서 창녀가 되었다. 젊은 시절은 그렇게 험악하게 살아왔다.

일지 남편궁에도 기신이 자리하므로 남편 덕도 없는 팔자다.

그녀 나이 28세 때 어느 날 자주 찾아오던 단골손님인 백씨란 사람이 그녀와 한번 뒹굴고 싶긴 한데 돈이 없다는 것이다. 그래서 백씨와 외상으로 한번 진하게 뒹굴고 나서 바로 임신이 되어버렸다. 그때 그녀는 무슨 생각에서인지 유산을 시키지 않고서 아기를 낳았는데, 그 아이가 바로 지금의 정수였다. 백씨는 외상으로 씨앗을 한번 뿌려 놓고는 영영 나타나질 않았다.

그러니까 정수는 그녀가 백씨에게 외상으로 몸을 빌려준 대가로 받은 산물인 셈이다. 그 후 그녀가 나이가 들자 손님이 달려들지 않으므로 포주로 둔갑을 하여 지금까지 살아온 것이다.

시주(時柱)에 용신이 자리하므로 비록 외상으로 즐긴 부산물로 낳은 아들이긴 하지만, 어머니에게 효도를 하려고 노력을 했던 것이다. 앞으로 목화(木火)운이 돌아오므로 길운을 맞이하게 될 것이다.

"영감님, 그럼 앞으로는 제가 포주 노릇을 안해도 살 길이 열리겠군요."

"암, 열리고말고요. 정수가 효도할 겁니다. 당신은 지금까지 비록 죄많은 인생을 살아왔지만, 이제부터라도 정도의 길로 살아가세요."

"정수 아버지 되는 백씨 그놈은 지금쯤 어디서 무엇을 하고 있는지 모르겠군요. 몸값도 주지 않고 외상으로 남의 몸에다 씨만 뿌려 놓고서 온다 간다 말도 없이 사라져 버렸으니……."

"정수가 앞으로 그 외상값을 다 갚아 줄 거요. 걱정 말고 바르게만 사세요."

그녀는 그제서야 웃으며 말했다.

"정수는 참 착한 아들이에요. 제가 직업이 바르지 못해서 행패를 부린 거군요."

"이제 남은 인생을 하늘을 잘 모시고 살도록 하세요. 당신의 영혼을 책임져 줄 분은 오직 천지부모님밖에 없으니까요."

그녀는 감사하다는 인사를 올리고 돌아갔다.

그 후 그녀는 백화점에서 의류를 취급하여 돈을 잘 벌었고 아들과 함께 행복하게 살았다. 정수가 무엇보다 효도를 잘했기 때문이었다.

사람은 직업을 잘 선택해야 한다.

사람이 일생을 살아가자면 반드시 직업을 가져야 하는데 죄 짓는 직업은 가지지 말아야 한다. 남에게 이익을 주는 직업을 가져야 공덕을 쌓을 수가 있다. 죄 짓는 직업을 가지게 되면 팔자에 없는 재앙을 당할 수도 있는 것이다.

제3장
스승의 길

　사람은 동물과 달리 교육을 받아야 참사람이 될 수가 있다. 동물이나 식물은 본능대로만 살도록 지음받았지만, 인간은 본능과 책임분담이라는 것을 완수해야 완성할 수 있도록 지음받은 것이다.

　인간이 동물과 달리 책임분담이라는 것을 하늘로부터 물려받게 된 것은 인간을 만물보다 한 단계 위에 세우시기 위한 하늘의 은총 때문이었다.

　인간은 동물에게 없는 영혼이라는 것을 가지고 있기 때문에 하늘의 사녀가 될 수 있으며, 스스로의 노력에 의해서 완성해야 할 책임이 따르는 것이다.

　그러니 인간에게는 교육이 필요한 것이며 교육을 통하지 않고서는 참사람으로 성장할 수가 없는 것이다.

　그런데 교육에도 하늘을 모시고 공경하는 선한 교육이 필요한 것이다. 그러나 세상의 교육은 경천교육(敬天敎育)이 부재하고 지식교육이나 기술교육에만 취중하다 보니 인간의 윤리도덕에 결함이 생기게 된 것이다.

무너져 버린 질서

어느 날 50대로 보이는 중년 신사 한 사람이 주위를 두리번거리다가 역산 선생 앞에 쭈그리고 앉았다.

그 사람의 관상이 상당히 귀인다운 모습을 하고 있는 걸로 보아 어느 지식층의 사람이거나 상류층의 사람으로 역산은 짐작했다.

"영감님의 명성을 듣고 이렇게 찾아왔습니다. 제 사주 좀 봐 주세요."

그는 자신의 생년월일과 시를 말했다.

역산은 만세력을 뒤적거리며 무엇인가를 붓으로 쓰기 시작했다.

한자리 해 먹을 수 있는 관상을 가졌다.

```
년 월 일 시   한대성
戊 戊 己 壬              己庚辛壬癸甲乙
辰 午 酉 申              未申酉戌亥子丑
```

이렇게 사주를 뽑아 놓고서 역산은 유심히 한대성의 얼굴을 살펴보더니 입을 열었다.

"사주격국도 괜찮고, 또 대운도 잘 따르군요. 학자풍의 사주를 지녔는데, 혹시 훈장 아니시오?"

역산이 이렇게 말하자 한대성은 빙그레 웃으며 대답했다.

"대학에서 학생들을 가르치고 있습니다."

역산은 고개를 끄덕이며 말머리를 끄집어냈다.

"역시 대학 교수님이시군요. 교수라면 다른 사람들보다 어려움이 없을 터인데, 무엇이 부족해서 이 늙은이를 찾아왔소?"

"영감님, 제가 비록 대학에서 학생들을 가르치고 있긴 하지만 교육에 대하여 궁금한 점이 한두 가지가 아닙니다. 그래서 그 궁금증을 좀 풀어 보고자 이렇게 영감님을 찾아왔습니다."

"잘 오셨소. 오늘날 교육을 보니 참으로 한심한 점이 많더군요. 복지국가의 건설도 교육에 의하여 실현될 수가 있으므로 교육자의 책임이 그 어느 때보다도 크다고 할 수 있을 것입니다."

한대성은 일찍이 대학 교수가 되어 지금까지 한평생을 교육에만 정열을 쏟은 사람이었다. 지금까지 한 교수에게 강의를 듣고 졸업한 학생의 수도 수없이 많았다. 그간 많은 제자들이 사회에 나가서 각계 각층에 종사하고 있지만, 바른 인생관을 심어 주지 못한 것에 대한 아쉬움을 느끼며 살았다. 이제 나이가 60세가 가까워지자 앞으로 나라의 장래를 생각해서라도 더 좋은 교육 방법에 대하여 연구를 하다가 인생 문제의 해결사로 소문난 역산 선생을 찾게 된 것이었다.

"영감님, 제가 그 동안 몇몇 이름 있는 박사란 사람들과 만나서 교육에 대해서 의논을 해 보았으나 대부분의 사람들이 돈에만 눈이 어두워 있는 것을 보고 실망을 했습니다. 교육자가 세상에서 본이 되어야 하는데, 오히려 돈이나 밝히고 있는 것을 보고 한심하다는 생각이 들었습니다."

역산 선생은 한 교수의 말을 듣고는 옆에 있는 막걸리병을 들어 몇 모금 마시고는 입을 열었다.

"지금까지의 인류역사가 비록 죄악의 역사이긴 하였지만, 그래도 지금과 같은 놀라운 문화의 발달을 가져오게 한 것은 교육의 힘이라고 말할 수가 있습니다. 이렇게 볼 때, 한 나라의 흥망성쇠도 교육에 달려 있다고 해도 과언이 아니지요. 오늘날 우리 나라를 보면 교육제도가 수없이 많이 바뀌어 왔는데, 그것은 좀더 좋은 교육을 시켜 보기 위한 노력이긴 하나, 아직도 잘되지 않는 것은 이상적인 교육의 제도를 알지 못하기 때문입니다."

역산이 제법 교육비평가처럼 말하자 한 교수는 긍정했다.

"사실 그렇습니다. 현실사회를 보면 과거에 비해 교육이 많이 발전되었고, 또 과학문명의 발전도 많이 되었건만, 사람들의 삶은 오히려 더 불행해진 듯한 느낌이 드니 이게 웬일입니까?"

"역시 교수님답게 예리한 판단력을 가지셨군요. 잘 보셨습니다. 교육이나 과학문명이 발전이 되면 사람들의 삶이 더 행복해져야 할 텐데 행복보다는 불행이 점점 더 심해지고 있으며, 또 사회의 어두운 면이 증대해 가고 있음을 아무도 부정할 수 없는 현실입니다. 사기꾼이 득실거리고 아들이 부모를 살해하고 폭력이 난무하고, 윤리도덕이 땅에 떨어졌고 음란이 온 천지를 타락시켜 놓았고, 노사분규가 끝없이 일어나고 학생들의 데모도 막을 길이 없으며, 사회의 곳곳에서는 비리와 거짓이 판을 치고 있는 세상이니 뜻있는 사람의 입장에서 볼 때 실로 걱정하지 않을 수 없는 현실입니다."

"영감님, 사실이 그렇습니다. 부정과 부패의 비리가 너무 만연하여 정말 걱정이 됩니다. 교수들 중에서도 가짜 교수가 많이 있는 현실이니 부끄럽습니다."

한 교수가 근심 어린 모습을 하며 탄식하자 역산이 말했다.

"이 모든 문제가 교육적인 입장에서 볼 때, 현대교육의 책임이라고 보지 않을 수가 없는 것입니다. 여기에서 현대교육은 새로이 검토되지 않으면 안될 시점에 처하게 되었다고 봅니다."

"영감님, 그럼 잘못된 현대교육을 대신할 새로운 이상적인 교육방법이나 교육이념을 무엇이라고 보십니까?"

역산 선생은 교육문제에 대해서도 신이 나서 말했다.

"교육은 제일 먼저 하늘을 알고, 하늘을 믿고, 하늘을 모시는 경천교육(敬天教育)이 제일 우선입니다. 참사랑과 참생명의 궁극적인 주인이 곧 천지부모이신 하늘이므로 하늘의 심정을 배우는 공부가 급선무지요. 하늘을 공경하는 경천교육이 아닌 이상 교육의 근본부터가 잘못된 것입니다."

한 교수는 한사코 고개를 끄덕거렸다.

"그러니까 하늘을 공경하는 경천교육이 되어야 한다는 말씀이시군요?"

"그렇소이다! 하늘을 알지 못하면 인생과 우주의 참뜻을 모르게 되니까요. 그리고 두 번째는 인간은 하늘의 양성과 음성과 내성과 외형으로 지음받았으므로 하늘을 배울 때는 먼저 양성과 음성, 그리고 내성과 외형의 공부를 해야 합니다. 즉 양성은 남자요 음성은 여자입니다. 그리고 인간 하나를 놓고 볼 때 내성은 마음이고 외형은 몸입니다. 이러한 몸과 마음의 관계에 대한 공부와 또 남자와 여자의 관계에 대한 공부를 교육해야 돼요."

"영감님의 말씀은 쉬운 듯하면서도 어려운 말씀 같군요. 그 다음을 계속해 보세요."

역산은 이제야 말벗이 나타난 양 신나게 말했다.

"제일 먼저 우리 인간은 하늘의 아들과 딸로서 창조되었음을 교육해야 합니다. 인간은 결코 아메바나 원숭이에서 진화되어 인간이 된 것이 아니라 본래부터 하늘의 자녀로 창조되었다는 것을 교육해야 돼요. 오늘날 교육은 하늘의 창조론보다는 진화론을 위주로 교육을 하고 있으므로 그것이 크게 잘못된 것입니다. 엄연히 살아서 역사하시는 하늘을 무시하고 무신론 교육을 주장하고 있는 것을 볼 때, 실로 오늘날의 교육에 대하여 실망하지 않을 수가 없습니다."

역산이 탄식하자 한 교수가 말했다.

"그러니까 인간은 본래 하늘의 자녀인데 그러한 것을 모르고 무신론 교육을 하고 있는 것이 병폐란 말씀이시군요."

"그렇소. 그러니 인간은 하늘을 닮아 갈 때 진정한 기쁨을 느끼게 되며, 진정으로 행복해질 수 있다는 것을 교육해야 합니다. 하늘을 닮아 가는 경천교육을 시키지 아니하고 하나의 지식교육에만 치우치다 보니 자식이 부모를 살해하는 패륜아가 나오기도 하는 것입니다."

"영감님의 주장이 옳군요. 사실상 오늘날의 교육은 단순한 지식교육에만 치우쳐 있습니다. 참사람 만드는 경천교육이 없으니 문제아가 생산될 수밖에요.”

역산은 신들린 듯 말했다.

“그리고 인간은 스스로의 노력으로 조물주의 창조성을 발휘하여 자기 책임분담을 완성하여 천지 자녀가 되어야 한다는 교육을 해야 합니다. 하늘은 스스로의 창조 능력에 의하여 대우주를 창조한 것과 같이, 인간도 하늘을 닮아서 자기 속에 있는 재창조의 능력으로 소우주인 자기 자신을 완성시켜야 하는 것이에요. 여기서 완성이란 인격의 완성을 말하는데, 곧 영혼의 완성을 말하는 하늘의 아들과 딸이 되는 것을 말합니다.”

그 말에 한 교수는 고개를 끄덕했다.

“그러니까 인간은 인격을 완성해야 할 책임이 있다고 하겠군요.”

“그러니 인간은 개성을 완성하고, 가정을 이루어 자녀를 번식하고, 또 만물을 사랑으로 보살피는 삼대 완성을 이루어야 한다는 것을 교육해야 해요. 대충 이러한 기초에 근거를 두고 새로운 교육을 해야 오늘날 모든 교육의 어려운 문제를 다 해결할 수가 있는 것입니다.”

“그렇군요. 영감님, 그럼 한 가지 물어 보겠습니다. 지금 현대사회에서 시행하고 있는 민주주의 교육을 어떻게 보십니까?”

역산은 지체없이 대답했다.

“민주주의란 ‘대중이 주인’이라는 뜻이며, 대중에게 주권이 있다는 뜻입니다. 대중이 주인이라는 뜻은 민중이 모든 정치에 대한 기본적인 결정권을 가지고 그 방향성을 결정하는 입장에 있다는 뜻입니다.

얼핏 보기에는 민주주의가 아주 이상적이며 타당한 것같이 보이지요. 그러나 과연 이러한 생각을 무조건 받아들일 수 있겠습니까?”

한 교수가 말했다.

“영감님, 민주주의란 국민 모두가 나라의 주인이라는 뜻인데, 국민 한 사람 한 사람이 서로 타인의 지배를 받을 이유가 없음을 뜻하는 것입니다. 이러한 관계에서는 항상 반발작용이 생겨날 가능성이 많이 있지 않습니까?"

역산은 고개를 끄덕이며 인정했다.

"옳은 말이오. 천지의 이치가 양성과 양성 사이에는 항상 반발작용이 일어나며, 또 음성과 음성 사이에서도 항상 반발작용이 일어나는 것을 우리는 볼 수가 있습니다. 사실은 이러한 불균형이 전체적 균형이 되는 것입니다. 이러한 천지의 이치에서 보는 것처럼 모든 사람이 모두 주인이며 지배자이며 주관자이고 그에게 따르는 자, 즉 피지배자는 한 사람도 없다고 한다면 그것은 양성뿐이고 음성이 없는 상태임을 의미하게 합니다. 즉 남자만 있고 여자는 없는 세상과 같다고 할 수 있는데, 이렇게 되면 도대체 어떻게 되겠습니까? 사실상 민주주의의 단점은 여기에 있습니다. 민주주의 교육을 하다 보면 윤리도덕의 기본인 삼강오륜(三綱五倫)이 무너지게 됩니다."

"……."

"오늘날 삼강오륜이라는 도덕적 강령이 무너지므로 세상이 어떻게 되었습니까? 부모와 자식 사이의 엄격한 윤리가 다 무너져 버려 마치 부모와 자식이 동료처럼 내려가서 부모가 자식에게 얻어맞기도 하고, 또 부모가 자식의 행패가 두려워 무릎을 꿇고 비는 사람도 많이 늘어납니다. 민주주의란 것이 삼강오륜을 넘어뜨리므로 부모는 자식을 무서워하게 되었습니다. 본래 이상세계에서는 자식이 부모를 존경하며 무서워해야 하며, 부모님의 말씀 한마디는 곧 어명이나 법처럼 받아들여야 하는 것이 천리 원칙입니다. 그러니 교수님도 순임금의 효행을 이해하실 수 있겠습니까? 거기에는 모든 것이 절대적이었습니다. 그리하여 지상에 기록으로 남은 유토피아가 있었지 않았습니까. 요즘 민주주의의 교육을 받은 자녀들을 보세요. 자식들은 부모를 존경하지도 않고 두려워하지도 않습니다. 이것은 전적으로 오늘날 교육의 잘못이라고 말할 수 있어요."

역산이 강경하게 말하자 한 교수도 고개를 끄덕이며 말했다.

"영감님 말씀이 옳습니다. 제가 대학 강단에서 강의를 하고는 있지만 서글픈 생각을 하고 있습니다. 왜냐하면, 옛말에 군사부일체(君師父一體)라고 하여 임금과 스승과 아버지는 똑같이 공경해야 한다고 했는데, 민주주의 교육을 받은 요즘 학생들은 스승을 존경하지도 않으며 오히려 멸시합니다. 그래서 선생이 오히려 학생들을 두려워하여 학생들의 비위나 맞추려고 하며, 학생들의 눈치를 살피며 지내고 있지요. 그리고 학생들은 선생의 강의하는 모습을 보면서 '얼마짜리 선생이다' 하며 점수를 매기고 있습니다."

한심하다는 듯 한 교수는 역산 선생이 마시다가 남겨 둔 막걸리병을 들어 마셨다. 역산은 쓴 입맛을 다시며 말했다.

"참으로 한심한 세상이군요. 선생이 오히려 학생들의 비위를 맞추기 위해 아부를 하고 있다니, 쯧쯧쯧……. 그래 이게 오늘날 민주주의가 자랑하는 교육입니까? 부모도 몰라보고 스승도 몰라보도록 가르치는 것이 민주주의 교육입니까!"

역산은 땅바닥을 쳤다.

"부모나 스승은 하늘 대신자입니다. 그러므로 부모나 스승을 하늘처럼 높이 받들며 공경해야 합니다. 부모나 스승이 대우를 받지 못하는 것은 하늘을 공경하는 경천교육을 시키지 않았기 때문이에요! 하늘을 모시는 경천교육을 시키지 않으므로 부모나 스승은 본래의 대우를 받지 못하고 반대로 자식이나 제자들의 노예로 전락하고 말았습니다. 그러니 요즘 시내에 나가 보면 겨우 20세 정도의 청년이 70세가 넘어 보이는 노인 앞에서 담배를 피우며, 또 그 노인은 그 청년들에게 혹시 봉변이라도 당할까 봐서 아무 말도 못하며 도리어 청년의 비위를 맞추느라 아부하는 꼴을 보면 참으로 한심하기만 하지요. 이것이 다 민주주의가 낳은 교육의 결과입니다. 청년들은 노인과 어깨를 나란히 겨누며 마치 친구나 동료를 대하듯 하며, 노인은 청년들에게 폭행당하지 않는 것을 만족해 하고 있습니다. 오늘날 세태가 이 모양 이 꼴입니다. 이것은 민주주의란 것이 책임과 의무는 무시하고 자유와 권리만 주장하는 것을 가르치게 된 병폐라고 아니할 수가 없어요."

　그때서야 한 교수는 말했다.

　"그러니까 영감님의 주장은 민주주의의 교육이 가장 이상적인 교육이 아니란 말씀이시군요. 사실상 세상 사람 모두가 다 주인으로 고개를 쳐든다면 사회는 큰 혼란에 빠지겠지요."

　"그렇소. 그러므로 이 지상을 조절하는 어떤 기능이 없어 서로가 충돌하여 대혼란을 일으킬 가능성이 숨어 있음을 알아야 합니다."

　"영감님, 그렇지만 민주주의 사회가 성립하여 지금까지 약 200여 년 이상 세월이 흘러왔는데, 비교적 순조롭게 지내오지 않았습니까."

　역산은 단호히 말했다.

　"그것은 민주주의란 제도 때문에 순조롭게 흘러온 것이 아니라 종교의 힘 때문이었지요. 즉, 민주주의는 서로가 주인이라는 생각 때문에 반발하는 상극성이 필연적으로 일어나게 마련인데, 이러한 상극성을 기독교의 사랑이나 불교의 자비 정신이 중화시켜 나왔기 때문입니다. 그러나 오늘날은 이러한 종교마저도 가치관이 점차로 붕괴되어 종교의 중화적인 기능이 마비되어 사회는 이제 민주주의의 교육으로는 세상을 바르게 잡을 수가 없게 되었습니다."

　"그렇군요. 지금까지는 기독교나 불교의 사랑과 자비 정신 때문에 민주주의 제도의 모순성을 포용했는데, 이제 종교마저 부패해 버렸으니 큰일입니다."

　"더우기 학교에서도 교육하는 꼴을 보면 하늘을 내쫓아 버리고 지식교육이나 합리교육, 또는 하늘을 모독하는 무신론 교육이나 진화론 교육 등을 더욱 강행하고 있습니다. 그 결과 오늘날의 교육이념 그 자체에 모순성의 요소가 점차 드러나 자멸할 수밖에 없게 되었습니다. 오늘날의 교육은 한마디로 말해서 비인간 교육이 되고 말았습니다. 이것이 오늘날 민주주의 교육의 근본적인 약점이 되는 것이지요."

　"정말 옳으신 말씀이십니다. 오늘날 교육이 너무 잘못된 것 같습니다. 참사람의 교육을 시키지 아니하고 출세하는 교육이나 또는 돈 잘 버는 교육만 시키다 보니 세상이 모두 이 모양 이 꼴이 되지 않았습니까."

역산은 그때서야 몸을 고쳐 앉으며 말했다.

"하늘을 믿고 모시며 공경하는 경천교육이 아니고서는 세상의 인심을 바른길로 인도할 수가 없습니다. 하늘을 부모로 모시는 교육이 절실히 필요한 때입니다. 인간의 근본이 하늘로부터 왔는데 하늘을 모르고 산다는 것은 인간의 무지입니다. 이제는 다시 근본을 찾아가는 복귀운동을 펴야 합니다."

"영감님, 그 복귀운동이라는 데에 호감이 가는데요. 뭐 좋은 복안이라도 가지고 있습니까?"

역산은 다시금 대화의 적수라도 만난 듯 톤을 높였다.

"교수님, 사실 인간이 태초에 원시인으로 지능이 제로에서 출발한 것이 다 이유가 있습니다. 벌받은 거죠. 태초에 잘못된 것이 있어 근본을 찾아가는 것이 복귀입니다. 본시 인간은 영감(靈感)이 충만한 세계에서 살도록 되어 있었습니다. 지금의 교육은 귀납적인 것만 가르치지, 연혁적인 것은 가르치지 않습니다. 문제는 거기에 있어요. 옛사람들의 교육도 거의가 연혁적으로 절대자를 중시했습니다."

"......"

"보세요. 천자문에서 옛사람은 이미 하늘이 검은 것을 알았어요. 하늘은 검고 땅은 누르다고 했지 않습니까. 영감에 따라 피조주(조물주 : 절대자)의 형상을 알아냈습니다. 곧 음과 양이 합쳐진 중화체라는 것이지요. 그것이 태극이요 무극입니다. 주역이 거기서부터 출발하는 것 아닙니까. 이렇게 연혁적인 것을 중시해서 가르쳐야 피조주를 인정하게 되고, 그래야 천륜과 인륜이 무엇이며, 절대가치가 무엇인지를 인지하게 되는 것입니다."

"기어코, 영감님! 정말 잘 알았습니다. 다음에 시간이 있으면 학교로 모시어 이야기를 듣도록 하겠습니다."

"한 교수, 그래도 나는 여기가 좋습니다. 그러지 말고 똑똑한 놈 세 놈만 데리고 오시오."

"그럴까요."
"그러세요. 출발은 본시 미미하나 그 끝은 창대할 것입니다. 계속 이해 있는 우정을 쌓읍시다."
한 교수는 몇 번이나 뒤를 돌아보며 멀어져 갔다.

악마의 교육

한 교수가 찾아와 질문했다.

"영감님, 그럼 공산주의 교육은 어떤 것입니까?"

대답에 앞서 역산은 막걸리병을 잡았다. 빈병인 것을 알자 쓴 입맛을 다셨다. 눈치를 챈 한 교수는 자리에서 일어나 구멍가게로 달려가 막걸리 세 병과 오징어 안주를 사들고 왔다.

역산은 빙그레 웃으며 한 병을 들어 절반쯤 마시고는 말했다.

"막걸리 사온 것으로 복채값 하세요."

한 교수도 웃으며 대답했다.

"복채는 따로 드릴 테니 염려 마시고, 공산주의 교육에 대하여 말씀해 주세요. 영감님께서는 공산주의 사상과 교육을 어떻게 보십니까?"

역산 선생은 고개를 좌우로 흔들며 틀렸다는 듯 말했다.

"천하에 가장 악하고 더러운 사상이 곧 공산주의 사상이며 교육입니다. 공산주의 교육은 말할 것도 없이 무신론적 교육이며, 또 유물론 교육입니다. 공산주의 교육의 목적은 처음부터 끝까지 주장하는 것이 자본주의를 타도하고 공산주의 사회를 건설하는 데 있습니다. 그러니 공산주의 교육의 내용은 마치 산적들이 교육하는 것과 똑같아요. 공산주의자들은 이 우주의 시원(始元)을 물질로 보고 있으며 그 물질적인 것에는 본래의 성질이 운동뿐이며, 이 운동도 자기 내부의 모순과 투쟁에 의하여 생겨난 것으로 보고, 목적도 없는 것으로 보고 있지요.

이러한 공산주의 교육의 배후에는 악신인 마귀가 조종을 하고 있습니다. 악마가 자기의 뜻을 펴기 위해서 내놓은 것이 곧 공산주의 사상이며 공산주의의 교육인 것입니다. 그러므로 역사상에서 가장 악한 주의이며, 가장 악한 교육이 공산주의 교육이란 것만 알면 됩니다.”

이렇듯 역산이 공산주의에 대하여 냉정한 비판을 가하자 한 교수는 고개를 끄덕끄덕했다.

“그렇군요. 공산주의의 배후에는 악마가 조종을 하고 있는 것이군요. 악마가 내놓은 교육이니 얼마나 사람을 많이 속였겠습니까.”

역산은 다시금 말했다.

“종교를 믿는 사람이면 누구나 이 우주의 배후에는 인간의 생사화복을 주관하시는 절대자이신 하늘이 있음을 믿으며, 하늘에 대하여 공경하며 두려워하며 감사하는 마음을 가집니다. 그리고 또 인간은 하늘의 자녀로 탄생하였음을 깨달아 인간을 동물 취급을 해서는 안 되며, 하늘의 신성을 닮아 난 대단히 존귀한 만물의 영장이라는 생각을 가집니다. 그러나 공산주의 교육을 받고 보면 이 우주의 근원을 단순한 물질로만 보기 때문에 사랑도 이성도 이상도 없고 맹목적인 모순과 투쟁만이 있다고 가르칩니다. 그러므로 공산주의 교육을 받은 사람에게 어떻게 자유나 인권 존중 의식이 생겨날 수가 있겠습니까. 하물며 공산주의 교육을 받고 보면 인간 관계에서 정다움이나 감사의 마음은 도저히 일어날 수가 없습니다. 부부나 부자나 형제간에도 서로가 서로를 감시해야 한다는 그런 교육 속에서 어떻게 부부간에 진정한 참사랑이 나오며, 부자간에 진정한 은혜와 효도의 정이 흐를 수가 있겠습니까?”

“……”

“공산주의 교육은 한마디로 말해서 악마의 교육입니다. 암 그렇고 말고요. 공산주의 교육은 철저한 악마의 뜻을 따르는 교육이지요. 공산주의 교육에 의하면 인간도 물질로만 보기 때문에 사람 하나 죽이는 것쯤 죄가 되지 않는다고 가르치며, 또한 간음 같은 것도 죄로 취급하지 않습니다. 그래서 살인이나 간음을 저지르고

도 양심의 가책을 느끼지 말라고 가르치고 있으니 어찌 악마의 교육이 아니고 무엇이겠습니까."

역산은 격분한 듯 막걸리병을 들었다.

"그래서 공산당 놈들은 종교를 아편이라고 하기도 하며 또 사람의 목숨을 마치 파리 목숨같이 가볍게 취급하는 것이군요."

한 교수가 분개하는 모습을 보이자 역산이 물었다.

"한 교수도 공산당에게 봉변을 당하기라도 했소?"

이때 한 교수는 침울한 태도로 말했다.

"봉변 정도가 아니지요. 일가족 모두 몰살을 당했지요."

역산은 깜짝 놀라며 물었다.

"일가족이 몰살당하다니요?"

한 교수는 눈가에 이슬이 맺혀 있는 상태에서 말했다.

"해방이 되고 3·8선이 갈리자, 저는 신변에 위협을 느끼고 남한으로 내려왔지요. 고향은 평양인데, 그곳에는 부모님과 처와 세 명의 동생이 있었지요. 제가 남한으로 넘어간 것을 알고는 공산당 놈들이 저희 가족을 모두 인민재판에 끌고 가서 모두 사형을 시켰다고 합니다. 그 광경을 목격한 친구가 1·4후퇴 후에 서울에서 만나 소식을 전해 주더군요. 흐흑……."

역산은 고개를 숙인 한 교수의 팔을 잡으며 말했다.

"공산주의란 다 그런 것입니다. 공산주의 교육에서 가르치는 것을 보면 자기들의 편이 되어서 자기들에게 이득을 주는 자에 대해서는 동지로 대우해 주지만, 그가 일단 이익에 상반되면 마치 파리를 잡아 죽이듯이 간단하게 그를 죽여 버립니다. 그리고 죽이더라도 하늘의 존재를 믿지 않으므로 두려움도 모르고 또 양심의 가책도 느끼지 않지요. 공산주의 교육이야말로 하늘을 배신한 역천의 교육이므로 망하게 된 것입니다."

"……."

"이러한 잘못된 교육을 받은 상태에서 한번 사회질서가 무너지면 그야말로 수습할 수 없는, 피로 물들이는 지옥이 되고 말지요. 공산주의 교육을 받으면 인간의 존엄성이나 참사랑이나 진정한 자유나 행복 등에 대하여 느끼지를 못하는 악마의 자녀가 되고 맙니다. 그래서 그러한 사회를 유지하기 위하여 거기에는 불가피하게 독재자가 군림하게 되지요. 이때 독재자는 인간이 본래 하늘을 믿고 살려고 하는 종교심을 이용하여 자신이 그 자리에 군림하여 냉혹한 사회로 이끌어 가며 모든 백성들의 피를 빠는 흡혈귀가 되지요. 그러므로 공산주의 교육은 결국 독재자의 권력을 유지시켜 주기 위한 목적을 교육하는 것이므로 개개인의 자유가 억압되어 인간을 하나의 짐승으로 취급하는 악랄한 교육이 됩니다."

지금까지 조용히 듣고만 있던 한 교수가 말했다.

"영감님, 그럼 이 지구상에 왜 공산주의 같은 악한 사상이 나왔을까요?"

역산은 기다렸다는 듯 다시금 열변을 토했다.

"공산주의가 탄생하게 된 것은 인간 조상이 선악과를 따먹고 타락한 것에 그 원인이 있지요. 만일 인간 조상이 타락하지 않았다면 이 세상은 오직 경천주의만 있는 지상천국이 건설되었을 것입니다. 그러나 인간 조상의 타락으로 말미암아 경천주의는 실현되지를 못하고 악마가 인간을 이용하여 공산주의를 이루어 나왔던 것이지요."

끝내는 한 교수는 쉽게 이해가 되지 않는 듯 고개를 갸웃거리며 말했다.

"영감님, 공산주의의 출현에 대하여 좀더 자세히 말씀해 주십시오. 제가 워낙 우둔해서 쉽게 이해를 못하겠군요."

역산은 다시 입을 열었다.

"그럼 더 쉽게 말해 주지요. 인간 조상의 타락 이후 천지부모이신 하늘의 구원 섭리의 시대적인 혜택을 입은 인간은 자신도 모르는 사이에 하늘을 찾아 나아가게 된 것입니다. 따라서 하늘을 찾아 나아가는 선한 무리들은 본심의 소리에 따라 마침내 경천주의를 부르짖으며 지상천국을 이루어 나가고자 소망했던 것입니다. 악마는 이러한 하늘의 섭리를 앞질러 먼저 나아가게 되는 것이므로, 악마편에서는 먼저 유물사관(唯物史觀)에 근거를 두고 사회주의(社會主義)를 부르짖어 공산주의 세계에로 나아갔던 것입니다. 공산주의자들은 이러한 역사에 입각하여 인류 역사는 원시공산사회에서 다시 공산주의사회로 돌아간다고 주장을 하고 있으나, 그 원인은 그들 역시 전혀 모르고 있어요.”

한 교수는 다시 물었다.

“영감님, 그 원인이 무엇인가요? 그것이 궁금하군요?”

역산은 잠깐 한숨을 돌린 다음 말했다.

“하늘은 인간을 창조하였으나 인간과 관계를 먼저 맺은 악마는 타락한 인간을 중심하고 비원리(非原理)의 세계를 먼저 이루어 나갔던 것입니다. 그리하여 하늘이 이루시려는 지상천국을 악마가 앞질러 이루어 놓은 원리형(原理型)의 비원리 세계가 바로 공산주의 세계인 거예요. 마치 군주주의 독재를 막고 그 주권을 백성의 것으로 돌리려는 데서 민주주의가 나오게 된 것과 같이, 국가의 재산을 어느 특정인이 독점하는 것을 타도하고 백성들이 재산을 균등하게 누릴 수 있는 경제체제를 놓고 악마는 그것을 앞질러 먼저 공산주의를 지향한 것입니다. 따라서 사회주의는 진정한 민주주의적인 경제사회를 이루기 위한 방편에 지나지 않았던 것입니다.”

“아무튼 공산주의는 천리에 역행하는 사상이군요?”

“그렇지요. 하늘은 가장 이상적인 사상으로서 이 땅에 마지막으로 경천주의를 세우십니다. 민주주의도 알고 보면 경천주의를 세우기 위한 과정적인 사상에 불과하다고 봐야겠지요.”

“감사합니다. 천리를 이해하는 데 도움을 주셔서 정말 감사합니다. 거짓이 언제나 원리 앞에서 훼방을 놓는다더니 그 말도 이해가 갑니다.”

“아 한 선생, 아까 ‘구원 섭리의 시대적 혜택’이란 말을 했는데 무슨 말인지 그것은 이해를 하셨나요?”

“예, 어렴풋이……”

“영국의 세계적 석학 토인비가 ‘역사의 동시성’을 말했어요. 이상하게 역사는 2000년을 주기로 동시성을 이루는데, 그것이 하늘의 구원 섭리의 시대적 혜택인 것을 토인비는 몰랐습니다. 인류 역사가 그저 무의미하게 지나가는 것이 아닙니다. 다 뜻이 있지요. 나도 그것을 공부하느라 시간 많이 보냈습니다.”

“아, 그래요! 오늘은 시간이 없어서 그만 가구요, 다음에 역사 이야기는 또 듣기로 하겠습니다.”

“그러세요.”

“그럼……”

한 교수는 총총히 멀어져 갔다.

경천교육

한 교수가 다시 찾아와 질문했다.

"영감님께서 지금까지 말씀하신 내용들을 간추려 보면 이렇군요. 즉, 민주주의 교육은 인간의 평등이란 측면만이 일방적으로 강조되어 삼강오륜과 윤리 도덕의 질서가 무너지는 결과를 초래하게 되었고, 또 공산주의 교육은 무신론과 유물론을 근거로 삼아 이 세계의 근원인 하늘에 대한 경외심이나 인간의 자유나 개성이나 존엄성 등을 원천적으로 부정하여 폭력과 독재의 세계를 향한다고 했습니다. 그럼 어떻게 하면 이러한 결함을 개혁하여 만인이 다 함께 사랑하고 기뻐할 수 있는 자유롭고 평화스러운 이상세계로 나아갈 수 있을까요? 여기에 새로운 사상인 경천주의에 대하여 좀 더 자세히 말씀해 주십시오."

역산 선생은 다시 막걸리병을 들어 목을 축인 다음 입을 열었다.

"내가 주장하는 주의(主義)는 하늘을 부모로 모시는 경천주의입니다. 인간의 부모는 하늘입니다. 하늘이 인간을 자녀로 창조하신 뜻은 그 자녀인 인간을 통하여 기쁨을 얻기 위함이지요. 따라서 인간은 하늘을 기쁘게 해드리기 위해서는 하늘을 닮아야 하며, 하늘을 닮으면 인간도 천지자녀로서의 만 가지 복을 다 누리게 되지요."

"영감님, 그럼 구체적으로 어떠한 점에서 인간은 천지부모이신 하늘을 닮아야 합니까?"

 "하늘은 만유의 근원이 되므로 피조세계에 대해서는 주인이십니다. 그렇기 때문에 인간은 먼저 심신일체가 되어 하늘의 자녀가 되어야 하는 것이 제일 중요하지요."

 "영감님께서 말씀하신 하늘 자녀란 불교에서 말하는 성불(成佛)과 같은 뜻인지요?"

 "그렇소. 즉 개성 완성을 말합니다. 개성을 완성한 다음에는 남자와 여자가 하늘을 중심삼고 부부 일신을 이루어야 하지요. 그리고 만물을 사랑과 자비로 다스릴 수가 있는 주관자가 되어야 합니다. 이렇게 개성 완성과 자녀 번식과 만물 주관을 통하여 하늘의 뜻을 이루어 나가는 것입니다. 그러니 인간은 단번에 하늘을 닮을 수는 없습니다. 갓 태어난 인간은 아직 미완성된 인간이므로 긴 세월을 통하여 점점 완성되게 되는 것입니다."

 "영감님, 왜 일시에 완성을 보지 못하고 시간이 소요되는 것입니까?"

 "그것은 왜냐하면, 자연계는 시간과 공간의 제약이 따르므로 무엇이든지 일정한 공간과 기간을 통하여 이루어지기 때문이지요. 우리가 멀리 있는 애인을 보고 싶다고 해서 금방 눈앞에 나타나는 것이 아니지 않습니까. 그 애인을 만나기 위해서는 차를 타고 그곳까지 가야 하며, 부모 몰래 밖으로 불러내야 하며, 또 일정한 장소를 정해야 만날 수 있는 것과 같습니다. 또 어린 아이가 큰 부자가 되겠다고 해서 되어지는 것이 아니지 않습니까. 이런 아이가 큰 부자가 되려면 많은 세월을 통해서 노력을 해야 뜻을 이룰 수 있는 것처럼, 이와 같이 피조세계에 일어나는 모든 현상은 반드시 얼마만큼의 시간이 경과한 뒤에 그 결과를 가져오게 됩니다. 이것은 만물이 창조될 때 일정한 성장 기간을 거쳐서 완성하도록 창조되었기 때문이에요. 그래서 인간이 하늘을 닮아가는 데도 오랜 시간이 필요한 것입니다."

 한 교수는 그때서야 고개를 끄덕하며 말했다.

 "그렇군요. 모든 것이 완성을 보려면 어느 정도의 기간이 지나야 한다는 말씀이군요."

"천지의 이치가 그렇게 되어 있으니까요. 즉 봄에 씨를 뿌리면 금방 추수를 하는 것이 아니고 여름을 지나 가을에 가서야 수확을 할 수 있는 것이 대자연의 이치 아닙니까."

"그렇군요. 진리는 평범한 곳에 있군요. 그럼 우리 인간이 존재하는 목적은 무엇이라고 할 수 있습니까?"

역산은 대화의 상대 기준이 되면 문답에 막힘이 없다.

"우리 인간이 존재하는 목적을 알고 싶으면 인간을 지으신 창조주께서 무슨 목적으로 인간을 지으셨느냐 하는 것을 먼저 아는 것이 중요하지요."

"그렇군요. 영감님, 그럼 창조주께서 인간을 무슨 목적으로 지으셨을까요?"

"하늘이 인간을 창조하신 목적은 성경 창세기 제1장 27절에 보면 자세히 기록되어 있지요. '하나님이 자기 형상 곧 하나님의 형상대로 사람을 창조하시되 남자와 여자를 창조하시고 하나님이 그들에게 복을 주시며 그들에게 이르시되 생육하고 번성하여 땅에 충만하라. 땅을 정복하라. 바다의 고기와 공중의 새와 땅에 움직이는 모든 생물을 다스리라 하시니라' 했습니다. 즉 여기에서 '생육하라'는 것은 곧 개성을 완성하라는 뜻이지요. 그리고 '번성하라'는 뜻은 자녀 번식으로 가정을 완성하라는 뜻이며, 또 '땅을 정복하라'는 뜻은 만물을 주관해야 한다는 것을 의미합니다. 이상의 세 가지를 '삼대축복'이라고 하며, 하늘이 인간을 창조하신 세 가지 목적이지요. 이 세 가지 목적을 완성한 인간이라야 하늘의 자녀가 되어 하늘을 진실로 기쁘게 해드릴 수가 있고, 또 이 목적을 완성한 인간이라야 스스로도 완전한 행복을 얻을 수가 있는 것입니다."

한 교수는 연신 고개를 끄덕였다.

"영감님의 말씀은 정말 논리정연한 말씀이십니다. 영감님, 그럼 이 삼대 축복에 대하여 좀더 자세하게 설명해 주십시오."

역산은 막걸리병을 한번 쳐다보더니 말했다.

"먼저 개성 완성이란 하늘의 완전성을 닮는 것입니다. 하늘은 완전하신 분이십니다. 따라서 인간도 하늘을 중심삼고 일체가 되므로 하늘의 완전성을 닮아야 해요. 성경 마태복음 제5장 48절에 보면 '하늘에 계신 너희 아버지의 온전하심과 같이 너희도 온전하라'고 하는 기록이 있는데, 이는 하늘을 닮아서 거룩한 천지자녀가 되라는 뜻이지요. 이처럼 개성을 완성하는 것이 제1의 축복입니다."

"영감님, 그럼 제2의 축복은 가정만 이루면 되는 것입니까?"

"잠자코 좀 들으세요!"

역산은 역정을 냈다.

"심신일체가 되어 개성을 완성하여 제1의 축복을 이룬 남자와 여자가 만나서 하늘을 중심삼고 가정을 이루어 자녀를 번식해야 하는데, 이것이 제2의 축복이라고 합니다. 즉, 하늘을 중심삼고 남편과 아내는 윤리 도덕을 잘 지켜 나갈 때 제2의 축복이 완성되는 것이지요."

"그럼 제3의 축복이란 무엇을 뜻합니까?"

"하늘은 인간을 창조하기 이전에 미구에 창조될 인간의 모습을 전개하여 먼저 만물세계를 창조했습니다. 그러니까 모든 만물은 인간을 위해서 창조한 것이지요. 그래서 인간은 하늘을 대신하여 만물을 다스릴 권세가 있습니다. 인간이 만물을 다스린다는 것은 만물을 보호하고 사랑하는 것을 의미하는데, 이렇게 인간이 만물을 다스릴 때 제3의 축복이 완성되는 것입니다. 이와 같이 인간이 세상에서 존재하는 목적은 3대 축복을 이루는 데 있습니다."

한 교수는 역산 선생의 말솜씨에 크게 감탄을 했다. 한마디 한마디가 논리정연한 데다가 원칙에 입각하여 설법을 하므로 박사학위를 몇 개 가지고 있는 한 교수로서도 놀라지 않을 수 없었다.

"과연 영감님의 말씀은 대단하시군요. 영감님, 그럼 인간이 어떤 과정을 통해서 자기 완성을 할 수 있습니까?"

역산은 막걸리병을 들어 몇 모금 마신 뒤 또 입을 열었다.

"만물이나 인간의 육신은 원리 자체의 주관성과 자율성에 의하여 특별한 노력 없이 스스로 성장하여 완성을 합니다. 그러나 인간의 영혼은 자기에게 부여된 인간 책임분담을 완수함으로써 완성할 수 있도록 창조되었습니다. 즉, 영혼이 완성을 하려면 하늘의 창조 목적이 무엇인가를 알고 거기에 합당한 심정의 일체를 이루어야 하는 것입니다. 하늘은 이 대우주를 스스로의 전지전능한 자유와 능력에 의해서 창조를 했습니다. 그러므로 인간도 개성을 완성하여 천지자녀가 되고자 한다면 자기라는 소우주를 스스로의 자유와 책임 하에 완성하지 않으면 천지자녀가 될 수 없는 것이지요. 그러므로 하늘은 인간에게 자기 완성을 위하여 책임 분담이라는 것을 주셨습니다. 이처럼 책임 분담에 의한 자기 완성은 어떠한 외래의 유혹이나 시련에도 자기 스스로의 비판으로써 정도를 걸어 나가는 것을 의미하지요. 이와 같이 책임분담을 인간 스스로가 끝까지 고수해 나감으로써 인간은 비로소 하늘을 닮아서 천지자녀가 되는 것입니다. 그런데 인간 조상이 타락함으로 말미암아 그 책임을 다하지 못하여 죄인이 되었고, 그 후손들도 모두 죄인이 된 것이지요."

"그렇군요. 그러니까 인간은 만물과 달리 개성 완성의 수련과 수도를 해야 하는 이유도 결국은 인간 책임 분담이군요. 영감님, 그런데 만일 인간 조상이 이러한 책임 분담을 완성하여 자녀를 번식했다면 그 자녀에게도 동일한 책임 분담이 요구되었을까요?"

역산은 고개를 흔들며 말했다.

"아니지요. 인간 조상에게 요구되었던 동일한 책임 분담은 요구되지가 않지요. 그 이유는 첫째로, 그 자손들은 이미 완성한 육친의 부모에게서 태어났기 때문에 죄가 없는 인간이며, 둘째는 인간 조상의 책임 분담은 그 후손들을 대표한 책임 분담이므로 인간 조상만 완성되면 자연히 그 혈통을 타고난 후손들은 모두 완성한 천지자녀가 되는 것이지요. 그리고 그 자손들의 책임 분담은 인간 조상 때와 같이 어려운 것이 아니고 다만 부모의 명령이나 지도에 순종만 하면 그것으로 족하지요. 그래서 이상세계에서도 자녀의 성장에는 부모의 지도가 반드시 필요한 것입니다. 여기에서 완성된 세계라 하더라도 천리를 교육해야 하는 문제가 남습니다. 즉 교육의 필요성이 생겨난 것이지요."

한 교수가 다시금 물었다.

"영감님, 그럼 인간을 천지자녀로 계속 유지하기 위해서는 어떠한 교육을 시켜야 합니까?"

역산은 본격적으로 경천교육에 대하여 설명을 시작했다.

"우선 하늘의 완전함과 같이 완전한 자가 되어 천지자녀가 되기 위해서는 경천교육이 요구됩니다. 경천교육이란 한마디로 말하자면 하늘의 심정을 이해하고 몸으로 느끼도록 하는 교육이며, 그리고 스승은 제자에게 하늘을 모시는 방법을 가르치는 교육이지요. 인간이 하늘을 닮아서 천지자녀가 된다는 것은 우선 먼저 하늘의 심정을 닮는 것입니다. 살아서 역사(役事)하시는 하늘을 부모로 모시고 함께 생활하며 하늘과 함께 동(動)하며 정(靜)하는 것입니다. 사실상 하늘의 심정적인 파장과 인간의 심정적인 파장이 일치하지 않으면 하늘은 기쁨을 느낄 수 없으며, 인간도 진정한 만족을 느낄 수가 없지요. 그리하여 경천교육이란 우선 하늘과 심정이 하나가 되는 것을 목표로 하는 교육입니다. 하늘의 자녀가 되려면 먼저 하늘의 심정을 알지 않으면 안되지요."

"영감님, 그럼 하늘의 심정이란 구체적으로 어떤 것을 말합니까?"

역산은 자신의 어깨를 가볍게 두들기며 말했다.

"그것은 하늘이 인간을 창조했을 때의 심정을 가르쳐야 하며, 다음에 인간이 하늘의 말씀을 듣지 않고 타락하여 하늘의 품안에서 벗어났을 때의 심정을 가르쳐야 합니다. 그리고 타락한 인간을 구원하시려고 복귀 섭리를 계속해 오신 하늘의 애달픈 사연을 가르쳐야 하지요. 즉 창조와 타락과 복귀하라는 삼대 심정을 교육해야 합니다."

역산은 막걸리병을 들고는 단숨에 한 병을 다 마시고는 빈병을 부대 속에 넣었다.

"영감님, 주량이 대단하시군요, 하하……."

그런데 역산은 두 눈을 지그시 감고는 잠시 깊은 생각에 잠겼다. 그리고는 두 눈에서 구슬 같은 눈물이 하염없이 흘러내렸다.

한 교수는 당황했다.

"영감님, 갑자기 왜 울고 계십니까? 고정하십시오."

그러나 역산 선생은 하늘의 심정을 체휼한 상태에서 소리내어 울었다. 지나가는 사람들이 역산 선생의 울음 소리에 고개를 갸웃거리며 지나갔다. 어떤 자들이 지나가면서 말했다.

"저 영감쟁이가 무슨 일로 울까?"

"글쎄 말이야. 나이가 너무 많아 죽는 것이 겁이 나서 우는 게 아닐까? 우리 시어머님도 돌아가시기 얼마 전에 저렇게 우시더라니까……."

또 어떤 젊은이들이 지나가며 말했다.

"저 영감님이 왜 울까?"

"글쎄, 아마 지금 사주를 본 저 사람이 복채를 적게 주려고 해서 우는 게 아닐까?"

"그럴 거야. 공짜로 좀 봐주면 어때서, 복채 몇 푼에 저렇게 창피하게 울기까지 할까……."

지나가는 사람들은 모두 자기 생각대로 지껄였다. 한 교수는 재차 만류했다.

"영감님, 그만 고정하세요. 왜 갑자기 울고 계십니까? 말씀을 좀 해보세요."

역산은 흐르는 눈물을 옷소매로 닦으며 말했다.

"천지부모이신 하늘이 저렇게 슬피 울며 계시는데 내가 어찌 울지 않을 수 있겠소. 하늘은 창조주로서 수십억 년이라는 장구한 기간에 걸쳐서 우주를 창조하시고, 최후에는 하늘 자신의 가장 사랑하는 자녀로 인간을 창조했습니다. 인간을 창조한 것은 하늘의 창조력을 총집결한 걸작품이었지요. 자녀로서 인간을 창조했을 때의 그 무한한 희망과 기쁨은 도저히 인간의 지혜로서는 상상도 할 수 없을 정도로 컸던 것입니다. 그러나 이게 도대체 웬말입니까?"

역산 선생은 마치 이성을 잃은 사람처럼 큰 슬픔에 잠긴 채 주먹으로 땅바닥을 치면서 탄식을 했다.

"오 슬프도다. 이게 도대체 웬말인가? 하늘의 기대에 어긋난 타락이라는 용납할 수 없는 죄를 범하고 감옥과도 같은 사망권 내에 인간이 떨어지고 말았을 때 하늘의 비통하고 분통한 그 통한의 슬픔을 이해할 수 있겠습니까? 인간이 그걸 몰라요. 정말이지 인류 최대의 비극이 태초에 인간 조상에게 일어난 것입니다."

역산은 괴로운 듯 다시 막걸리병을 더듬거렸으나 손에 잡히지 않았다. 벌써 세 병을 다 마셔 버린 것이다.

"벌써 술이 다 떨어져 버렸나?"

"그렇군요. 제가 금방 가서 사 오겠습니다."

한 교수는 총알같이 구멍가게로 달려가서 막걸리 세 병과 안주를 사들고 뛰어왔다. 역산은 한 교수가 들고 온 막걸리병을 빼앗듯이 받아들고는 한 병을 흔들어 마셨다.

"참으로 슬픈 역사가 인류의 조상에게서 일어났어요. 인간의 경우에도 애지중지 길러 온 자식이 갑자기 죽으면 그 부모의 심정은 창자가 찢어지는 고통을 느끼는 것인데, 하물며 무한한 사랑의 주인이신 하늘의 심정은 어떻겠습니까?"

"......"

"인간은 죄를 짓고서 스스로 하늘부모님의 품을 떠나 악마의 자식이 되기를 자청한 것이지요. 정말 인간은 하늘 앞에 죄많은 자식입니다. 그토록 자비하신 하늘의 눈에 눈물을 흘리게 만든 장본인이 인간이니까요. 하늘은 참으로 가엾고 불쌍하신 분입니다. 그런데도 하늘은 인간이 타락한 직후부터 다시 인간을 구원하시기 위하여 섭리를 시작하셨지요."

이때 한 교수가 질문했다.

"영감님, 그럼 타락한 인간 조상을 없애버리고 하늘의 능력으로 다시 인간을 만들면 되지 않았을까요?"

역산은 한숨을 쉬며 말했다.

"그렇게 할 수만 있었다면 오죽이나 좋았겠습니까. 그러나 하늘은 영혼을 불어넣어 주셨기 때문에 없애고 싶어도 없앨 수가 없는 사연이 여기에 있었지요. 그래서 다시 구원하여 새 사람 만드는 길밖에 도리가 없었어요. 그것은 인간의 세상에서도 마찬가지입니다. 자식이 속을 썩인다고 해서 그 자식을 죽여버리는 부모는 없습니다. 자식이 속을 썩이더라도 다시 가르쳐서 새 사람 만들어 보려고 하는 것이 부모의 마음입니다. 마찬가지로 하늘의 마음도 인간을 자녀로 지으셨기 때문에 없애버리겠다는 마음은 추호도 없으시고, 오직 다시 구원해야겠다는 일념뿐이셨지요.”

한 교수의 궁금함은 중첩되었다.

“영감님, 그럼 전능하신 하늘이 쉽게 구원할 수는 없었던가요?”

“그 이유는 이렇지요. 하늘은 일정한 창조 원리로 이 세상과 우주를 창조했습니다. 하늘 자신이 원리법도(原理法度)의 신이시기 때문에 원리법도에 의하지 아니하고는 우주를 창조할 수가 없습니다. 따라서 하늘은 인간이 책임 분담으로 성장해 가는 성장기간 내에 있는 인간에 대하여는 일체 간섭을 할 수가 없게 되어 있었지요. 그것은 하늘이 세우신 천리법도이니까 하늘 자신도 법도를 위반할 수가 없었던 것입니다. 이러한 천리법도는 타락한 인간이 탕감하면서 성장해 가는 기간에 있어서도 같은 적용을 받는 것입니다. 하늘이 직접 구원을 할 수는 없는 인간 책임 분담이라는 것이 있었기 때문에 인류의 구원 섭리는 이토록 오랜 세월을 보내지 않을 수 없었던 것이지요. 즉, 죄악의 바다에 빠져 있는 죄악 인간들을 구원하시기 위하여 하늘은 종교라고 하는 구원의 줄을 내려 주셨지요. 구원의 줄은 하늘이 내려주셨지만, 그 줄을 잡고 올라가는 것은 인간의 책임 분담입니다. 하늘은 인간이 스스로 죄악의 두루마기를 벗어버리고 하늘의 뜻에 합당한 탕감 조건을 세우면서 타락권을 벗어나 하늘의 품안으로 돌아오기만을 초조히 기다리고 있었던 것입니다.”

역산 선생이 이처럼 하늘의 비밀을 설명하자 한 교수는 심각한 모습으로 들었다.

“우리가 알지 못하는 가운데 이러한 기막힌 사연이 하늘에 있었군요. 영감님, 그럼 만일 인간이 스스로 죄악의 사슬을 벗어버리고 천지자녀의 자리에 복귀한다면 하늘은 어떻게 맞이해 주실까요?”

역산은 그 나이에도 정중하게 말했다.

"하늘은 곧 인류의 부모이시므로 사랑과 용서의 하늘이십니다. 만일 인간이 죄악의 두루마기를 벗어버리고 천지자녀의 자리에 올라온다면 하늘은 과거의 모든 슬픔을 일시에 잊어버리시고 인간이 타락하지 않았던 것과 동일한 입장에 세워 놓고 축복해 주시려고 기다리고 있습니다. 이것이 천지부모로서의 하늘의 애달픈 심정이지요."

역산이 이렇게 설명하며 눈물을 흘리자 한 교수도 따라서 눈물을 흘렸다.

"영감님의 말씀을 듣고 보니 어서 빨리 하늘을 모시는 경천교육을 제자들에게 가르쳐야겠군요."

역산도 고개를 끄덕이며 말했다.

"암, 당연하지요. 한시가 급한 것이 경천교육입니다. 한시가 급하고말고요. 이제부터는 한 교수 당신의 책임도 더 커졌습니다."

"그렇게 생각됩니다. 영감님, 그럼 인간이 타락하여 어떤 불행이 초래되었나요?"

"인간의 타락으로 말미암아 인간뿐만 아니라 전우주까지도 모두 악마가 차지하게 되었지요. 그 결과로 하늘은 상대할 수 있는 한 사람의 인간도 없으며, 또 머무를 한 치의 땅도 없는 고독하고 슬프고 가슴 아픈 한이 많은 하늘이 되어 버렸던 것입니다. 이 세상은 모두 악마가 점령하여 모든 인간들은 악마의 노예가 되어 시기심과 질투심과 원망심과 음흉한 생각으로 죄악의 세상에서 허덕이며 지내왔지요."

"……."

"역사가 흘러감에 따라 죄악 인간의 숫자가 점점 불어나면서 하늘을 반대하는 세력도 점점 증대해 갔습니다. 그래 하늘이 없는 세계에서는 가치의 기준이 없어요. 죄악 인간들은 모두 영안(靈眼)이 어두워 하늘과 영계를 몰라보며 자행자지하여 죄악을 자꾸만 키워 갔지요. 그러니 인간들은 각자가 모두 나름대로 행복을 찾기에 미친 듯이 날뛰고 있으며, 또 때로는 행복을 찾은 양 즐기고 있습니다. 죄악 인간들이 즐기는 행복이란 도둑질이라도 해서 돈을 많이 모으면 그것을 큰 행복으로 생각하고 있습니다. 또한 한 여자라도 더 많이 간음하는 것을 큰 자랑거리로 알고서 주야로 여자 사냥을 즐기며 살아가는데 이러한 짓은 큰 죄악이며, 하늘에 대해서는 한없는 슬픔만 안겨줄 뿐이지요. 하늘을 모르는 상태에서 죄악 인간들은 무엇이 죄악인지, 무엇이 공덕인지를 모르고 있습니다. 하늘을 모르고 사는 죄악의 세상에서는 돈이 많아도 죄를 더 많이 짓게 되고 권세가 높아도 죄를 더 짓게 되지요."

이렇게 설명하자 한 교수는 메모하던 손을 멈추고 말했다.

"사실이 그렇군요. 하늘을 모르는 사람으로, 저와 같이 지식이 많아도 탈이겠군요."

"그렇지요. 하늘을 모르는 사람이 지식이 많으면 사기꾼이 되기 쉽고, 하늘을 모르는 사람이 건강해도 남에게 해독을 주기 쉬운 것입니다."

"영감님의 주장에는 결국 하늘을 알고 난 뒤에라야 돈이나 권세나 지식이 필요하다는 말씀이시군요."

역산은 다시 하늘의 슬픈 심정을 설명했다.

"이처럼 긴 역사를 두고 하늘은 죄악의 바다에 빠져 있는 인간을 구원하시기 위하여 성현들이나 의인들이나 선지자들을 세워 인간을 구원하려 하셨습니다. 그러나 마귀의 노예가 되어 있는 죄악 인간들은 도리어 자기를 구원하러 온 하늘의 파송자를 박해하였지요. 선지자를 조롱하고 성현들의 갈 길을 핍박하여 선지자나 성현들이 많은 고난을 당할 수밖에 없었습니다. 선지자가 고난을 당한 이유는 여기에 있습니다. 부처님도 처음 불도(佛道)를 펴실 때 여러 가지 고난이 많았지요. 죄악 중생들의 박해로 제자가 살해까지 당하는 고난이 있었습니다. 또 공자께서도 하늘의 뜻을 펴시기 위하여 천하를 돌아다니실 때에 상가집 개라는 수모를 당하셨는가 하면, 또 여러 가지 난과 박해를 입었지요. 또 예수님께서도 갖은 박해와 모함 가운데 하늘의 복음을 펴시다가 마침내 십자가에 사형을 당하셔야 했습니다. 이처럼 악마의 노예가 된 죄악 인간들이 하늘의 성현이나 선지자를 박해했는데, 그러한 모습을 바라보시는 하늘의 마음은 단장(斷腸)의 비애 바로 그것이었습니다. 그러니까 이루 형언할 수 없는 고통과 슬픔을 당하신 천지부모님이십니다. 선지자나 성현이 죄악 인간들에게 박해를 당할 때 그 고통이 심하겠지만, 그것을 바라보시는 하늘의 고통은 그 선지자가 당하는 고통의 몇십 배나 몇백 배가 더 컸던 것입니다. 그래서 이 우주 가운데서 하늘이 제일 불쌍하신 분이시라는 겁니다. 난 다른 것은 몰라도 하늘이 너무 불쌍하신 분이시란 것만은 압니다.”

역산은 또다시 대성통곡을 했다. 이를 듣고 있던 한 교수도 눈물을 흘리며 말했다.

“인류 역사의 배후에 그런 기막힌 슬픈 사연이 있었는 줄은 미처 몰랐습니다.”

“모를 수밖에요. 누가 가르쳐 준 사람이 없는데, 어떻게 알 수 있었겠소. 교수도 모르는데 하늘의 마음을 사람들이 어떻게 알겠소. 우리 불쌍하신 하늘을 위로해 드립시다.”

역산은 또 막걸리병을 들어 몇 모금 마시고는 입을 열었다.

“앞으로 교육을 할 때, 이와 같이 하늘의 사정을 전해 주는 교육을 해야 합니다. 하늘이 인간을 창조했을 때의 소망의 심정과 또 인간이 타락했을 때의 슬픔의 심정과 또 인간을 구원하실 때 당하신 고통의 심정을 교육해야 합니다. 이러한 하늘이니, 한많은 하늘의 심정을 교육을 통하여 학생들에게 가르쳐 주는 것이 곧 경천교육이지요. 이 경천교육이 가장 중요한 교육입니다. 다른 분야의 공부를 아무리 잘해도 하늘을 모시는 경천교육을 받지 못하면 마치 강도에게 칼을 쥐여주는 것과 같은 위태로운 교육이 되고 말지요. 이러한 경천교육을 받지 못한 학생이 장차 부모를 죽이게 되며, 스승을 무시하게 되고, 또 사기꾼이 되거나 간음자가 되지요. 그래서 스승이 되려면 먼저 경천사상으로 무장되어야 하며, 또 스승 자신이 경천의 인격을 갖춘 후에 가르치는 교육이 되어야 합니다. 이처럼 경천사상이 중심이 되어 언행일치의 생활을 통해서 제자들에게 하늘을 소개하는 스승이 되어야 제자들이 진심으로 따

릅니다. 그러기 위해서는 스승 자신이 먼저 경천사상 무장으로
부모의 입장에 서야 하며, 인격적으로 본이 되어야 하지요.”
　한 교수는 역산 선생의 법문에 크게 감동하여 어쩔 줄을 몰랐
다.

가정교육

시간은 오후 2시를 가리켰다. 한 교수는 시장기가 드는 듯 말했다.

"영감님, 점심시간이 훨씬 지났습니다. 식사하러 가시죠. 제가 점심을 사겠습니다."

한 교수가 팔을 끌자 역산은 일어났다.

"해장국이나 한 그릇 사 주세요."

두 분은 근처에 있는 해장국집에 들어가 해장국 두 그릇을 시켜 놓고서 기다렸다.

"영감님께서 주장하시는 경천교육이 아니고서는 도저히 참사람을 만들 수가 없을 것 같군요."

역산 선생은 말했다.

"경천교유이 모든 교육 가운데서 근본 교육이라고 할 수 있습니다. 사람이 혼자 무인도에서 산다면 별로 문제가 없겠지만, 가정을 형성하고 더 나아가서 사회의 구성원이 되어 살아간다면 거기에는 반드시 윤리 도덕적인 규범이며 가법(家法)이나 국법(國法) 등이 필요하겠지요. 인간은 하늘을 부모로 모시고 살며, 또 육신의 부모님은 사실상 하늘의 대신자이시므로 부모님을 하늘처럼 높이 받들며 효도해야 하는 것이 천리 원칙입니다. 인간 사회에서 질서의 기초는 가정인 것이며, 가정은 음양의 조화이므로 부모의 사랑과 부부의 사랑과 자녀의 사랑에 의하여 성립되지요. 자녀의 출생도 부부의 결합에 의하여 태어나므로 부부간의 조화를 위해서는 분명한 규범이 있어야 합니다. 남편은 단순한 동물적인 양성이 결코 아닙니다. 본래 남편은 하늘의 양적(陽的) 형상의 반분(半分)이며, 아내도 하늘의 음적(陰的) 형상의 반분을 대표하는 우주적인 존재이지요. 따라서 인간세상에 있어서 부부의 만남은 우주적 만남으로 온 인류를 대표하는 만남인 것이지요. 이와 같이 부부의 만남은 우주적 완성과 창조의 완성과 같은 큰 뜻이 있는 것입니다. 그러나 타락된 죄악의 세계에 있어서 부부는 서로를 자기의 소유물로 생각하며 살아가고 있는데, 이것은 잘못된 부부관이지요. 남성은 남편이기에 앞서 하늘의 아들이며, 또 여성은 아내이기에 앞서 먼저 하늘의 딸입니다. 그러므로 부부 사이에는 하늘이 정하신 엄격한 부부의 도리를 다해야 하는 것입니다. 아내에 대하여 남편이 해야 할 도리가 있으며, 또 남편에 대하여 아내가 해야 할 도리가 있는데, 그것이 곧 규범이지요. 규범은 사랑을 근본으로 하는 규범입니다. 가정에 있어서 사랑의 규범이란 사랑을 실천하는 생활을 말합니다.”

“영감님, 보통 규범은 행동을 구속하는 듯한 느낌을 주지 않습니까?”

“사랑이 없는 규범은 당연히 구속감을 주지만, 창조 본연의 규범은 사랑을 기반으로 하고 있기 때문에 절대로 구속감을 주지 않으며, 도리어 진정한 행복과 자유가 보장되는 것입니다. 이와 같이 가정교육이 잘 되어야 자녀도 효도하는 자녀가 돼요. 그러나 오늘날 학교에서 가르치는 교육을 보면 지식교육이나 돈벌이 교육이 되어 있습니다. 경천교육이나 효도교육 등을 제대로 하지 못하여 자식이 부모를 죽이는 범죄가 발생하는 것입니다. 뿌리 없는 나무가 없고 근원이 없는 샘물이 없듯이, 부모 없이 태어난 사람은 아무도 없습니다. 자식은 부모의 분신이요, 부모는 자식의 본체입니다. 인륜은 부부와 형제간의 관계를 말하고, 천륜은 부모와 자식과의 관계를 말합니다. 그러니까 천륜의 도는 사랑과 효도로써 연결되어 하늘은 인간을 사랑으로 다스리시고, 인간은 하늘 앞에 효도로써 모심을 다하는 것이 본래 하늘과 인간 사이의 천륜입니다.

이와 마찬가지로 천륜의 도는 부모가 자식을 사랑하는 것이고, 자식은 부모를 하늘 대신자로 효도해야 하는 것이 곧 천륜의 최상의 도이지요. 참사랑을 만들려면 먼저 부모와 자식간에 사랑과 효도의 교육이 잘 되어야 참사랑을 만들 수가 있습니다.”

그때 주모가 해장국을 들고 나왔다. 역산은 해장국을 먹으면서 또 말했다.

“이처럼 가정교육이 제대로 안 되면 사회에 나가서도 범죄자가 되는 것이니 가정교육이 무엇보다도 중요한 것입니다.”

한 교수도 식사를 하면서 질문했다.

“영감님, 그럼 자녀들에게 가정교육을 잘 시키려면 어떻게 가르쳐야 하겠습니까?”

역산 선생은 식사가 문제가 아니었다. 누구에게 설득을 당하든 설득을 시키든 역산의 집념은 대단했다.

“가정교육을 잘 시키려면 무엇보다도 부모가 하늘을 잘 모시고 살면서 정도를 걸어가야 합니다. 만일 부모가 도둑질을 해서 자식을 키우거나, 아니면 부모가 부정한 짓으로 돈을 벌어 그 돈으로 자식을 키운다면 그 기운은 먼저 통하기 때문에 자식에게는 독약을 먹이는 것과 같은 것입니다. 인간은 영혼이 있는 만물의 영장이므로 부모와 자식간에는 영적인 기운이 항상 흐르고 있습니다. 그러므로 자식을 바르게 키우기 위해서는 먼저 그 부모가 하늘을 모시고 바르게 살아야 하는 것입니다. 부부가 새벽에 일어나서 눈물을 흘리며 하늘을 향해 바르게 살겠다고 기도드리는 모습을 자식에게 보여주어야 자식이 바른 길을 가는 거예요. 부모가 정도의 진리를 따라서 살아가는데야 절대로 불효자가 생길 수 없지요. 이것은 천리원칙이니까요.”

이윽고 점심식사가 끝나고 두 사람은 다시 계단 아래 돗자리 있는 곳으로 왔다.

“영감님의 말씀은 한 말씀 한 말씀이 모두 정도가 아닌 것이 없군요. 정말 제게는 영감님이 큰 스승님이십니다.”

역산은 손을 저으며 말한다.

"원 별말씀도 다 하십니다."

그때 신문 배달하는 학생이 지나가자 한 교수는 신문을 한 장 샀다. 한 교수는 신문을 뒤적이고 역산 선생은 잠시 쉬었다.

"영감님, 신문에 이런 기사가 실려 있습니다. 한번 보세요."

"난 눈이 어두워 작은 글씨는 읽기가 힘들어요. 한 교수가 읽고서 설명해 주세요."

그러자 한 교수는 쓴 입맛을 다시며 말했다.

"영감님, 신문에 보니 어느 국민학교에서 1학년 아동들을 모아 놓고 선생님이 이런 설문조사를 했답니다. 즉 '어린이 여러분에게 만일 지금 돈이 많이 생기면 무엇을 할 거예요' 하고 물었더니 80% 어린이들의 한결같은 대답이 '땅을 사 두어야 한다'고 했답니다. 정말 놀랄 일이군요. 국민학교 1학년이면 장난감이나 과자를 사먹어야 한다고 해야 정상인데, 땅을 사겠다고 했다니……. 저는 그만 정신이 아찔해집니다."

한 교수가 한숨을 짓자 역산 선생은 탄식하며 말꼬리를 이었다.

"부모들이 주야로 생각하는 것이 돈 벌 궁리만 하고 있으며, 땅 투기를 해야 제일 빨리 많은 돈을 벌 수 있다고 밤낮으로 지껄이고 살았으므로, 그 어린 아이들도 본을 받고서 그런 대답이 나온 게 아니겠소. 과연 정감록(鄭鑑綠)의 예언이 적중하는군요. 정감록에 보면 말세에는 모든 사람들이 돈 때문에 망한다고 했거든요."

한 교수가 물었다.

"영감님, 정말 정감록에 그런 예언이 있습니까? 금시초문입니다."

역산은 가방 속에서 손때 묻은 정감록을 꺼내어 펼쳐 보이며 설명했다.

"이 글을 보시오. '살아자수(殺我者雛)요 소두무족(小頭無足)'인데 부불위신몰화천(富不爲身沒貨泉) 하리라' 했습니다. 즉, 나를 죽이는 자가 누구인가 묻자 그 대답이, 작은 머리에 다리 없는 것이라 했으니, 그것은 곧 돈을 말하지요. 돈이 사람을 죽인다는 뜻입니다. 이어서 하는 말이 대개 부자들은 인도상 도리는 지키지 않고 재물에만 눈이 어두워 돈의 연못에 빠져 죽는다고 했는데, 지금의 현실이 꼭 그 모양입니다. 사실상 현재 세상에서 큰 병폐 중에 하나가 돈의 병폐입니다. 돈만 생기는 일이라면 인류 도덕을 져버리는 무슨 짓이라도 다 하니까요. 살인도 서슴지 않고 행하며, 도둑질도 하며, 심지어는 몸을 파는 여자들도 많이 있지 않습니까. 물론 돈 자체가 나쁜 것은 아니지만, 돈을 벌어도 정당하게 벌어야 합니다. 땀흘려서 벌어야 하는데 많은 사람들이 부정한 방법으로 돈을 벌고 있어요. 도둑질하여 돈을 벌어 그 돈으로 자식에게 밥을 먹이는 것은 독약을 먹이는 것과 똑같지요. 또는 땅투기를 하여 일확천금을 꿈꾸기도 하여 돈을 버는 졸부들도 많이 보는데, 그러나 하늘은 정당하게 번 돈이 아니면 절대로 허락하시지 않습니다. 부정한 방법으로 돈을 벌었기 때문에 그 부정한 기운을 먹고 자란 자식들은 반드시 불량배가 되어 사회에 나가서는 범죄를 저지르기도 하고 심지어는 자기 부모를 살해하기도 하지요. 사실상 앞으로 자기 자식들의 손에 살해당할 부모들이 많습니다. 그런 비참한 말로를 피하려면 지금부터라도 하늘을 모시고 경천의 진리대로 살아야 합니다."

"정말 걱정이 크군요. 세상이 어쩌다 이 모양으로 다 썩고 말았을까요? 이대로 가다간 다 망할 수밖에 없다고 봅니다. 어느 곳 하나 희망 걸 곳이 없으니 말입니다……."

"망해 가는 세상을 이대로 두고 볼 수야 없지요. 한 교수 당신이 먼저 경천교육을 주장하여 가르쳐 보세요. 경천교육에 합격한 사람이라야 다른 방면의 어떤 일도 성공할 수가 있습니다. 경천교육이 안 된 학생이 지식교육에 우등생이 된다 해도 도리어 큰 죄를 짓기가 쉽습니다. 하늘과 부모님께 효도할 줄 모르는 사람이 무슨 좋은 일을 할 수 있겠습니까?"

"영감님을 우리 대학에 총장님으로 모시면 딱 좋겠습니다."

한 교수가 이처럼 성화를 부리자 역산 선생은 빙그레 웃으며 말했다.

"난 이곳에서 자리를 지켜야 많은 중생들의 고충을 해결해 줄 수가 있어요. 난 이 자리를 떠날 수 없습니다. 허허……."

두 사람은 한참 동안 경천교육에 대하여 대화를 나누다가 해가 저물자 각자 집으로 발걸음을 향했다. 모든 것이 인생의 끝남인가, 아니면 죽은 다음에 새로운 세계가 있는가. 있다면 영계에 가서는 어떻게 사는가.

이러한 궁금증은 인간이 지구상에 태어난 이래 지금까지 완전히 다 풀지 못한 큰 숙제이다. 그러나 역산 선생께서는 이러한 엄청난 숙제를 속시원하게 풀어 주고 있었다.

제4장
죽음이란

사람이 살면서 제일 먼저 해결하고 넘어가야 할 문제는 죽음에 대한 문제다. 죽음에 대하여 바르게 알지 않고서는 삶을 바르게 살 수 없기 때문이다. 죽음이란 과연 무엇일까?

죽은 다음에는 어떻게 될까? 육신이 공동묘지에 묻힘으로써 모든 것이 그 세계(영계)에 끝남인가, 아니면 죽은 다음에 새로운 세계가 있는가? 있다면 영계에 가셔는 어떻게 사는가?

이러한 궁금증은 인간이 지구상에 태어난 이래 지금까지 완전히 풀지 못한 숙제이다. 그런데 역산 선생이 이토록 엄청난 숙제를 속시원히 풀어 주고 있었다.

산 자와 죽은 자

어느 날 역산 선생이 조용히 앉아서 손님을 기다리고 있는데, 30세 정도 되어 보이는 여인이 슬그머니 역산 선생 앞에 앉았다.

"무슨 일로 오셨소?"

그녀는 잠시 머뭇거리더니 말했다.

"영감님, 전 혼자 살아요."

30세가 넘어 보이는 여인이 혼자 산다는 것이 이상하여 역산 선생은 다시 물었다.

"무엇 때문에 혼자 삽니까? 왜 마땅한 남편감이 없었던가요?"

그녀는 쓴 입맛을 다시며 다시 말했다.

"두 번씩이나 결혼에 실패를 하고 나서 이제는 조용히 혼자 살고 있어요. 영감님, 제 사주나 한번 봐 주세요."

그녀는 자신의 생년월일과 시를 말했다. 역산은 그녀가 불러주는 대로 종이에다 적어 놓고는 만세력을 뒤적거렸다.

```
년  월  일  시   김춘자
乙  辛  丙  戊           壬癸甲乙丙丁戊
未  巳  午  子           午未申酉戌亥子
```

이렇게 사주를 뽑아 놓고서 역산은 사주와 그녀의 관상을 비교해 보더니 입을 열었다.

"남편복은 없으나 자식은 둘 수 있는 사주라, 자식이 보고 싶지 않소?”

그 말에 그녀는 갑자기 두 눈에 눈물을 주르르 흘렸다.

“영감님, 제 아들이 보고 싶어요. 흐흑…….”

김춘자, 그녀는 22세 때 박씨란 사람과 연애결혼을 하여 아들 두 명을 낳았다. 결혼한 지 4년 만에 부부싸움을 크게 하고는 이혼을 하게 되었다. 두 아들은 남편이 키우겠다고 해서 그녀는 홀가분한 마음으로 친정으로 돌아왔다.

1년쯤 혼자서 지내다가 부모님께서 소개를 해서 이씨란 홀애비와 재혼을 했는데, 재혼한 지 2년 만에 남편이 병으로 죽고 말았다. 그녀는 그때부터 과부가 되어 남편이 남겨 준 재산을 관리하며 혼자 살고 있었다. 혼자 지내자니 너무나 쓸쓸하여 성경책을 읽으며 마음의 위안을 얻으며 지내는 중이었다. 가끔 박씨와의 사이에서 낳은 아들이 그녀를 찾아오기라도 하면 잘 먹이고 입혀서 보내곤 했다.

큰아들이 이제 국민학교 4학년이고, 작은 아들이 국민학교 2학년이었다. 두 아들은 생모인 그녀를 찾아올 때는 기쁜 마음으로 오지만 돌아갈 때는 눈물을 한바탕씩 흘리곤 했다.

“엄마, 우리 함께 살면 안 돼요? 난 새엄마가 너무 싫어요.”

그러나 그녀는 달래서 돌려보내야만 했다.

“창수야 미안하다. 이 모두가 엄마가 죄가 많아서 그런가봐. 예수님을 믿고 살면서 슬픔을 이겨 봐! 이 엄마두 매일 성경을 읽으며 나날을 보낸단다.”

사실 그녀는 이제 와서 후회하고 있었다. 자식을 생각해서라도 이혼만은 하지 말았어야 하는 건데, 그때 순간의 분노를 못 참아 이혼을 하고 나니 지금은 슬픈 세월을 보내야만 했다. 그녀가 앉아 있어야 할 그 창수 엄마의 자리에는 다른 여자가 차지하여 그녀도 딸을 하나 낳아서 자리를 잡고 있으므로 이제는 재결합을 할 수도 없는 입장이다.

역산은 물었다.

“요즘은 무엇을 하고 있소?”

"그냥 성경공부를 하며 세월을 보내고 있어요."

"참으로 딱한 처지가 되었군요. 그래 앞으로도 계속 혼자 살 생각이오?"

그녀는 자신의 입장을 생각하면 골머리가 아팠다. 창수와 창호를 생각해서는 본 남편과 재결합을 하고 싶지만 그렇게 할 입장이 아니었다.

"영감님, 전 모든 골머리 아픈 일들을 다 잊어버리고 조용히 성경이나 읽으면서 혼자 살고 싶어요."

역산은 아무 말이 없었다. 그녀는 고개를 갸웃거리며 질문했다.

"영감님, 그런데 의문점이 많아요."

"무엇이 의문점이오?"

그녀는 가지고 다니는 성경을 펼쳐 보이며 말했다.

"영감님, 성경에 보면 이런 기록이 있어요. ' 주께서 호령과 천사장의 소리와 하나님의 나팔로 친히 하늘로 좇아 강림하시리니 그리스도 안에서 죽은 자들이 먼저 일어나고……' 라고 한 기록이 있고, 또 마태복음 27장 52절에 보면 ' 무덤들이 열리며 자던 성도들의 몸이 많이 일어나되 예수의 부활 후에 저희가 무덤에서 나와서 거룩한 성에 들어가 많은 사람에게 보이니라'고 했습니다. 이러한 기록을 볼 때 성경의 예언을 문자 그대로 받아들인다면, 예수님이 재림하실 때에는 이미 흙 속에 파묻혀 삭아져 버린 모든 성도들의 육신이 다시 원상 그대로의 모습으로 살아 나올 것으로 보아야 하지 않겠습니까? 저는 이것이 늘 의문입니다."

그녀가 성서의 의문점을 질문하자 역산은 말했다.

"물론 의문이 생기겠지요. 그러나 그 성경은 하늘이 주신 말씀이기 때문에 우리의 신앙적인 입장에서는 그대로 일단 받아들여야 합니다. 하늘의 말씀을 의심해서는 안되니까요. 그러나 이것은 현대인의 이성으로는 도저히 납득할 수 없는 사실이기 때문에 결국 우리들의 신앙생활에 커다란 혼란을 가져오게 된 것입니다. 그러므로 이 문제의 진정한 내용을 해명하는 것은 지극히 중요한 일이 아닐 수 없습니다."

"영감님께서는 인생문제와 영생문제의 해결사시니, 이 문제도 해결하시리라 기대해 봅니다."

그녀가 빨리 말해 주기를 재촉하자 역산 선생은 옆에 있는 막걸리 병을 들어 서너 모금 마신 뒤 설명을 했다.

"먼저 부활이라는 뜻을 살펴봅시다. 부활이란 다시 산다는 뜻입니다. 그리고 다시 살아야 하는 것은 죽었기 때문이므로, 우리가 부활의 참뜻을 알기 위하여서는 먼저 죽음과 삶에 대한 성서적인 개념을 분명히 알아야 하는 것입니다. 그런데 일반적인 생사관(生死觀)을 당신은 어떻게 생각하나요?"

역산이 묻자 그녀는 재빨리 대답했다.

"일반적으로 말하는 생사의 개념은 육신의 생리적 기능을 중심으로 하고 있지 않습니까. 육신이 생리적으로 활동하고 있으면 산 것이고, 육신의 생리적 기능이 정지되면 죽었다고 말하지요. 그렇기 때문에 일반적인 생사의 판단은 육신의 숨이 끊어지면 죽었다고 하여 산 자와 죽은 자를 쉽게 구분할 수가 있지요."

그녀가 이렇게 대답하자 역산은 고개를 끄덕이며 말했다.

"옳은 말이오. 그러나 성서에서 말하는 생사의 개념은 다릅니다. 마태복음 8장 21절 이하에 보면 '제자 중에 또 하나가 가로되 주여 나로 먼저 가서 내 부친을 장사하게 허락하옵소서. 예수께서 가라사대 죽은 자들로 저희 죽은 자를 장사하게 하고 너는 나를 좇으라 하시니라' 했습니다. 예수님은 위에서 '죽은 자'란 같은 말을 두 가지 서로 다른 개념으로 사용하셨음을 알 수 있습니다."

"……."

"즉 뒤에서 말하는 제자의 부친의 죽은 자는 생리적인 기능이 정지된 일반적인 육신의 죽음을 의미하는 죽은 자를 말하고, 앞에 말한 장사를 치르기 위해 모여든 사람들에 대한 죽은 자는 육신의 생리적인 기능이 유지되어 활동하고 있는 죽은 자를 말하고 있어요. 이 죽은 자는 일반적인 육신의 생사에 대한 개념으로 보면 살아 있는 자인데, 예수님은 그들에게도 죽은 자라고 말씀하셨습니다. 따라서 먼저 죽은 자란 말씀은 성서적인 생사의 개념을 중심하고 말씀하신 것임을 우리는 알 수 있습니다."

그녀는 무엇인가를 알아들었다는 듯이 말했다.

"영감님, 그러면 예수님은 육신이 생리적으로 살아 있는 사람들에게 왜 죽은 자라고 했습니까?"

"그것은 그들이 예수님을 믿지 않고 하늘의 품속을 떠나서 하늘의 구원권으로부터 떨어진 곳, 즉 악마의 주관권 내에 머물러 있었기 때문이지요. 그러므로 그 죽음은 육신의 생명이 끊어진 죽음을 의미하는 것이 아니고, 하늘의 사랑의 품을 떠나 악마의 노예로 떨어진 것을 의미하는 죽음을 말하는 것이지요. 따라서 그 죽음은 일반적인 생사관으로 본 육신의 생사와는 관계없는 것이고, 육신이야 살아 있든 죽어 있든간에 하늘의 주관권을 떠나 악마의 주관권에 속해 있으면 죽은 자입니다. 이러한 죽음에 대한 생의 의미는 육신의 생사와는 관계없이 하늘의 주관권 내에서 하늘의 뜻대로 살고 있는 상태를 말하는 것입니다. 따라서 아무리 육신이 활동하고 있어도 하늘의 주관권을 떠나서 악마의 노예로 머물러 있으면 창조 본연의 가치 기준으로 보아서는 죽은 자가 되는 것입니다."

역산이 장황하게 설명하는 데에도 그녀는 크게 공감을 했다.

"그러니까 지상에서 육신이 살아 있다 해도 그가 하늘을 모시지 않고 죄를 지으며 사는 사람은 죽은 자란 뜻이군요."

역산은 말했다. 역산은 자신의 지론을 펼 때 가장 행복한 것처럼 보였다.

"그렇지요. 성경에 보면 '네 행위를 아노니 네가 살았다 하는 이름은 가졌으나 죽은 자로다' 하신 말씀이나, 또 '예수께서 가라사대 나는 부활이요 생명이니 나를 믿는 자는 죽어도 살겠고……' 라고 하신 말씀을 읽을 수 있습니다. 이는 생명이 하늘의 사랑의 주관권 내에 있지 않으면 그 사람은 비록 육신은 살았더라도 죽은 사람인 것입니다. 또 성경을 보면 '무릇 살아서 나를 믿는 자는 영원히 죽지 아니하리니' 라고 하신 성구(聖句)의 뜻은 지상에서 육신을 쓰고 영원히 산다는 말이 아닙니다. 육신을 떠나도 영혼은 영원히 하늘의 사랑 가운데서 살고 있기 때문에 영원히 죽지 않는다고 하신 것입니다. 우리는 아무리 독실한 신앙자라도 그의 육신은 죽는 것을 알고 있습니다. 이런 것을 볼 때 예수님의 구원은 육신의 영생을 주시는 것이 아니고, 하늘의 상속권 내에서의 영혼의 영생을 의미한 것임을 뜻하는 것이지요. 따라서 육신의 숨이 끊어지는 죽음은 영원한 영혼에는 아무런 영향도 미치지 못하는 것입니다. 또 성경 누가복음 17장 33절에 보면 '무릇 자기 목숨을 보존하고자 하는 자는 잃을 것이요, 잃는 자는 살리라'라고 하셨는데, 이 말씀의 참뜻도 육신을 보존하기 위하여 하늘의 뜻을 배반하는 자는 육신은 살아 있어도 죽은 자이고, 반대로 하늘의 뜻을 위하여 육신을 희생시킨 사람은 죽어도 영혼은 하늘의 사랑 속에서 영원한 무량의 복락을 누리며 살 것이기 때문에 그는 산 사람이 되는 것입니다."

역산이 길게 설명하자 그녀는 고개를 끄덕였다.

"성경에 예수님께서 말씀하신 죽음은 육신의 죽음이 아니라 영혼의 죽음을 의미하는군요. 영감님의 말씀을 듣고 보니 이해가 되는군요. 영감님, 그럼 인간 조상이 선악과라는 과일을 따먹고 타락하여 초래된 죽음은 어떠한 죽음입니까?"

역산 선생은 상대가 누구든 이야기만 잘 들어주면 계속해서 자신의 강론을 폈다.

"천지 이치로 보면 육신은 영혼의 토대로서 영혼이 완성한 후 육신이 노쇠하면 육신은 흙으로 돌아가고 영혼만이 영계인 저승세계에 가서 영원히 살도록 창조되어 있습니다. 육신이 생리체를 가지고 지상에서 영원히 사는 것은 하나도 없습니다. 따라서 인간의 육신도 여느 생리체와 같은 요소로 되어 있습니다. 이것은 인간의 육신이 음식으로 섭취하는 동물이나 식물의 요소로 이루어졌기 때문이지요. 따라서 인간의 육신은 영원히 살 수가 없는 것입니다. 만약 인간이 육신을 가지고 영원히 산다면 무형세계인 영계는 창조할 필요가 없었을 것입니다."

그러자 그녀가 한마디했다.

"영감님, 영계는 타락한 인간의 영혼이 들어가 기다리도록 만들어진 것이 아닙니까?"

역산은 완강히 고개를 가로저으며 말했다.

"아닙니다. 영계는 타락한 인간의 영혼을 위하여 인간이 타락한 후에 창조된 것이 아니고, 인간의 창조 전부터 육신을 벗고 가는 영혼을 위하여 미리 창조되어 있었던 곳입니다. 그러므로 육신의 죽음은 인간 타락의 결과로 오는 것이 아니었습니다.

인간의 육신은 타락과는 관계없이 노쇠하면 죽도록 창조된 것이지요."

여기서 그녀는 다시 반문했다.

"영감님, 그럼 사람이 육신의 생명에 강한 미련을 가지고 있는 이유는 무엇입니까? 사람은 누구나 육신을 쓴 채로 천년이고 만년이고 영원히 영원히 살고 싶어하는 욕망을 가지고 있지 않습니까?"

"인간은 영혼과 육신의 이중구조로 되어 있는데, 인간은 육신을 벗은 후 영혼만이 영계에 들어가서 영원히 살도록 창조되었습니다. 그러나 타락에 의하여 인간은 영적인 오관이 어두워지게 되어 자기에게 영혼이 있는 것과 또 영계가 있는 것을 모르게 되었고, 육신과 지상세계만 있는 것으로 알게 되었지요. 인간은 원래 영혼으로 영계에 들어가서 영원히 살고자 하는 욕망을 갖도록 창조되었던 것입니다.

"……."

"그러나 육신만이 전부인 것으로 잘못 알기 때문에 본래의 영생에 대한 욕망을 지상세계에서 육신만으로 채우려 하니 육신을 쓴 채 영생을 열망하게 된 것이지요. 만약 인간이 타락하지 않아 영적인 오관이 밝았더라면 자신의 영혼과 영계의 존재를 실감하게 되고, 또 지상인들이 서로 만나는 것과 마찬가지로 영계의 영혼들과도 만날 수 있기 때문에 육신을 떠나는 것이 지상세계와의 완전한 이별이 아니고, 지상세계로부터 영원한 본고향인 영계로 이사 가는 것을 알았을 것입니다. 영계의 천국은 지극한 아름다움과 행복과 사랑이 가득 찬 세계입니다. 그렇기 때문에 지상에서 살고 있는 동안에 하늘의 3대 축복을 이루고 가게 되면 영계에서도 최고의 복락을 누리는 자리에 가게 되는 것입니다. 그러나 인간이 타락한 이후 타락 인간은 죄악의 노예가 되었기 때문에 영계의 천국에 들어가지 못하게 되었고, 악마의 저주와 죄악이 가득한 지옥에 들어가게 되었지요. 이와 같이 타락 인간은 육신을 떠나면 무서운 고통의 지옥으로 가게 되어 있기 때문에 죽어서 육신을 떠나는 것을 원치 않게 된 것입니다. 더욱이나 죽은 후에 가는 영계에 대하여 모르고 있으니 무지에 대한 공포에서 더욱 그곳에 가는 것을 싫어하게 된 거예요."

그녀는 이제야 이해가 되는 듯 말했다.

"그렇군요. 사람들이 영혼과 영계를 몰라서 죽음을 두려워하는 것이군요. 영감님, 그럼 타락으로 온 죽음에 대한 의미를 좀더 자세히 설명해 주세요."

역산은 다시 입을 열었다.

"육신의 목숨이 끊어지는 죽음이 타락으로 말미암아 오게 된 것이 아니기 때문에 악마의 주관권 내에 떨어지는 것을 의미하는 죽음이 타락으로 온 죽음이라는 결론이 나옵니다. 성경을 보면 '우리가 형제를 사랑함으로 사망에서 옮겨 생명으로 들어간 줄을 알거니와 사랑치 아니하는 자는 사망에 거하느니라'고 했습니다. 여기에서 말하는 사랑은 하늘의 참사랑을 의미하며 하늘의 사랑 가운데서 사람을 사랑하지 않는 자는 지상에서 육신을 쓰고 있어도 죽은 자라는 뜻입니다. 또 성경을 보면 '육신의 생각은 사망이요, 영혼의 생각은 생명과 평안이라'고 했습니다. 이 말씀도 육신을 중심으로 돈 벌 궁리만 한다거나, 여자 엉덩이만 쫓아 간음을 밥먹듯 하는 사람은 죽은 자가 된다는 뜻입니다. 반대로 영혼과 영계를 생각하여 저승보따리 챙기는 준비를 잘하는 사람은 영생을 얻어 평안해진다는 것입니다.

또 같은 뜻으로 로마서 8장 13절 이하에 보면 '너희가 육신대로 살면 반드시 죽을 것이로되 영혼으로서 몸의 행실을 죽이면 살리니 무릇 하늘의 영으로 인도함을 받는 그들은 곧 하늘의 아들이라' 라고 기록되어 있는데, 이 말씀도 영혼과 영계를 미리 알고 하늘을 잘 믿고 모시어 저승보따리를 잘 챙겨야 영생을 보장받는다는 뜻이지요."

역산이 여기까지 설명하자 그녀는 감격하여 벌린 입을 다물 줄 몰랐다.

"정말 영감님의 말씀은 대단하시군요. 영감님, 그럼 구체적으로 부활의 참뜻은 무엇입니까?"

역산은 목이 마른지 또 막걸리병을 들어 몇 모금 마셔 목을 축이고는 입을 열었다.

"부활이란 인간이 타락으로 초래된 죽음, 즉 악마의 주관권 내에 떨어진 상황에서 하늘의 구원 섭리에 의하여 하늘의 직접 주관권 내로 복귀되어 가는 현상을 말하지요. 따라서 이미 지은 죄를 회개하고 어제보다 오늘을 더욱 선하게 살았다면 그 사람은 그만큼 부활한 것이 되지요. 그러니까 부활의 완성은 창조 본연의 완성 인간으로 복귀하는 것이고, 부활은 완성 인간이 될 때까지 계속되는 것이지요. 성경에 보면 '내가 진실로 너희에게 이르노니 내 말을 듣고 또 나 보내신 이를 믿는 자는 영생을 얻었고 심판에 이르지 아니하나니 사망에서 생명으로 옮겼느니라' 했습니다. 그래서 사망에서 생명으로 옮겨지는 그 과정을 부활이라고 하지요. 또 성경을 보면 '아담 안에서 모든 사람이 죽은 것같이 그리스도 안에서 모든 사람이 삶을 얻으리라' 했습니다. 이제는 성경의 말씀을 조금 이해할 것 같습니까?"

역산의 말에 그녀는 고개를 끄덕였다.

"영감님, 그럼 악마의 노예가 되어 있을 때의 인간에 대한 모습과 하늘을 믿어 부활된 인간에 대한 모습에서 어떤 변화가 있을까요?"

"성경을 보면 선악과를 따먹은 후의 인간 조상에게는 외형적으로는 아무런 변화도 일어나지 않았습니다. 그러므로 타락한 인간이 선악과를 따먹기 전의 창조 본연의 인간으로 부활되어도 외형적으로는 아무런 변화도 일어나지 않습니다. 하늘을 믿어서 중생(重生)한 성도와 악마의 노예가 된 범죄인을 비교해 보아도 외형적인 차이가 없음을 알 수 있습니다. 즉 예수님을 믿기 전의 인간과 예수님을 믿은 후의 인간 사이에는 영적으로는 큰 변화가 일어나지만 외형의 육신으로는 아무런 변화가 없습니다. 또 예수님은 하늘의 아들이고 타락 인간들은 마귀의 노예이지만, 외형상으로는 예수님이나 타락 인간이나 아무런 차이가 없습니다. 불교 입장에서 볼 때 성불하신 부처님과 죄 많은 중생들과의 차이에서 영적으로는 천지간의 차이가 나지만, 육적으로는 아무런 차이가 없는 것입니다. 그러나 부활은 영적인 변화를 크게 일으킵니다. 심령의 변화에 의하여 인간의 육신은 악마가 우거하는 소굴로부터 하늘이 거하시는 성전으로 거룩하게 변화되는데, 이러한 변화에서는 육신도 부활에 의하여 성화(聖化)된다고 말할 수가 있겠지요."

그녀는 의문점을 계속 물었다.

"영감님, 그럼 부활 섭리는 어떤 원칙으로 전개시켜 나오는가요?"

역산은 구겨진 화선지에다 한자로 부활과 복귀라고 쓰더니 말했다.

"부활 섭리는 곧 복귀 섭리이고, 복귀 섭리는 타락 인간을 창조 본연의 인간으로 빚어 만드시는 재창조 섭리입니다. 그러므로 부활 섭리도 재창조 원칙인 복귀 원칙에 의하여 이루어지는 네 가지 원칙이 있습니다."

"네 가지 원칙이 있다라구요? 그럼 첫번째 원칙은 무엇인가요?"

그녀는 눈동자를 반짝이며 질문했다.

"시대적 혜택을 받아서 부활되는 것이 그 첫번째지요. 복귀 섭리 역사에서는 많은 사람들이 하늘의 뜻을 이루는 책임을 지고 부름을 받습니다. 그 대표적인 인물들이 공자님, 부처님, 예수님이시며 그 밖에도 맹자, 노자, 엘리야, 이사야, 노아, 아브라함, 이삭, 야곱, 모세, 요셉, 사울, 다윗, 솔로몬, 소크라테스, 플라톤, 아리스

토텔레스 등 많은 의인이나 선지자 등을 세우시어 하늘의 뜻을 이루어 나갔지요. 이들이 비록 자신의 책임 분담을 완전히 다 성사시키지는 못했다 하더라도 하늘의 뜻을 위하여 충성과 정성을 다하여 하늘과 심정적인 인연을 맺을 수 있는 토대를 넓혀 왔기 때문에 후대의 인간은 전임자(前任者)의 공적의 터전 위에서 역사가 진전함에 따라 보다 큰 시대적인 혜택을 받게 됩니다. 즉 역사의 발전에 따라 후대의 사람들은 보다 큰 시대적인 혜택을 받아 보다 큰 부활의 은사를 입을 수가 있는 것입니다."

"그리고 보니 과거에 하늘을 받들며 충성을 다한 선지 선열들의 수고의 대가로 지금은 하늘에 더 가까이 갈 수가 있겠군요. 그럼 두번째 부활 섭리의 원칙은 무엇입니까?"

"창조 원리는 천리 원칙이며 천지 이치인데 창조 원리에 의하면 인간은 그 자신의 책임 분담으로서 하늘이 주신 말씀을 믿고 실천하게 될 때 비로소 완성하도록 창조되어 있다는 것입니다. 그러므로 부활 섭리를 하시는 데 있어서도 하늘의 책임 분담으로서의 섭리를 위한 말씀이 있어야 하고, 거기에 타락 인간이 그 자신의 책임분담으로서 그 말씀을 믿고 실천해야만 그 뜻이 이루어지게 되어 있는 것입니다."

그녀는 역산의 강론에 도취하고 있었다.

"그러니까 하늘의 능력만으로 뜻이 다 이루어지는 것이 아니고 인간의 노력이 합해져야 된다는 말씀이군요?"

"그렇소. 하늘의 구원 섭리가 이토록 오랜 세월을 연장시켜 나온 것은 인간의 책임 분담이 다하지 못했기 때문입니다. 그리고 부활섭리의 그 세번째로는 창조 원리에 비추어 볼 때, 인간의 영혼은 육신을 터전으로 하여서만 성장하여 완성되도록 창조되었다는 것입니다. 따라서 복귀 섭리에 의한 영혼의 부활도 역시 지상의 육신생활을 중심하고서만 이루어지게 되어 있지요."

"그러니까 영혼은 육신을 쓰고 있을 동안에만 공덕도 쌓을 수 있고 또 지은 죄를 속죄할 수 있다는 말씀이군요?"

"그렇소이다. 육신을 벗어버리면 영혼은 더 이상 부활을 할 수

없지요. 그리고 넷째로 인간은 창조 원리를 따라 질서적인 3단계
를 거쳐서 완성하도록 창조되었습니다. 그렇기 때문에 타락 인간
에 대한 부활 섭리도 그 섭리 기간의 질서적인 3단계를 거쳐서야
완성하게 되어 있는데, 그것이 곧 천리 원칙입니다. 이상 말한 네
가지의 부활 섭리의 원칙을 기억하겠소?”

역산이 묻자 그녀는 미소를 지으며 말했다.

“복귀는 시대적인 하늘의 구원 섭리와 인간의 책임이 합해야 이
루어지며, 또 영혼은 육신을 터전으로 해야 하고, 마지막으로 질서
적인 3단계를 거쳐야 된다고 하셨지요. 맞습니까?”

“맞습니다. 과부라서 밤낮으로 딴생각만 하여 돌머리인 줄 알았
더니, 아직 녹슬지 않았군요.”

그러자 그녀는 갑자기 얼굴을 붉혔다. 그리고는 주위를 살펴본
뒤 일어섰다.

“오늘 말씀 정말 잘 들었습니다. 감사합니다.”

그녀가 가려 하자 역산은 다시 그녀에게 앉기를 권했다. 무슨
말을 더 전해 주려고 하는 것일까.

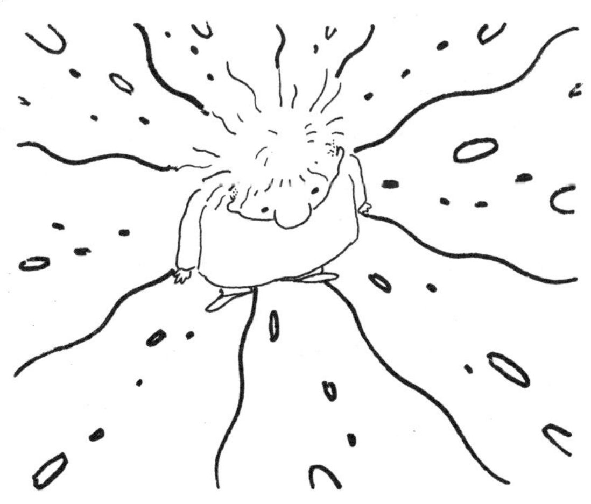

영계의 내용

일어서 가려는 그녀를 다시 앉힌 역산은 정좌를 하며 화제를 돌렸다.

"시래천지개동력(時來天地皆同力)

운거영웅부자모(運去英雄不自謀)라,

이 글이 무슨 뜻인지 알겠소?"

그녀는 고개를 가로저었다.

"전 한문은 잘 몰라요. 그 글이 무슨 뜻인가요?"

"때가 오면 천지가 다 도와주지만 운이 가면 영웅도 아무 재주를 부리지 못한다는 뜻이지요. 부처님 말씀에 정업(定業)은 면할 수 없다고 했습니다. 다만 노력으로 천업(天業)을 돌파한다고 했는데, 이것도 특별한 신앙자나 덕망가에게 해당하는 말이고, 범부나 중생들은 대부분이 타고난 팔자대로 살 뿐이지요."

"영감님, 이야기를 다시 원점으로 돌려 부활에 대한 말씀을 해 주세요. 지상인에 대한 부활 섭리는 어떻게 해 오시는가요?"

역산 선생은 다시 목소리를 가다듬어 설명했다.

"하늘은 '아담' 가정에서부터 부활 섭리를 하기 시작했습니다. 그러나 그 뜻을 받들고 나선 중심 인물들이 책임 분담을 완수하지 못함으로써 그 섭리는 연장되어 나오다가 믿음의 조상인 '아브라함'을 찾아 세움으로부터 비로소 그것이 이루어지기 시작하였던 것입니다. 따라서 '아담'으로부터 '아브라함'에 이르기까지의 기간은 결과적으로 다음 시대에 부활 섭리를 할 수 있는 그 기대를 조성한 시대가 되었습니다. 그러므로 그 시대에서 하늘을 잘 믿고 모시면 영계의 연옥(煉獄)에 들어갈 수가 있는 것이지요. 즉 그 시대는 아무리 하늘을 잘 믿는다 해도 구원의 문이 연옥밖에 열리지 않았던 것입니다."

그녀는 계속 고개를 끄덕였다.

"영감님은 어떻게 그렇게 모든 것을 잘 아세요!"

"부활 섭리가 이루어지기 시작한 '아브라함' 때로부터 예수님에 이르기까지의 2천년 기간은 승마궁부활 섭리를 해 나오셨지요. 따라서 그 시대에 있어서의 모든 지상인들은 하늘을 잘 믿으면 부활 섭리의 시대적인 혜택을 받을 수가 있었지요. 그리고 승마궁부활 섭리는 하늘이 그 시대의 섭리를 위하여 주셨던 구약성경의 율법의 말씀을 인간이 믿고 행함으로써 책임 분담을 완수하여 의로움을 받도록 섭리하셨던 것입니다. 그러므로 그 시대를 행의시대(行義時代)라고도 하지요."

"아이고, 이해하기가 좀 어려운데요."

"들어요! 잠자코 들으면 다 이해가 가게 돼 있어요."

"그러지요 뭐."

"그 시대에 있어서의 인간들은 율법을 행함으로 말미암아 그의 영혼이 육신을 터전으로 하여 승마궁부활을 함으로써 구원을 받게 되지요. 그리고 지상에서 승마궁부활의 구원을 얻은 인간들이 육신을 벗으면 영계의 승마궁에 들어가서 살게 됩니다."

"그러니까 구약시대의 성도들은 아무리 하늘을 잘 믿는다 해도 구원받을 수 있는 한계가 승마궁까지군요."

"그래요. 승마궁이란 선행과 악행이 반반인 비슷한 사람들이 들어가는 영계지요. 그러니 승마궁에 들어가는 사람들은 대개 평범하게 산 사람들입니다. 하늘이나 성현들을 믿고 따르지는 않았지만 그렇다고 큰 죄악을 범하지도 않고 살다 간 사람들이 들어가는 중간급 영계지요."

"전 지금까지 영계는 천국과 지옥으로 구분되어 있는 줄 알았는데, 그것이 아니군요."

역산은 다시 입을 열었다.

"예수님이 십자가에 돌아가심으로 말미암아 부활 섭리는 그 완성을 보지 못하고 재림기까지 연장되었습니다. 그리하여 이와 같이 연장된 2천년 기간은 영적 구원에 의하여 낙원부활 섭리를 해온 시대이므로 이 시대를 낙원부활 섭리시대라고 합니다. 이 시대에 있어서의 모든 지상인들은 하늘의 낙원부활 섭리에 의한 시대적인 혜택을 받는 것입니다. 그리고 낙원부활 섭리는 하늘이 이 시대의 구원 섭리를 위하여 주셨던 신약의 복음 말씀을 믿음으로써 책임 분담을 완수하여 의로움을 받도록 섭리하신 것입니다. 그러므로 그 시대를 신의시대(信義時代)라고도 하지요. 그 시대에 있어서의 인간들은 복음(福音)을 믿음으로 말미암아 그의 영혼이 육신을 터전으로 하여 낙원급 부활의 생명체를 이루는 것입니다. 이와 같이 지상에서 낙원급의 영혼을 이룬 인간들은 육신을 벗은 후에 영계의 낙원으로 가서 살게 되는 것입니다."

"영감님, 그럼 천국은 누가 들어갑니까?"

역산은 잠시 멈추더니 말했다.

"재림하시는 예수님에 의하여 영혼과 육신이 부활 섭리를 완성하는 시대를 천국부활 섭리시대라고 합니다. 이 시대에 있어서의 모든 지상인들은 천국부활 섭리에 의한 시대적인 혜택을 받을 수 있는 것입니다. 재림 주님은 구약과 신약의 말씀을 이루시기 위한 새 말씀인 성약(成約)을 가지고 오시는 분이십니다. 그러므로 천국부활 섭리는 신약과 구약을 이루시기 위하여 주시는 성약을 인간들이 믿고 또 주님을 직접 모심으로써 책임 분담을 완수하여 의로움을 받도록 섭리하시는 것입니다. 그러므로 이 시대를 시의시대(侍義時代)라고도 합니다. 이 시대에 있어서의 인간들은 재림 주님을 믿고 모심으로 말미암아 영혼과 육신이 아울러 완전히 부활되어 천국급을 이루게 됩니다. 이와 같이 지상에서 천국급을 완성한 인간들이 생활하는 곳을 지상천국이라고 하지요. 그리고 지상천국에서 생활하던 인간이 육신을 벗으면 천상천국에 들어가서 영원토록 복락을 누리며 살게 되지요. 이와 마찬가지로 지상에서 육신을 터전으로 하여 공덕과 선연과 심정을 체휼하여 그 영혼이 완성하여야 육신을 벗으면 천상천국에 들어갈 수가 있는 것입니다."

역산이 여기까지 설명하자 그녀는 이해를 했다.

"영감님, 저는 지금까지 천국과 낙원을 혼동해 왔습니다. 그런데 영감님 말씀을 듣고 보니 완전히 다른 곳이군요."

역산은 천국과 낙원에 대하여 다시 설명했다.

"이제까지의 신도들은 영계에 대하여 바로 알지 못했기 때문에 사실상 낙원과 천국을 혼동해 왔습니다. 예수님이 구세주로서 지상에 강림하셨던 목적이 완성되었더라면 그때에 이미 지상천국이 이루어졌을 것입니다. 그리고 그 지상천국에서 생활했던 완성한 인간들이 육신을 벗고 영계에 들어갔다면 천상천국이 그때에 이루어졌을 것입니다. 그러나 예수님이 십자가에 돌아가심으로 말미암아 지상천국이 이루어지지 않았기 때문에 지상에서는 완성한 인간이 나타나지 못하고 말았습니다. 따라서 오늘날까지 생령체의 영혼들이 생활하도록 창조된 천상천국에 들어간 영혼은 하나도 없습니다. 그렇기 때문에 천상천국은 아직도 그대로 비어 있습니다. 이것은 곧 그 주인이 되어야 할 인간을 중심삼고 보면, 아직 천국이 완성되지 않았다는 이야기도 됩니다."

그녀는 다시 고개를 갸웃거리며 질문했다.

"영감님, 그러면 어찌하여 예수님은 자기를 믿으면 천국에 들어간다고 했습니까?"

역산은 주저없이 대답했다.

"그것은 예수님이 지상에 오셨던 본래의 목적이 어디까지나 천국을 이루시려는 데 있었기 때문이었습니다. 그러나 예수님은 유대인들의 불신으로 말미암아 지상천국을 이루지 못하시고 십자가에 돌아가셨지요. 당시의 모든 사람들이 그렇듯 끝내 믿어 주지 않았던 그 가운데서 자신을 믿어 준 오직 한 사람, 십자가의 동반자였던 오른편 강도에게 예수님은 함께 낙원에 들어갈 것을 허락하셨던 것입니다. 결국 예수님은 구세주로서 천국에 들어갈 것을 강조하셨지만, 뜻을 못 이루고 떠나시는 십자가의 죽음길에 임해서는 실상 낙원에 들어갈 수밖에 없는 사실을 표명하셨던 것입니다. 낙원은 이렇듯 지상에서 예수님을 믿음으로써 생명체급의 영혼을 이룬 사람들이 들어가는 영계로서 재림 주님에 의해서 천국문이 열릴 때까지 머물러 있는 영계를 말합니다. 영계는 영급에 따라 영혼들이 머무는 자리가 다릅니다. 천국, 낙원, 승마궁, 연옥, 지옥 이렇게 크게는 다섯 단계로 나눌 수가 있고, 또 각각 3천 층의 단계가 있지요. 즉 지옥도 3천 층이며 연옥도 3천 층이며 그밖에 승마궁이나 낙원이나 천국도 모두 3천 층으로 되어 있습니다. 이렇게 모두 일만오천 층으로 많이 나누어져 있는 것은 사람들의 영급에 차이가 있기 때문입니다. 즉 죄인들에게도 죄악을 지은 차이가 있으며, 또 선인들에게도 사람마다 공덕의 차이가 있기 때문이지요."

그녀는 자기가 다니는 교회 목사님에게서도 못 들은 성경 속 비밀의 말씀을 들으며 은혜로운 시간을 만들고 있었다.

"그렇군요. 영감님, 그럼 지옥은 어떤 사람이 들어가는 곳입니까?"

"흉악한 범죄자나 인류 도덕을 무시하고 하늘을 거역하며, 3악을 지은 죄인들이 들어가는 무서운 곳이지요. 즉 지상에서 살 때에 살인을 한 자나, 도둑질이나 특히 간음을 많이 한 죄인들이 들어가는 영계의 무서운 감옥이지요. 흔히 지상에서 감옥이 고통스러운 곳이라고 말하는데, 영계의 지옥은 지상의 감옥보다 백 배나 더 고통이 심한 곳이지요. 지옥의 종류도 수없이 많지만, 고통이 심한 몇 가지만 말해 줄께요. 즉 살생을 많이 한 죄인이 들어가는 도산(刀山)지옥이 있는데, 그곳은 예리한 칼날이 빈틈없이 솟아나 있는 곳으로 앉으나 서나 고통이 따르지요. 또 화탕지옥에는 수천 도가 넘는 끓는 기름 가마솥에 죄인을 집어넣는 지옥인데 고통이 엄청나게 심하지요. 그리고 한빙지옥은 무서운 추위가 불어오므로 죄인들은 이 한빙지옥에 들어가면 마치 얼음 덩어리처럼 차가운 추위에 떨지요."

"아이구머니나!"

"또 검수지옥이란 곳이 있는데, 예리한 칼날이 숲을 이루고 있어요. 바람이 불면 칼날이 날아다니며 죄인들의 몸에 사정없이 상처를 냅니다. 그리고 발설지옥이란 죄인의 혀를 뽑는 지옥이며, 독사지옥은 독사들이 와글와글거리는 구덩이에 죄인을 던져 넣어 버리는 지옥입니다. 또 연마지옥이란 곳은 집체만한 맷돌로 죄인을 갈아 죽이는 지옥이며, 추핵지옥은 칼로 죄인을 난도질하는 지옥이고, 철상지옥은 무거운 쇳덩어리로 죄인을 짓눌러 죽이는 지옥이 있습니다. 또 흑암지옥이란 어둠만이 계속되는 독방에 가두는 지옥이며 또 흑승지옥이란 죄인의 몸을 톱으로 썰어 죽이는 지옥입니다. 그러니 하나같이 지옥은 무섭고 고통이 어마어마하게 심한 곳이지요."

역산 선생이 지옥의 고통에 대해 설명하자 그녀는 무서운 듯 어깨를 바르르 떨었다.

"지옥은 정말 무서운 곳이군요. 영감님, 그럼 연옥은 어떤 곳입니까?"

역산이 그걸 모를 리 없었다.

"연옥은 지옥보다는 조금 죄가 가벼운 자들이 들어가는 곳이지요. 그 연옥에 들어가는 사람들은 사회생활에서 도움이 되지 못하며, 자기의 이익만 생각하며, 남의 생각을 할 줄 모르는 악업이 70% 이상인 죄인들이 들어가는 곳입니다."

"그래도 지옥보다는 좀 낫군요. 영감님, 그럼 승마궁은 어떤 곳입니까?"

"승마궁이란 선업이나 악업의 양이 비슷한 사람들이 들어가는 영계인데, 주로 지상에 살 동안에 평범하게 삶을 살다 간 영혼들이 머무는 곳이지요. 즉 하늘이나 성현들을 믿고 따르지는 않았지만, 그렇다고 해서 큰 죄도 짓지 않은 사람들이 들어가는 영계지요. 그곳 승마궁에는 선업이 50%이고 악업이 50%일 때 들어가게 됩니다."

"그럼 낙원은요?"

"낙원은 남을 위하여 살며, 사회에 이득을 끼치며, 봉사활동도

많이 하며 비교적 선업이 70%이고 악업이 30%인 사람들이 들어
가는 곳인데, 낙원은 그런대로 지낼 만한 곳이지요.”

“그럼 천국은요?”

“천국은 하늘이 계시는 곳으로, 지상에서 3대 축복을 이룬 사람
들이 들어가는 곳입니다. 지극히 아름답고 화평한 곳으로 악업은
전연 없고 선업만 100%인 사람들이 들어가는 곳이지요.”

“영감님, 그런데 요즘은 영적인 현상이 많이 일어나고 있어요.
왜 이런 현상이 일어나지요?”

“인간 조상은 장성기 완성급에서 타락했습니다. 장성기 부활섭
리에 의해서 인간 조상의 타락 직전 상태인 장성기 완성급까지 복
귀되면 타락 전 아담 하와와 마찬가지로 하늘과 영적으로 교류할
수 있게 되는 경우가 있습니다. 그것이, 하늘이 말세에 내 영을 물
붓듯 부어 주시리라고 약속하신 이유입니다. 그렇기 때문에 때가
되면은 영적 현상이 많이 일어나게 됩니다.”

그녀는 또 질문했다.

“영감님 ‘네가 주다’라는 계시를 받는 사람이 많은데 그것은
무슨 이유인가요?”

역산은 그녀의 질문을 하나도 놓치지 않고 대답했다.

“말세에는 ‘네가 주’라는 계시를 받는 사람이 많이 나타납니다.
재림 주님은 한 사람이요 많은 사람일 수가 없기 때문에 여기서
말하는 주는 재림 주님을 말하는 것이 아닙니다.”

그녀는 궁금한 듯 또 물었다.

“영감님, 그럼 왜 하늘은 그러한 계시를 내려 주시나요?”

“그 이유는 두 가지가 있지요. 첫째, 타락한 인간은 타락으로 잃
어버린 만물에 대한 주관성을 복귀할 책임이 있습니다. 그러므로
인간이 아담 하와가 타락하여 주관성을 잃어버린 지점에 도달하게
되면 ‘네가 주’라는 계시를 받게 되는 것입니다. 그리고 둘째로
는, 그 상태에 도달한 사람들은 예수님 앞에 세례요한과 같은 입
장에 서는 사람들입니다. 그들은 주님의 앞길을 예비할 책임이 있
습니다. 또한 그들이 맡은 특별 분야에서는 재림 주와 같은 역할

을 하게 됩니다. 이상의 두 가지 이유로 인간이 장성기 완성급에 도달하면 '네가 주'라는 계시를 받게 되는데, 그때 자기가 재림 주인 것같이 행동하게 되면 적그리스도가 되지요. 그러기 때문에 성경에는 말세에 적그리스도가 많이 나타난다는 예언이 되어 있는 것입니다. 깊은 수도를 한 사람이 적그리스도가 되는 과오를 범하지 않으려면 먼저 온유 겸손해야 됩니다."

"맞아요! 그래요……."

"그리고 자기 자신의 분수를 알아야 합니다. 만약에 자기에게 재림 주의 사명을 감당할 자격이 없다고 판단될 때에는 아무리 계시를 받는다 하더라도 겸손한 마음으로 사양을 해야 합니다. 그렇게 겸손한 자세로 하늘을 모시고 나가면 그 뒤에는 바른 지도의 계시를 받게 되지요."

그녀는 역산의 강론에 한없이 빠져들고 있었다.

"영감님, 그럼 구체적으로 재림 주님이 되려면 어떠한 자격을 갖추어야 됩니까?"

역산 역시 달관의 천리를 펴기에 여념이 없다.

"재림 주님은 하늘을 대신하여 하늘의 뜻을 이루시기 위하여 오십니다. 그러므로 하늘의 심정과 사정을 완전히 체휼하고 이해하여야 하며, 지상에서 하늘의 뜻을 이룰 수 있는 능력을 갖추어야 합니다. 그리고 재림 주님은 선한 지상천국을 이루시기 위하여 오십니다. 재림 주님이 그의 목적을 이루기 위해서는 모든 인간에게 참인생관과 우주관을 제시해야 하며, 선의 세계를 이루기 위해서 선의 생활을 하도록 모든 인간을 지도할 수 있어야 합니다. 그러므로 재림 주님의 역사는 이러한 하늘의 섭리방향을 기본으로 하여 이루어지지 않으면 안됩니다. 따라서 재림 주님은 경전의 모든 기본문제를 해명해야 되고, 만인에게 구원의 길을 분명히 제시하지 않으면 안됩니다. 이상과 같은 어려운 문제를 모두 다 해결할 수 있는 자격과 능력을 갖추어야 재림 주님이 될 수 있겠지요."

"정말 재림 주님이 되려면 많은 능력을 갖추어야 하겠군요. 영감님, 그런데 요즘 보면 영통인들이 서로 자기의 주장이 옳다고 큰소리를 지르며 야단들인데, 영통인들간의 혼란은 왜 일어납니까?"

역산의 전공 분야를 역산이 모를 리 없었다.

"영통인들은 영계로부터 각기 다른 계시를 받으므로 그들 사이에 혼란과 싸움이 끊이지 않고 있습니다.

영통인들이 영계로부터 각기 다른 계시를 받는 이유는 다음과 같지요. 즉 영통인들은 자기의 환경이나 위치, 능력, 지능, 영적인 성숙도 그리고 심정 등의 서로 다른 특성에 따라서 영계의 각기 서로 다른 분야를 통하게 됩니다. 그러므로 영계에 대한 감성과 이해가 달라지며, 영계 전체의 연관성을 모르기 때문에 자기가 받은 계시만이 맞는 것이고, 다른 사람의 계시는 틀린 것이라고 주장하게 되지요. 영통인들은 모두가 하늘의 섭리에 대한 부분적인 책임을 지고 있으며, 각기 자기 분야에서 종적인 관계만 맺고 있습니다. 그러므로 각 영통인들은 어느 한정된 부분만 알고 하늘의 전체적인 역사와 전영계의 활동에 대해서는 알지 못합니다. 그러니 각 영통인들 사이에 올바른 횡적인 관계를 가질 수가 없고, 각자 서로 다른 자기의 견해만을 고집하게 되어 영통인들간의 혼란이 일어나는 것입니다. 또 하늘은 수도생활이 깊어진 사람에게는 '네가 제일이다'라는 계시도 내려줍니다. 그것은 각자가 맡은 분야에서 자신의 사명을 빨리 완수하도록 하기 위해서 그러한 격려의 계시를 내리는 것이지요. 그리고 사실상 영통인들은 자기가 맡은 분야에서는 '자기가 제일'이라는 말이 맞을 수도 있습니다. 사실 그 분야에서는 그가 제일이기 때문이지요. 영통인들은 이와 같은 계시를 내리는 이유를 알지 못하고, 전체 섭리에서 자기가 제일인 줄을 생각합니다. 이와 같은 이유들 때문에 영통인들은 서로 싸우고 혼란을 초래하는 것입니다. 이러한 혼란을 해결하기 위해서는 영계 전체에 대한 설명을 하고, 영통인 상호간의 관계를 이해시키고, 바른 유대관계를 맺고 일할 수 있도록 하여 주는 새로운 진리가 나와야 됩니다. 물론 영통인들은 그러한 새로운 진리를 받아들이지 않으면 안됩니다."

"……."

"이런 새로운 진리가 나오면 모든 혼란은 없어지게 되는데, 이 새 진리를 가지고 오시는 분이 곧 재림 주님이십니다. 그리고 인간 조상은 장성기 완성급을 넘어가지 못하고 선악과로 비유된 간음을 하여 타락했습니다. 마찬가지로 이와 같은 위치에 도달한 도인들도 인간 조상이 당한 것과 같은 여색의 시험을 당하게 됩니다. 이러한 입장은 인간 조상이 타락한 입장이므로, 그와 같은 시험이 타락하기 쉬운 시련의 고비이지요. 따라서 이러한 천지 이치를 알지 못하여 많은 도인들이 여색의 시험에 걸려 하루아침에 수포로 돌아가는 것은 참으로 안타까운 일입니다."

역산은 목이 마른지 막걸리병을 들었다. 김춘자는 역산 선생의 설명에 거듭거듭 감격하여 입을 다물 줄 몰랐다.

"영감님의 말씀은 정말 대단하시군요. 난생 처음 들어보는 귀중한 말씀이라 너무너무 은혜가 넘쳐요."

그녀는 진실로 기뻐했다.

"당신은 어느 교회에 다니고 있소?"

"전 교회에 다니고 있지를 않아요. 그냥 집에서 성경을 열심히 읽을 뿐입니다. 왠지 교회에는 다니기가 싫더군요……."

역산은 말했다.

"지금은 말세라 재림 주님이 곧 나타나실 때입니다. 그래서 잘못하면 재림 주님을 잘못 알아보고 적그리스도로 착각하여 비난을 하다가는 하늘의 원수가 되기 쉬운 때입니다. 지금 모든 종교인들은 가장 복된 시점에 와 있으면서도 한편으로는 가장 위험한 시점에 와 있지요. 가짜와 진짜를 잘못 구분하여 가짜를 따라다니며 진짜를 비난하다가는 영원한 지옥에 떨어지게 됩니다. 그러니 지금은 조용히 본심에게 문의해 보아야 할 시기입니다. 오직 자기의 본심만이 바른 길로 인도해 줄 뿐입니다."

구원받는 방법

점심시간이 훨씬 지난 것을 알고서 김춘자는 역산 선생께 점심식사를 권했다.

"영감님, 식사시간이 지났군요. 제가 점심을 사겠습니다. 가시죠."

그녀가 팔을 끌자 역산은 마지못해 일어섰다.

"그럼 가볼까요. 과부가 사주는 점심을 한번 먹어 봅시다."

두 사람은 가까운 곳에 있는 식당에 들어갔다. 점심시간이 훨씬 지나서인지 식당엔 손님이 없이 한가했다. 순대국을 2인분 시켜 놓고서 기다렸다. 식사가 나오는 동안도 그녀는 역산의 말씀을 더 많이 듣고 싶어서 질문했다.

"영감님, 요즘 종교인들의 말에는 서로 첫째 부활에 먼저 들어가려고 애를 쓰고 있더군요. 그런데 그 첫째 부활에는 오직 14만4천 명만 들어갈 수가 있다고 하는데, 정말 그런가요?"

역산 선생은 말했다.

"첫째 부활이라 함은 하늘의 구원 섭리가 시작된 이후 재림 역사에 의하여서 맨 처음으로 인간이 원죄를 벗고 창조 본연의 자아를 복귀하여 창조 목적을 이루게 되는 부활을 말합니다. 따라서 모든 종교의 신도들의 유일한 소망은 첫째 부활에 참여하는 데 있는 것입니다. 그러면 어떠한 사람들이 여기에 참여할 수 있을 것인가. 그것은 재림 주님이 강림하시게 될 때 맨 먼저 그를 믿고 모시고 따라 구원 섭리 노정의 전체적이며 또한 세계적인 탕감조건을 세우시는 그의 일을 협조함으로써 재림 주님의 은총으로 원죄를 벗고 영혼의 완성을 이루어 창조 목적을 완성한 사람들이 참여하게 되는 것이지요."

"영감님, 그럼 성경에 표시한 14만4천 무리라는 것은 무엇을 뜻하는 것인가요?"

역산의 말은 더욱 빨랐다.

"주님이 재림하셔서 구원 섭리를 완수하시기 위하여는 지난날 하늘 뜻을 받들고 나오다가 자기의 책임 분담을 완수하지 못함으로써 악마의 침범을 당하였던 모든 성현들의 입장을 탕감 복귀할 수 있는 대신자들을 재림 주님이 일대(一代)에서 횡적으로 찾아 세워 악한 세계에 대한 승리의 기대를 닦아 놓지 않으면 아니 되는 것입니다. 이와 같은 목적으로 재림 주님이 오셔서 찾아 세워야 할 성도들의 전체 수가 바로 14만4천 무리인 것이지요."

"하늘의 구원 섭리에 있어서 '야곱'은 열두 자식을 중심하고 출발하였고, '모세'는 열두 지파를 거느렸는데, 이 각 지파가 다시 십이 지파형으로 번식하면 144수가 됩니다. 즉 세계 구원의 사명자로 오셨던 예수님은 영혼과 육신이 아울러 이 144의 수를 탕감 복귀하시기 위하여 열두 제자를 세우셨으나 십자가에 돌아가시게 되어 영적으로만 복귀하여 나오셨습니다. 그러므로 악마에게 내주었던 '노아'로부터 '야곱'까지의 종적인 12대를 횡적으로 탕감 복귀하기 위하여 야곱이 12자식을 세웠던 것과 같이, 재림 주님은 초림 이후 영적으로만 144지파형을 세워 나왔던 섭리노정을 영·육 아울러 횡적으로 일시에 탕감 복귀하시기 위하여 144의 수에 해당하는 일정한 필요수의 성도들을 찾아 세우셔야 하는 것입니다. 그래서 14만4천 무리란 말이 나오게 되었던 것이지요."

그녀는 이해가 되는 듯 계속 호기심을 발동했다.

"영감님, 그럼 이미 영계에 들어가 있는 영혼들 중에서 지옥에 떨어져 있는 영혼들은 영원히 구원받을 길이 없습니까?"

역산은 고개를 저으며 말했다.

"하늘은 만 인류의 부모이십니다. 자녀인 인간이 지옥에서 고통당하고 있는데, 부모이신 하늘이 어찌 마음이 편할 리가 있겠습니까. 하늘은 영계에 있는 영혼들에게도 구원 섭리를 하시고 계십니다."

"영감님, 그럼 육신이 없는 영혼들에 대한 구원은 어떻게 하지요?"

"인간은 누구나 육신을 벗으면 영계로 가게 됩니다. 영계의 영혼들은 완성한 영혼들이 아니므로 그들이 천국에 들어가기 위해서는 부활하지 않으면 안됩니다. 창조 원리에 의하면 영혼은 육신을 토대로 하여 성장하게 되어 있습니다. 그러나 그들은 벌써 육신을 벗었기 때문에 자기 자신만으로는 영혼을 성장시킬 수가 없습니다. 그러므로 육신을 가지고 있는 인간이 살고 있는 지상세계로 내려와야 하며, 지상인과 협조하여 그들로부터 정성의 기운을 받아서 자신의 영혼을 성장시키지 않으면 안되는 것입니다. 영혼들이 다시 지상에 재림해야 하는 이유가 그것이지요. 그것 때문에 우리는 영혼들의 부활을 영혼의 재림 부활이라고 말합니다. 성경에 보면 '……보라, 주께서 그 수만의 거룩한 자와 함께 임하셨나니' 하셨는데, 이와 같은 이유로 말세에는 모든 영혼들이 지상에 재림하는 것입니다. 영혼들이 지상인의 혜택을 받으려면 그들에게 재림하여 그들의 사명을 완수하도록 돕지 않으면 안됩니다. 영혼들은 자기와 같은 영급의 상대 기준을 조성할 수 있는 지상인에게 재림하여 협조할 수가 있습니다. 부활의 때에는 재림하는 영혼들로부터 많은 사람들이 영적인 지도를 받게 됩니다. 어떤 경우에는 영혼의 협조로 지상인은 성령의 불을 받는 역사가 일어나는데 신유나 입신이나 계시나 예언이나 방언이나 신필 같은 특별한 신령 역사가 나타나는 것이 바로 그것입니다."

역산의 설명을 들은 그녀는 매우 신기한 듯 심각하게 귀를 기울였다.

"영계의 승마궁에 머물고 있는 영혼들은 예수님이 오신 후에 지상인에게 재림하여 예수님의 제자들에게 협조하는 공덕으로 하늘의 섭리 역사에 동참하게 됩니다. 지상에 있는 예수님의 제자들이 구원의 혜택을 입어서 그들의 영혼이 낙원급으로 성장해 감에 따라 그들의 영혼도 낙원급으로 성장하고, 제자들이 육신을 벗고 낙원으로 들어갈 때 함께 낙원으로 들어가지요. 이것을 낙원재림 부활이라고 합니다. 성경 마태복음 27장 52절 이하에 보면 '무덤들이 열리며 자던 성도들의 몸이 많이 일어나되 예수의 부활 후에 저희가 무덤에서 나와서 거룩한 성에 들어가 많은 사람들에게 보이니라'고 기록되어 있는데, 여기에서 자던 성도란 구약시대의 영혼들을 말하는 것이고, 무덤은 승마궁을 말하는 것이며, 거룩한 성은 낙원을 말합니다. 이 구절은 영계의 승마궁에 있던 영혼들이 지상에 와서 예수님의 제자들에게 협조하여 부활한 재림 부활의 현상을 묘사한 것입니다. 만약 이 일이 영적으로 일어난 것이 아니고 실제로 일어난 일이었다면 노아나 아브라함, 이삭, 야곱, 모세와 같은 인물들이 그 속에 있었을 것입니다. 그렇다면 그들은 예수님으로 말미암아 부활을 받았기 때문에 그들의 입을 통하여 예수님을 구세주로 증거했을 것입니다."

　"……."

　"그렇게 되었더라면 유대인들은 죽었다가 다시 살아난 그들의 조상들이 증거하는 말을 따라서 예수님을 구세주로 믿었을 것입니다. 그리하여 예수님의 제자들은 그들이 받는 핍박 같은 것은 받지 않았을 것이고, 예수님의 일은 그 당시에 속히 이루어졌을 것입니다. 그러나 예수님의 제자들은 그 일이 있은 후에도 계속하여 핍박을 받았고, 별다른 변화는 없었습니다. 만약 구약시대의 성도들이 실제 육신을 가지고 살아났더라면 그들이 일한 역사는 사도행전 같은 곳에 기록되었을 것이고, 오늘날까지도 지상에 살아 있어야 합니다. 그러나 우리는 성경 가운데 그들이 살아난 후에 행한 일의 기록이 없고, 오늘날 지상에서 그들을 찾아볼 수가 없습니다. 이러한 사실로 보아 이 성구는 현실적으로 일어난 일을 말한 것이 아니고, 예수님 당시에 부활을 받은 승마궁의 영혼들이 재림 부활하는 현상을 몇몇 당시의 영안이 열린 영통인들이 본 것을 기록한 내용이라는 것을 알 수 있습니다."

역산이 부활에 대해서 설명하자 그녀는 기뻐했다.

"영감님의 말씀을 듣고 나니 그 문제가 속시원하게 해결되는 것 같군요. 사실 사람의 육신이 어떻게 살아날 수 있겠습니까?"

역산은 목이 마른지 다시 막걸리 병을 들어 몇 모금 마셨다.

"낙원에 있는 영혼들도 재림 주님이 오실 때에 지상에 또 재림을 합니다. 그들은 재림 주님의 제자들에게 협조하여 지상의 육신의 혜택을 받아 영혼을 성장시킵니다. 그리하여 재림 주님의 제자들이 육신을 벗고 천국으로 들어갈 때에 이들을 협조한 낙원의 영혼들도 그들과 함께 영계의 천국으로 들어갑니다. 이것을 영혼의 천국재림 부활이라고 하지요. 영계의 천국문은 재림 주님이 들어갈 때에 처음으로 문이 열리게 되는 것입니다. 성경 히브리서 11장 39절 이하를 보면 '이 사람들이 다 믿음으로 말미암아 증거를 받았으나 약속을 받지 못하였으니 이는 하늘이 우리를 위하여 더 좋은 것을 예비하셨은즉 우리가 아니면 저희로 온전함을 이루지 못하게 하려 하심이니라' 했는데, 여기에서 '약속'이란 천국 부활을 말하고 '더 좋은 것'은 천국을 말하며 '우리'는 지상인을, '저희'는 영혼들을 말합니다. 이 구절은 지상인의 협조 없이는 낙원급의 영혼들도 완성할 수 없다는 사실, 재림 때에 지상에 재림해야 완성할 수 있다는 것을 증거한 구절입니다. 그리고 마태복음 18장 18절 이하를 보면 '……무엇이든지 너희가 땅에서 매면 하늘에서도 매일 것이요 무엇이든지 땅에서 풀면 하늘에서도 풀리리라'고 한 기록이 있는데, 이 기록도 지상 인간이 완성할 때에 영계에 있는 영혼들도 지상에 재림하여 그들에게 협조함으로써 완성할 수 있다는 것을 뜻하는 것입니다. 또 이것은 지상천국이 먼저 이루어져야 영계의 천상천국도 이루어진다는 것을 말합니다."

"그런 엄청난 내용이 있군요. 몸이 떨리네요."

"그 이유 때문에 예수님은 천국문의 열쇠를 지상에 두고 간다고 했지요. 아무튼 지상인이 풀어 주지 않으면 영계에 있는 영혼들의 매인 문제는 풀리지 않는 거예요. 즉 못 가고 죽은 몽달귀신에게는 지상에서 장가를 보내주는 조건을 세워 주어야 몽달귀신도 구원을 받는 것입니다."

"그렇군요. 그런데 말입니다 영감님, 악령들이 지상인을 협조하는 데 벌을 내려 탕감 조건을 세우게 한다고 하셨는데, 낙원 이외의 영계에 있는 영혼들은 어떻게 구원을 받게 되나요?"

역산 선생은 말했다.

"영계의 영혼들은 지상에 자기와 같은 급에 있는 사람을 찾아 상대 기준을 조성할 수 있을 때에만 재림 부활을 할 수가 있습니다. 그리고 이 재림 부활도 하늘이 특별히 허락하는 기간에만 가능한 것입니다. 인간들끼리 어떠한 목적을 공동으로 이루려면 반드시 서로 상대 기준이 조성되어야 하는 것과 같이, 지상인과 영혼들도 공동으로 구원 섭리의 한 목적을 이루기 위하여는 서로 상대 기준을 조성하지 않으면 아니 됩니다. 그러므로 부활을 위하여 재림하는 영혼들은 자기들이 지상에 생존하였을 때에 신봉하였던 것과 같은 종교를 믿고 있는 지상인 중에서 그 대상이 될 수 있는 신도를 택하여 그에게 재림하여 협조를 하지요. 그리하여 구원 섭리의 목적을 이루어 나갈 수 있도록 그들을 협조함으로써 마침내 그들과 동일한 혜택을 받게 되는 것입니다."

"그러니까 지상에서 불교를 믿다가 간 영혼들은 지상의 불교인에게 재림하고, 지상에서 유교를 믿다가 간 영혼들은 지상의 유교인에게 재림하여 상호 협조한다는 뜻이군요. 영감님, 그럼 지상에서 종교생활을 하지는 않았으나 양심적으로 살다 간 선한 영혼들은 어떻게 재림 부활의 구원을 받을 수가 있나요?"

역산 선생은 무엇이든지 막히지 않았다.

"원죄를 벗지 못한 타락인간 중에는 절대적인 선한 사람은 있을 수 없지요. 그렇기 때문에 여기에서 선영(善靈)이라고 하는 것은 악성(惡性)보다 선성(善性)을 조금이라도 더 많이 가지고 있는 영혼을 말하는 것인데, 즉 영계의 승마궁에 머물러 있는 영혼들을 말하는 것이지요. 이러한 선영혼들은 지상의 선인에게 재림하여서 그들로 하여금 하늘의 구원 섭리의 목적을 이룰 수 있도록 협조함으로써 마침내 지상인이 다음에 육신을 벗고 영계에 들어갈 때에

같은 영계에 들어가는 동일한 혜택을 받게 됩니다."

"예, 그렇군요. 영감님, 그럼 지상에서 악하게 살다가 죽은 악령들은 어떻게 구원받을 길이 없을까요?"

"악한 영혼이란 영계의 연옥이나 지옥에 머물고 있는 영혼들을 말하는데, 악한 영혼들도 구원을 받으려면 지상에 재림을 해야 합니다. 그러나 악령의 활동 자체만으로써는 재림 부활의 혜택을 받을 수 있는 조건이 되어지지 않습니다. 악령들은 그들의 활동이 지상인의 죄를 탕감하는 데 사용될 때에만 그 혜택을 받게 되는 것입니다. 즉 지상인이 죄를 지으면 그 조상 중의 악령이 벌을 내려 재앙을 당할 때 지상인이 깨닫고 선도(善道)로 돌아설 때에만 벌을 내린 그 악령도 공덕이 되어 구원받을 수 있다는 뜻이지요. 그런데 지상인이 벌을 받고도 회개를 하지 않으며 선도로 돌아서지 않으면 벌을 내린 그 악령도 구원을 못 받게 되지요. 그리고 영계의 악령과 지상인은 구세주에 의하여 이루어지는 부활의 때에만 이와 같은 구원의 혜택을 받게 되는 것입니다."

역산은 식사에는 관심이 없고 자꾸만 이야기를 계속한다.

"지상인이 가정권 혜택에서 종족권 혜택으로 들어가기 위해서는 구원 섭리의 시대적인 혜택을 따라서 자기 자신의 죄와 부모와 조상의 죄를 씻는 탕감조건을 세우지 않으면 안됩니다. 이때에 하늘은 악령의 활동을 통하여 그들의 죄를 씻기 위한 탕감조건, 즉 벌을 주게 되며 그 벌을 받는 지상인은 감사히 받아들여야 그 죄가 소멸되어지는 것입니다."

"아니 식사도 좀 하시면서 말씀하세요. 다 식잖아요."

역산은 먹는 데는 아랑곳하지 않았다.

"이렇게 지상인이 가정권에서 악령의 활동을 통하여 주는 벌을 받고 감사하며 잘 극복해 넘어가게 되면 종족적인 구원의 혜택권으로 올라갈 수가 있으며, 이에 벌을 내린 그 악령도 지옥에서 연옥으로 옮겨지기도 하는 것입니다. 또한 연옥에 머물러 있던 악령은 승마궁으로 나아가게 되니 지상인의 책임이 정말 크다고 할 수 있지요."

"저는 조금씩 먹으면서 들을래요."

"이와 같이 영혼들의 구원도 한꺼번에 이루어지는 것이 아닙니다. 지옥에 떨어져 있는 영혼이 구원을 받으려면 지상인의 공덕과 정성으로 연옥까지 구원이 되며, 또 연옥에서 많은 세월을 기다렸다가 다시 지상인의 공덕과 정성으로 승마궁으로 올라가며, 다시 낙원을 거쳐 마지막엔 천국까지 올라가게 되는데, 그것이 쉽지 않다는 것입니다. 구원 섭리를 이루어 나가기 위해서는 지상인은 구원 섭리의 시대적인 혜택을 따라서 개인, 가정, 종족, 민족, 국가, 세계권으로 나아가지 않으면 안됩니다. 각 단계에서 악령인들은 지상인이 죄를 씻는 조건을 세우는 데 협조하여 탕감 조건을 세우게 합니다."

역산이 여기까지 설명하자 그녀도 먹는 것을 중단했다.

"그렇군요. 그런데 말입니다 영감님, 악령들이 지상인을 협조하는 데 벌을 내려 탕감 조건을 세우게 한다고 하셨는데, 구체적으로 어떤 일들이 지상인에게 일어납니까?"

역산은 말했다.

"악령의 역사(役事)를 통하여 지상인이 탕감 조건을 세우는 데는 두 가지 길이 있지요. 첫째는 악령이 탕감 조건을 세우려는 지상인에게 직접 고통을 주어 지상인이 그 고통을 감사하게 받아들임으로써 죄를 소멸하는 방법이 있고, 둘째는 악령이 지상에서 범죄를 저지르려고 하는 지상인에게 역사하여 간접적으로 죄를 씻기 위한 탕감 조건을 세우는 방법이 있습니다. 위의 두 가지 경우 모두 지상인은 악령의 역사를 극복함으로써 자신과 조상의 죄를 씻게 되고, 구원 섭리의 보다 높은 급의 혜택권으로 진입하게 되는 것입니다. 이때에 악령의 역사는 하늘을 대신하여 지상인의 죄를 심판하는 역사가 되며, 이로 말미암아서 악령 자신도 구원 섭리의 시대적인 혜택을 따라서 높은 영계로 승천하게 되는 것이지요."

역산이 여기까지 설명을 하는데, 주인이 순대국 다 식는다고 성화였다. 그때서야 두 사람은 식사를 했다.

주인이 여쭈었다.

“영감님, 요즘도 손님이 많습니까?”
하며 웃으며 묻자 역산 선생이 말했다.
“덕분에 굶지는 않고 먹고 삽니다. 나도 이제 죽을 날이 멀지
않았는데, 아직도 나한테 사주를 보지 못한 사람은 빨리빨리 보러
와야 할거요. 내가 죽고 난 뒤에는 아무리 만나고자 해도 못 만날
테니까 허허.”

악령들의 장난

　점심식사가 끝나고 두 사람은 다시 계단 밑으로 돌아왔다. 역산은 자리에 앉았고 그녀도 마주 앉으며 신세타령을 했다.
　"세상에는 많고많은 것이 남자인데, 이 김춘자를 데리고 살 남자가 한 사람도 없다니……. 참으로 세상 남자들이 원망스러워요."
　여인이 탄식하자 역산 선생은 고개를 끄덕끄덕하며 말했다.
　"아직 40세도 안 된 여자가 혼자 산다는 것이 안됐군요. 사람은 서로가 의지하며 살아야 하는 것이 천지 이치이지요."
　그러자 그녀는 한숨을 내쉬며 말을 잇는다.
　"영감님, 제가 아직도 엉덩이는 탱탱하거든요. 이처럼 탱탱한 엉덩이를 만져 줄 사내가 없다는 것이 한스럽다구요."
　역산은 쓴 입맛을 다시며 말했다.
　"엉덩이가 별로 탱탱하지도 않겠는데 뭘 그러시나……."
　역산이 이렇게 말하자 그녀는 완강히 거절했다.
　"영감님, 무슨 그런 섭섭한 말씀을 하세요. 요즘도 목욕탕에 가서 알몸으로 거울을 비춰 보면 처녀나 다름없이 엉덩이가 터질 듯이 탱탱하다니까요."
　그녀는 자신의 몸이 아직도 한창이라고 자랑 겸 탄식을 했다.
　역산은 막걸리를 한 잔 들이켰다.
　"영감님, 사실 엉덩이 탱탱한 이야기는 백날 지껄여 봐야 이득이 없는 음욕만 솟아날 뿐이고, 구원에 대한 말씀이나 더 듣고 싶습니다. 영감님, 불교에서는 윤회설(輪廻說)을 주장하고 있는데, 이번에는 윤회설과 재림 부활에 대한 설명을 좀 해주세요.”

역산 선생은 자리를 고쳐 앉으며 말했다.

“천지 이치를 보면 인간의 영혼은 어머니 모태에서 육신과 더불어 태어나게 되는 것입니다. 그것은 육신이 태어날 때에 하늘이 그에 상응하는 새로운 영혼을 탄생시켜 주시기 때문입니다. 그러니까 낡은 영혼이 어머니의 태중에 들어가서 새로운 육신을 쓸 수는 없는 거예요.”

“영감님, 그럼 왜 윤회설이 나오게 되었는지요. 많은 사람들이 윤회설을 믿고 있잖아요.”

“윤회설이 나온 것은 영혼의 재림 현상 때문에 나온 것이지요. 앞에서 설명한 바와 같이, 영혼이 성장하여 영계의 보다 높은 영계로 승천하기 위해서는 지상인에게 재림하여 그들을 협조함으로써 지상인의 육신의 도움을 받지 않으면 안된다고 했습니다. 그래서 영혼은 자신이 협조하는 지상인의 육신으로부터 공덕과 정성의 기운을 받아서 자신의 영혼을 성장시키는 것입니다. 그러기에 지상인이 영적인 도력(道力)이 약할 때에는 그에게 와서 협조하는 영혼의 주관을 받게 됩니다. 그리하여 그 육신은 영계에서 재림한 영혼이 이끄는 데로 움직이게 되고, 그 육신은 재림 영혼의 것인 것처럼 행동하게 됩니다. 지상인이 재림한 영혼의 주관을 받게 되면 왕왕 자신을 주관하고 있는 재림 영혼의 이름을 부르게 됩니다. 또 그는 재림 영혼이 지상에서 살고 있을 때의 모든 경험을 지상인에게 이야기하기도 합니다. 그러므로 그 사람을 보는 다른 영통인들은 영계에 가 있는 영혼이 윤회하여 살아난 것으로 잘못 알고 윤회설을 주장하며 믿게 된 것입니다.

“예, 그렇군요.”

“영혼들이 지상인에게 재림하여 협조하는 데에는 다른 방법도 있습니다. 구원 섭리 역사에서는 어떤 사명을 부여받은 개인은 특별한 사명을 완수할 책임이 있습니다. 그런데 그 사람이 자기의 사명을 다하지 못하고 육신을 벗어 버리게 되면 그 사명은 그와 비슷한 사람에게 인계가 되지요. 이와 같이 되풀이함으로써 그 사명이 세계적인 범위로 넓어져 가면서 성취되어 나갑니다. 사명의 분야가 개인급에서부터 가정, 종족, 민족, 국가, 세계 그리고 천주급으로 확대되어 나가는 것이지요. 이와 마찬가지로 개인의 사명도 개인, 가정, 종족, 민족, 국가, 세계, 천주의 범위로 확대되어 나갑니다.”

“……”

“다시금 말하거니와, 지상에서 육신으로 살고 있는 동안에 자신의 사명을 완수하지 못한 영혼들은 자기들의 사명을 계승하여 일하는 지상인에게 재림하여 그를 협조하게 됩니다. 이때에 재림 영혼의 협조를 받은 지상인들은 자기 자신의 사명을 완수하기 위해서 일할 뿐만 아니라, 이미 영계로 들어간 자신의 선임 사명자들의 사명을 완수하기 위해서 일하는 것도 됩니다. 그러므로 사명의 입장에서 보면 지상인의 육신은 그에게 와서 재림한 영혼의 육신도 되는 것이지요. 이러한 의미에서 지상인은 그 영혼들의 재림자가 되며 영혼들이 윤회 환생한 것과 같이 보이게 되는 것입니다. 그래서 지상인은 그에게 와서 협조하는 재림 영혼들의 이름으로 불리게 되는 경우가 있지요. 지상에서는 자신이 공자의 환생자라고 하는 사람도 있고, 또는 부처요, 사도 바울이요, 모세요, 엘리야요, 미륵불이요, 정도령이라고 자칭하는 사람들이 많이 나오게 됩니다. 윤회설은 영혼의 재림 부활에 관한 사실을 잘 모르는 결과에서 나온 이론이시요. 지상인은 겉으로 나타나는 현상민으로 영적인 현상을 보아 왔기 때문에 이러한 판단을 하게 되는 것입니다.”

“아이고, 윤회가 바로 그것이군요.”

그녀의 관심 또한 대단한 것이었다. 계속 고개를 끄덕이고 있었다.

“아기가 지상에서 태어나게 되면 그의 육신은 영혼과 함께 태어납니다. 만약에 지상에 살다가 육신을 벗어버린 영혼이 다시 어머니 태중에 들어가 아기의 육신을 쓰고 다시 태어난다면 영계에서 영혼의 증가는 있을 수가 없다고 봐야 합니다. 그러나 사실상 영혼의 숫자는 계속해서 불어나기만 하는 것을 봐서도 윤회설은 잘못된 이론이지요."

"정말 영감님의 말씀은 신기하기만 하군요. 영감님, 요즘 보면 악령들의 역사로 일어나는 영적인 현상들이 많이 일어나는 것 같아요?"

역산은 다시금 콧등에 흐르는 개기름을 번뜩이며 말했다.

"지상에 살고 있는 인간이 영적으로 약하거나 또는 자기 조상의 악령이 침범할 수 있는 죄업이 있을 때에는 악령들의 공격을 받게 되기도 합니다. 그러니 때로는 미치거나 영적인 병에 들거나 또는 사고를 당하기도 하며 경우에 따라서는 무서운 범죄를 저지르게도 되지요. 많은 경우에 지상인이 악한 마음을 먹거나 악한 죄를 지으려고 할 때 그에 상응하는 악령이 그에게 접신하여 범죄를 저지르도록 이끌어 가지요."

"영감님, 그럼 정신 이상자들도 악령의 장난이라고 할 수가 있겠군요?"

역산은 고개를 끄덕였다.

"그렇습니다. 인간은 영혼과 육신의 이중구조로 지음을 받았는데, 인간의 육신이 자신의 영혼에 의하여 주관을 받을 때에는 정상적인 정신생활을 하게 됩니다. 그러나 인간이 어떤 충격으로 다른 악령의 주관을 받게 되면 그는 정신 이상자가 되지요. 그의 육신이 악령의 주관을 받아서 악령이 이끄는 대로 움직이게 됩니다. 그래서 하나의 악령의 주관을 받다가 갑자기 다른 악령의 주관을 받게 되면 그는 일인이역이나 일인삼역을 하게 됩니다. 그의 말하는 것이나 행동하는 것이 극단에서 극단으로 갑자기 변하게 되는데, 혼자서 히죽히죽 웃기도 하다가 혼자서 울기도 하며, 혼자서 이야기를 주고받기도 하는 증세가 일어나지요. 인간이 악령의 지배를 받게 되면 그의 육적인 오관이 악령의 말을 듣고 그와 이야기하며, 악령이 이끄는 대로 행동하는 이유지요."

아무튼 그녀의 호기심은 대단한 것이었다.

"그래서 정신 이상자들은 혼자서 이야기도 하며, 이유없이 웃기도 하고, 이상한 행동을 하는 것이군요. 영감님, 그런데 미친 사람을 보면 대부분 겨울에는 여름에 입는 삼베옷을 입고 다니고, 또 반대로 여름에는 겨울에 입는 솜옷에다 오바까지 입고 다니는데, 왜 그런 고통을 자청하나요?"

역산도 우스운지 껄껄 웃더니 말했다.

"그것은 악령이 지상인의 육신을 이용하여 자신의 죄를 씻는 데 사용하기 때문이지요. 그러기 때문에 정신 이상자는 악령의 이기적인 욕망을 이루기 위한 희생물이 되는 것입니다."

그때 그녀는 한숨을 쉬었다.

"영감님, 그럼 정신 이상자를 치료하는 방법은 없나요?"

역산은 막걸리병을 들어 서너 모금 마시고 나서 말했다.

"몇 가지 방법이 있긴 한데, 모두 어려운 방법뿐입니다. 방퇴귀법(防退鬼法)이라는 것이 있는데, 그것은 미친 사람을 묶어 놓고서 몽둥이로 두들겨 패서 악령을 내쫓는 방법이에요. 그 방법이 효험은 많이 보나 잘못하면 사람을 죽이기 쉬워서 참으로 권하기 어려운 치료법입니다. 옛날에는 그 방법을 제일 많이 사용해 왔는데, 참으로 무식하고도 위험한 치료 방법이었지요."

"그러면 다른 방법을 써야겠네요."

"그리고 금식축귀법(禁食逐鬼法)이라는 치료 방법이 있는데 그 방법은 미친 사람을 방안에 묶어서 가두어 놓고 귀신이 떠나갈 때까지 굶기는 방법이지요. 그 방법도 사용하다가 사람을 많이 죽이는 일이 생겼지요. 그 밖에 여러 가지 치료방법이 있지만 하나같이 어렵고 무식하고 위험한 방법들뿐입니다. 그 중에서 가장 안전한 방법은 영적으로 도력이 높고 영력이 강한 법사(法師)가 기도나 도력의 힘으로 귀신을 내쫓는 방법입니다. 물론 법사가 귀신을 쫓아낼 때에는 미친 사람을 위해서 어떠한 탕감 조건을 세우지 않으면 안됩니다. 악령이 미친 사람의 속에서 떠나게 되면 그 사람은 치유가 되어 정상적인 상태가 돼요. 그러나 미친 사람이 하늘을 믿지 않거나 바르게 살지 않으면 떠나간 귀신이 다시 그 사람

에게 들어가 미치게 만들지요. 그러므로 완전한 치유를 위해서는
도력이 강한 법사의 인도에 따라 신앙생활을 하여 하늘을 마음속
에 잘 모시고 살겠다는 강력한 믿음이 필요합니다.”
　그녀는 참으로 역산의 강론을 열심히 들었다.
　“영감님의 말씀을 듣고 보니 정말 하늘을 잘 믿고 살아야겠다는
생각이 듭니다. 영감님, 그럼 요즘 정신병원에서는 어떤 방법으로
치료를 하고 있나요?”
　역산은 그것까지 대답했다.
　“정신병원에서는 의약품의 투여와 물리적인 방법과 또 환경을
통제하는 방법 등을 사용하고 있는 모양이더군요. 그러한 치료 방
법은 외적인 치료 방법으로써 지상인에게 오는 악령의 길과 활동
을 막아 보려는 것일 거예요. 그리하여 정신 이상자의 자유를 제
한시키기 위해서 쇠사슬로 묶어서 가두어 두기도 하고 또는 전기
로 쇼크를 주어 악령이 떠나가게 한다거나, 독한 약을 먹여서 환
자가 고통을 당하므로 악령이 떠나가게 하는 방법 등입니다. 어쨌
든 하나같이 잔인한 것을 볼 때 정신 이상자의 치료가 얼마나 어
려운가를 가히 짐작할 수가 있지요.”
　“모든 치료 방법은 귀신이 지상인의 육신 속에 남아 있지 못하
게 하려는 방법인데, 그러나 악령에게는 지상에서 그가 협조할 수
있는 상대를 찾는다는 것이 하늘의 별따기만큼이나 어렵답니다.
때문에 지상인에게 한번 접신하면 아무리 어려운 고통을 준다 해
도 좀처럼 그 육신을 떠나려고 하지를 않아 치료가 어려운 거예
요. 그러므로 악령의 침범을 받지 말아야 하는데, 그 방법은 충격
을 당하지 않아야 합니다. 정신이상 증세는 어떤 충격을 받았을
때 본의 아니게 자신의 영혼이 놀라서 육신의 집을 빠져 나가는
일이 생기는데, 그때 빈집인 것을 알고는 악령이 기회를 엿보고
있다가 침범하여 일어나는 증세입니다.”
　“아―아, 그렇군요.”
　“그러므로 무엇보다도 충격을 받지 않아야 하며, 또 본의 아니
게 충격을 받았다 해도 빨리 정신을 수습하여 그 충격에서 벗어나

야 합니다. 사람은 연약한 갈대와 같아 천지부모이신 하늘을 모시고 살면 충격받을 일을 당하지 않을 뿐 아니라, 또 충격을 받았다 해도 하늘이 늘 지켜 주시므로 편안하게 살 수가 있지요. 평소에 악령들의 침범을 당하지 않으려면 항상 하늘을 마음속에 모시고 천문(天文)을 항상 암송하며 생활하면 방지할 수가 있어요."

그녀는 이해가 되는 듯 고개를 끄덕이고는 다시 질문했다.

"영감님, 그럼 사람들이 병이 들면 기도를 해서 치료하는 것이 성경에 기록되어 있는데, 질병을 어떻게 보시나요?"

역산은 지체없이 말했다.

"지상인이 질병에 걸리는 데는 두 가지 이유가 있지요. 하나는 자신이 조절할 수 있는 것을 잘못 조절했을 때 질병에 걸리게 됩니다. 예를 들면, 너무나 먹지 못하여 영양부족으로 병에 걸릴 수가 있고, 또 너무나 심한 중노동을 하여 피로가 쌓여 질병에 걸리는 수가 있으며, 음식을 너무 많이 먹거나 술을 너무 많이 마셔 병에 걸릴 수도 있습니다. 또한 공해가 심한 탄광이나 기타 나쁜 환경에서 병을 얻을 수가 있으며, 또 지나치게 성생활을 많이 해도 병에 걸리기 쉬운데, 이러한 질병은 의약치료나 생활조건을 개선하거나 적당한 휴식을 취함으로써 고칠 수가 있습니다. 그러나 영적인 병은 대개 악령의 역사로 일어나는 질병이 많은데 이러한 영적인 병은 의약으로는 치료가 되질 않고, 또 일시 의약으로 치료기 되었다 해도 다시 재발하게 됩니다. 원인이 분명치 않는 질병이나 고질병이나 불치병이나 난치병이나 또는 특수한 질병은 대개 악령의 장난으로 발생한 영적인 병이에요."

역산이 영적인 병에 대하여 설명하자 그녀는 치료법에 대해 질문했다.

"영감님, 그럼 그러한 영적인 병은 어떻게 해야 치료가 될 수 있을까요?"

역산은 이미 모든 것에 달통해 있었다.

"이러한 영적인 병을 고치기 위해서는 영적인 치유 능력을 가진 법사가 필요하지요. 그래서 법사가 기도를 하여 도력의 힘으로 환자에게서 악령을 쫓아내는 방법으로 치료가 될 수 있습니다. 성경을 보면 야고보서 5장 14절 이하에 '너희 중에 병든 자가 있느냐. 저는 교회의 장로들을 청할 것이요. 그들은 주의 이름으로 기름을 바르며 위하여 기도할지니라. 믿음의 기도는 병든 자를 구원하리니 주께서 저를 일으키시리라. 혹시 죄를 범하였을지라도 사하심을 얻으리라'고 한 기록이 있습니다. 그러나 질병이 악령의 장난으로 말미암은 것이 아닐 때에도 도력이 강한 법사로부터 기도를 받으면 육신에게 강한 생명력을 불러일으키게 되어 질병의 치료가 빨리 낫게 됩니다. 그리고 병을 고치는 데는 제일 중요한 것이 자신의 마음 자세라고 할 수가 있어요. 아무리 명의사나 도력이 높은 법사가 기도를 해준다 해도 본인이 이것을 믿지 않으면 효과가 잘 나타나지 않습니다. 우선 마음으로 믿어야 합니다. 믿음을 세우는 사람은 빨리 회복이 되나 믿음을 세우지 않는 사람은 회복이 더딥니다. 사실상 알고 보면 병을 불러들이는 것도 자기의 마음이요, 또 병을 치료하는 것도 자기의 마음이라고 할 수가 있습니다."

"마음의 자세가 아주 중요하군요. 전에는 미처 몰랐어요."

"이처럼 마음가짐의 중요성은 아무리 강조해도 지나치지가 않습니다. 알고 보면, 마음의 자세를 바르게 가지는 것이 만 가지 병을 치료하는데 근본이 되며 지름길이 된다고 할 수 있어요."

"영감님, 그럼 마음의 자세가 바르지 않는 사람은 치료가 쉽게 되질 않겠군요?"

역산은 고개를 끄덕였다.

"암, 그렇고말고요. 마음의 자세가 바르지 않고서는 아무리 좋은 약을 쓴다 해도 소용이 없습니다. 마음의 자세를 바르게 가지고 마음의 중심에 하늘을 잘 모시고 살면 냉수 한 그릇으로도 모든 병을 다 고칠 수가 있지요. 우리의 눈에는 보이지 않지만 천지에는 기운(氣運)이란 것이 항상 흐르고 있습니다. 그런데 묘하게도 내 마음이 가는 대로 그 기운도 따라서 흐르고 또 기운이 흐르는 대로 육신도 따라 움직이지요. 그래서 쉽게 나을 수 있는 병도 안 나을 것이라고 생각을 하면 정말 잘 안 낫습니다. 그러나 좀처럼 낫지 않는 고질병이라도 자신의 마음속으로 쉽게 나을 것이라고 믿음을 세우면 그때부터 서서히 병은 나아지게 돼요.”

그녀는 벌린 입을 다물 줄 몰랐다.

“마음의 자세가 그토록 중요하군요. 전에는 미처 몰랐어요.”

“이러한 마음의 자세가 꼭 질병의 치료에만 한정된 것이 아닙니다. 우리네 인생살이 전반에도 마음 작용이 모든 일을 크게 좌우하지요. 그래서 나는 늘 주장하기로 ‘생각이 운명을 만들어 간다’고 말하고 있습니다.”

“영감님께서는 역술가시기 때문에 ‘사주운명이 인생을 좌우한다’고 해야 옳은 말인 듯싶은데, 의외로 ‘생각이 운명을 만들어 간다’고 하시니 이해하기가 어렵군요.”

“사람의 생각이 그토록 중요하다는 뜻이지요.”

역산은 막걸리 병을 들었다.

“영감님, 제 사주는 어떻게 보십니까. 제 사주를 좀 설명해 주세요.”

“제일 궁금한 것이 뭐요?”

그녀는 주위를 한번 살펴보고는 얼굴을 붉히며 말했다.

“영감님, 저는 언제쯤이나 엉덩이가 좀 즐거울까요? 이 나이에 독수공방이라니…….”

“글쎄요, 지금이 을(乙)대운이라 아직도 3년이 지나야겠는데요.”

그녀는 깜짝 놀랐다.

“앞으로 또 3년을 더 굶고 살아야 하나요? 아이고 내 팔자야! 아까운 청춘 다 흘려보내야 하다니…….”

그녀는 탄식을 했다.

“그러니, 한번 실패하면 그만큼 회복하기가 어려운 것이 가정 아니겠소.”

“왜 저에게는 남자가 좀 달라붙지 않습니까? 때로는 하도 답답해서 알몸으로 큰 대로 가운데 그냥 서 있고 싶어요.”

역산은 혀를 차면서 말했다.

“오죽이나 남자가 그리웠으면 그런 말을 하겠소. 서북 방향으로 잘 찾아봐요. 어느 구석엔가 당신을 지켜 줄 사내가 있을 거요.”

그녀는 복채를 내고는 자리에서 일어서며 중얼거렸다.

“내 복에 무슨, 하늘도 무심하시지…….”

그녀는 7년이나 굶은 엉덩이를 살래살래 흔들며 걸어갔다.

역산 선생도 남은 막걸리를 마저 마시고는 영업을 끝냈다. 책은 낡아빠진 가방에 주워 담고, 돗자리는 둘둘 말아서 계단 구석에 처박아 넣고서 집으로 향했다. 해는 서산에 걸려 역산 선생의 그림자가 더욱 길게 보였다.

제5장
정도(正道)의 진리

　사람이 세상을 살아가고 있지만 무엇이 정도의 진리인 줄 모르고 있다.

　정도의 주체이신 창조주 하늘을 모르고 살기 때문에 정도를 알 수가 없는 것이다. 하늘을 빼버린 상태에서는 인간의 지혜로서는 아무리 좋은 생각이나 좋은 제도를 만들어 놓았다 해도 그것은 늘 불안하며 엉성할 수밖에 없다. 절대자를 놓고 기독교에서는 하나님이라고 부르고 있고, 불교에서는 청정법신불(淸淨法身佛)이라고 부르고 있으며, 유교에서는 하늘이라고 부르고 있고, 선가에서는 자연으로 보았으며, 주역에서는 태극(太極)이라고 보았다. 각 종교마다 부르는 명칭이 조금씩 다를 뿐이지 결국은 한 분의 창조주시며 만인류의 부모 되시는 하늘이시다.

　이 하늘은 우리 인간들의 영혼을 낳아 주신 분이시다. 그래서 천지부모님이라 부르며, 우리 인간과는 가장 깊은 관계가 있는 분이시다. 그러므로 그분을 모르고 산다는 것은 큰 불충이며 불효인 것이다. 먼저 하늘을 바로 알아야 나의 존재 목적과 가치를 알 수 있으며, 정도가 무엇인지도 알 수가 있는 것이다.

늦게 얻은 아들

어느 날 60세쯤 되어 보이는 사람이 역산 선생을 찾아왔다. 그는 머리가 대머리였고 이마에 주름살이 진 것을 보아도 그의 나이가 60세쯤은 되었다고 짐작할 수가 있었다.
"영감님, 제 신수를 한번 봐 주세요."
그는 자신의 생년월일과 출생 시간을 말했다.

년 월 일 시 김우식
壬 甲 壬 庚   乙丙丁戊己庚辛
戌 辰 戌 子   巳午未申酉戌亥

이렇게 뽑아 놓자 그는 먼저 물었다.
"영감님, 제가 몇 살까지 살겠습니까?"
그는 자신의 수명을 질문했다.
역산은 사주와 대운을 살펴보더니 톤을 낮추었다.
"앞으로 한 20년은 충분히 더 살겠군요."
이때 김우식은 자기 나이와 계산해 보더니 고개를 갸웃거렸다.
"영감님, 제가 금년에 나이가 60세인데, 20년을 더 살 수 있다면 80세를 산다는 것인데, 저는 형편상 90세는 살아야 되거든요. 90세까지는 살 수가 없을까요?"
"무엇 때문에 꼭 90세까지 살아야 한단 말이오? 인명은 재천인데, 어찌 인력으로 수명을 연장할 수 있겠소."

그는 그때서야 사실을 털어놓았다.

"영감님, 저는 슬하에 딸만 다섯을 두었는데 모두 시집을 다 보냈지요. 그리고 본처는 4년 전에 병으로 죽고 저 혼자 살고 있으니 시집간 딸들이 힘을 모아 재혼을 시켜 주더군요."

역산도 그때서야 이해가 가는 듯 말했다.

"딸들이 효녀로군요."

그는 한숨을 돌린 후 입을 열었다.

"재혼한 여자는 저와 나이가 30년이나 아래인데, 그녀도 결혼에 두 번이나 실패하고 혼자 지내다가 우리 큰딸 집에 식모로 있다가 딸이 소개를 시켜 주어 재혼을 했지요."

"나이가 너무 많이 차이나는군요."

그는 조금은 미안한 인상을 하며 말했다.

"처음에는 반대했지만 딸들이 하도 권해서 살게 됐지요."

"늙은이가 젊은 여자 엉덩이 만지는 재미도 싫진 않을 텐데요, 허허."

그는 빙그레 웃었다.

"영감님, 그런데 금년 봄에 그녀가 제 아들을 낳았지 뭡니까. 정말 그리워하고 고대하던 아들이었지요. 저는 팔자에 아들이 없는 줄 알고 딸만 키우며 살아왔는데, 이제 와서 아들을 얻고 보니 너무 기분이 좋습니다."

"잘했군요. 60에 아들을 보았다니 얼마나 반갑겠소. 허허……."

"그러기에 영감님, 이제 그 아들이 장성하여 결혼을 시켜 손자까지 보려면 제가 아무래도 90세까지는 살아야 손자를 보지 않겠습니까. 그래서 여쭈어 보는 것입니다."

역산은 그 말을 듣고서 고개를 끄덕이며 말했다.

"그럼 건강관리를 잘 해보세요. 과음이나 과로는 절대 삼가고요."

"그래서 제가 그토록 좋아하는 술도 끊고 담배도 끊었습니다. 그리고 이제는 과욕도 부리지 않으며, 우리 아들만 키우는 데 정성을 들이고 있습니다."

"그럼 바라는 대로 될 거요. 아들을 잘 키우기나 하세요. 정도(正道)로 키우는 것이 잘 키우는 것이지요."

역산이 안심을 시키자 그는 물었다.

"영감님, 사람이 살아가는 데 있어서 무엇을 어떻게 사는 것이 정도입니까?"

역산은 막걸리병을 들어 서너 모금 마신 뒤 입을 열었다.

"우리 인간에게 있어서 가장 필요하고 또 무엇보다도 시급하며 중대한 일이 있다면 무엇이겠소?"

역산이 반문하자 김우식은 쉽게 대답을 못하다가 더듬거리는 소리로 말했다.

"우선 돈이 필요하겠고, 또 마누라가 있어야 밤이 외롭지 않겠고, 자식이 있어야 늙어서는 쓸쓸하지 않겠지요. 그 외도 높은 벼슬을 하면 더 좋겠고, 또 살림살이가 넉넉하다면 양귀비 같은 예쁜 첩을 하나 둔다면 금상첨화이겠지요……."

그가 이처럼 말하자 역산은 손을 내저으며 말했다.

"그게 아니지요. 내가 말해 주겠소. 그것은 하늘을 내 마음 가운데 모시고 사는 일입니다. 하늘을 알고 믿고 모시고 사는 것이 제일 중요한 일이지요. 그 다음에는 하늘을 중심으로 참된 마음과 참된 몸을 갖춘 참사람이 되어야 합니다. 그 다음에 가서 물질을 가져야 해요. 그러니까 제일 먼저는 하늘을 모시고, 다음에는 하늘을 중심으로 참사람이 되고, 그 다음에는 참된 남자와 참된 여자가 만나 하늘을 중심으로 참된 가정을 이루면 물질은 자연히 따라오게 되어 있습니다. 그것이 천리 원칙이지요."

역산이 타이르자 그는 자신의 입장과는 거리가 한참 먼 것을 알고는 미안한 모습을 했다.

"하늘이 그렇게도 중요합니까?"

역산은 힘주어 말했다.

"아무튼 하늘을 모시는 것이 제일 중요합니다. 만복의 근원이 하늘이신데, 복을 받으려면 복의 원천이신 하늘을 잘 모셔야 합니다. 그리고 또 우리 인간에게는 없어서는 안될 중요한 것이 하나 있지요.”

그러자 그는 또 궁금해 했다.

“또 뭐가 중요한 게 있나요?”

역산은 조심스럽게 말했다.

“그것은 하늘의 참사랑입니다. 세상에도 사랑은 많이 있습니다. 그러나 세상에서 함부로 몸을 즐기는 사랑은 순간의 사랑이며, 불륜한 사랑은 죄를 짓게 하는 사랑이지요. 그러나 하늘의 참사랑은 영원히 누릴 수 있는 사랑이며, 절대로 변하지 않는 절대적인 사랑이지요. 타락한 인간에게 구원의 줄이 참사랑입니다. 이런 참사랑이 오늘날 모든 인간들이 살아 나가는 데 있어서 꼭 필요한 것입니다. 오늘날 말세적 현상들을 보게 될 때, 하늘을 중심한 하늘과 참사람과 참가정이 필요하다는 것을 느끼게 될 것입니다.”

역산이 여기까지 설명하자 김우식은 고개를 끄덕거리며 말했다.

“영감님의 말씀은 옳은 말입니다. 부부간에도 서로가 믿을 수가 있어야 하는데, 오늘날 부부는 서로가 믿지 못하여 서로가 서로를 의심하고 있지 않습니까.”

그는 인상을 찌푸렸다. 그러자 역산은 김우식의 인상을 보고는 뭔가 느낌이 있는 듯 말했다.

“혹시 후처로 들어온 젊은 마누라가 당신 몰래 바람이라도 피우는 것 아니오?”

역산이 말하자 김우식은 놀라는 표정을 지었다. 그리고는 역산 선생이 마시다가 남겨 둔 막걸리병을 들어 몇 모금 마시고는 입을 열었다.

“영감님, 사실 제 마누라가 바람을 피우고 있어요. 매일 밖에 나가서 외간 사내놈과 진하게 한바탕씩 뒹굴고 들어옵니다…….”

역산은 놀라는 눈빛을 하며 말했다.

“그럼 바깥 출입을 못하게 집안에만 가두어 두지, 왜 외출을 허락합니까?”

그는 쓴 입맛을 다시며 대답했다.

“제가 늙어서 남편 구실을 제대로 못해 주는데, 어떻게 막을 수가 있겠습니까. 그녀는 이제 30세라 한창 엉덩이에 불이 달아오른 몸뚱인데요……."

그 말을 듣자 역산은 안됐다는 눈빛을 보냈다.

"그러니 재혼을 하더라도 서로가 비슷한 사람끼리 해야 그런 비극이 일어나지 않는 법이지요. 마누라가 매일 바람을 피우는 것을 뻔히 알면서도 막을 방법이 없겠군요."

그는 한숨을 내쉬었다.

"어쩝니까. 도리없지요. 내 나이 10년만 젊었어도 이런 수모는 당하지 않을 것을, 이제는 도저히 자신이 없어요. 그냥 젊은 마누라 발가벗겨 놓고 구경만 하는 것으로 만족해야지요."

"당신은 이제 아들 교육이나 잘 시켜 참사람을 만들어 보세요. 당신 마누라는 어차피 바람난 사람이니 포기하고 아들이나 잘 키워 후대를 이어 가세요."

그는 고개를 끄덕이며 말했다.

"영감님, 사람이 소망을 어디에다 두어야 합니까?"

역산은 그때서야 자신의 지론을 폈다.

"죄악이 가득한 세상에서 온 천주(天宙)의 탄식을 대신 책임지겠다고 당당하게 나설 수 있는 하나의 충신의 모습을 찾을 수 있겠습니까. 인류에게 소망이 있다면, 하늘의 뜻을 이루어 드릴 수 있는 하나의 충신이 되는 길이지요."

"영감님의 말씀은 너무나 차원이 높아서 이해하기 어렵지만, 만일 우리 아들이 그러한 하늘 앞에 충신이 되기 위해서는 어떻게 해야 합니까?"

역산은 말했다.

"쉬운 게 아니지요. 한 나라의 충신도 되기가 어려운데, 하물며 천지의 주인이신 하늘 앞에 충신이 된다는 것이 어찌 쉬운 일이겠소. 오늘날 그런 충신이 되려면 하늘을 생의 중심에 모시고 하늘 앞에서 참사랑을 의논할 수 있는 사람이 되어야 충신이라 할 수 있겠지요. 지금까지 우리 인간들이 섭리 역사 과정을 거쳐 오면서 하늘 앞에 여러 가지 기도를 올렸고 뜻을 받들어 나왔습니다. 그러나 하늘의 마음속 깊이 사무쳐 있는 원한의 심정을 해원하고 참 사랑을 의논할 수 있는 자리에는 아직까지 한 사람도 가보지 못했습니다. 그런데 세상 사람들이 요즘 무엇을 많이 자랑하고 있던가요?"

역산이 갑자기 반문하자 김우식은 선뜻 말했다.

"요즘 보면 많은 사람들이 지식을 많이 자랑하더군요. 누구는 박사학위를 두 개나 받았다고 자랑을 하고 있어요. 지식 자랑을 많이 합니다."

그러자 역산은 말했다.

"인간들이 가지고 있는 그까짓 지식은 아무것도 아닙니다. 인간이 갖고 있는 지식은 우주의 천리 원칙에 비교해 보면 지극히 미미한 것에 불과하지요. 오늘날 20세기의 과학문명이 아무리 발달했다 할지라도 우주의 절대원칙을 성립시킬 수 없는 상황에 머물러 있습니다. 그러므로 우리에게 자랑거리가 있다 하더라도 하늘의 창조 능력에 비추어 본다면 부끄러울 정도입니다."

김우식은 고개를 끄덕이며 시인했다.

"정말 그렇군요. 대우주를 지으신 하늘의 능력이 얼마나 크겠습니까."

역산은 다시 말했다.

"우리 인간은 우선 눈앞에 보이는 현실만 가지고 시비를 논합니다. 그러나 하늘은 과거와 현재와 미래를 한눈에 다 바라보시고 우주를 이끌어 나가시지요. 그러니 하늘은 역사적인 경영을 바라보시고, 시대적인 운명을 바라보시고 또 미래적인 운명을 염려하시면서 우리 인간을 찾아오셨는데, 이런 하늘 앞에 우리 인간들은 무엇으로 그분을 맞이해야 할까요? 그것은 하늘을 모시고 받드는 충효의 도리를 다하는 심정으로 맞이해야 합니다. 사람은 누구와 인연을 맺으며 살게 되어 있는데, 하늘과 내가 부자(父子)의 인연을 맺고 사는 것이 가장 복된 인연이지요. 그러니 당신과 당신의 아들도 이런 하늘과 부자의 인연을 맺도록 하세요."

"영감님, 비천한 우리 인간이 어떻게 하늘과 부자의 인연을 감히 맺을 수 있겠습니까?”

김우식이 머리를 살래살래 흔들자 역산 선생은 강한 어조로 말했다.

“인간은 본래가 천지자녀의 자격으로 지음받은 것입니다. 남자는 하늘의 아들이고 여자는 하늘의 딸이었지요. 그런데 타락하여 산적도 되고 강도도 되며 사기꾼도 되고 도둑놈도 되고 창녀도 되어 인간 쓰레기 같은 처지가 되고 말았지요. 이러한 쓰레기 같은 인간을 구원하시기 위한 것이 하늘의 한많은 구원 섭리 역사입니다.”

김우식은 그때서야 천도에 관심을 보였다.

“영감님, 그럼 인간은 왜 타락했으며, 타락으로 무엇을 잃어버렸나요?”

역산은 말했다.

“인간이 타락한 이유는 하늘을 불신하고 반대로 마귀의 말을 믿었기 때문이지요. 즉 인간은 자기를 낳아 주신 하늘을 버리고 스스로 마귀의 노예가 되기를 자청한 것입니다. 그러므로 인간은 창조 본연의 인간성을 잃어버린 것이며, 선한 주권과 선한 환경을 잃어버린 것이지요. 다시 말해서, 인간이 타락하여 제일 먼저 하늘을 잃어버렸고, 다음에는 참사람인 본래적 자기를 잃어버렸지요.”

김우식이 질문했다.

“영감님, 그럼 우리 인간이 다시 하늘의 품안으로 돌아가는 길은 없나요?”

역산은 차근차근 대답했다.

“인간이 죄악의 바다에 빠지게 되자 하늘은 창조주로서의 책임을 지시고 구원의 줄을 내려 주셨는데, 그 줄이 곧 종교입니다. 이처럼 종교는 모두 하늘이 세우신 구원의 줄이지요.”

“영감님, 그럼 구원을 받으려면 종교를 믿어야 하겠군요.”

“당연히 믿어야지요. 인간이 하늘을 믿지 않음으로 인간은 스스로 하늘을 버리는 입장이 되었고, 천국을 버렸고, 참사랑을 버렸고, 행복을 버린 입장이 되었지요. 하늘을 믿지 않는다는 것은 만

우주와 모든 희망을 버렸다는 결론이 나오는데, 이렇게 사랑과 생명과 행복의 근원을 버리고서 어떻게 행복과 소망을 바라볼 수가 있겠습니까.”

“영감님, 그럼 오늘날 인간은 어떻게 해야 행복할 수가 있나요.”

“가장 중요한 것은 하늘의 참사랑을 통하여 천국을 건설해야 행복할 수가 있지요. 우리가 예수님 이후 2천년 역사를 살펴보게 되면, 수많은 성도들이 하늘을 다시 찾기 위한 신앙의 부흥운동을 해왔음을 알 수 있습니다. 그래서 극심하게 박해하던 로마 국가로부터 기독교가 국교로 공인하기에 이르렀고, 더 나아가서는 로마에다 교황청을 세워 교황권을 중심한 정치를 하게 되었지요. 그런데 중세에 들어와 교황청이 부패하여 면죄부를 파는 등 하늘을 잃어버리는 일이 벌어지게 되었습니다. 그러자 하늘은 그들을 깨뜨리신 것입니다. 하늘을 믿는 사람이 오히려 천륜을 배반하게 되니 이방인을 세워 그들을 치게 하셨던 것입니다. 그런 가운데서도 하늘은 구원 섭리의 중심을 잃지 않기 위해서 한 사람을 세우셨으니, 곧 ‘루터’를 중심삼고 종교개혁을 벌였습니다. 이와 같이 하늘은 한편으로는 부패한 쪽을 무너뜨리고 또 다른 한편으로는 천도(天道)를 세우시는 섭리를 해 나오신 것이지요. 지금까지 인간들의 머리에서 나온 여러 가지 주의(主義)가 있었습니다. 계몽주의, 유물주의, 공산주의, 물질만능주의, 과학문명주의 등등의 이념이 회오리쳤지만 인간들은 만족할 수가 없었습니다.”

“영감님, 그럼 어떤 시대가 와야 인간이 모두 행복하게 살 수 있겠습니까?”

역산은 거침없이 말했다.

“하늘을 모시고 참사랑을 찾아 이루는 시대가 와야 진정으로 행복합니다. 서로 위해 주는 시대가 우리 앞에 찾아와야 합니다. 그렇기 때문에 우리는 새로이 다가올 참사랑의 시대에 하늘과 만민 앞에 떳떳이 나설 수 있기 위해서는 마음공부를 잘해야 합니다. 앞으로 새시대에서는 하늘을 잘 모시고 마음공부를 잘한 사람이 주인공이 되는 시대이지요."
　그러자 김우식은 늦게 얻은 아들의 사주를 보고 싶어했다.
　"영감님, 우리 아들 사주 좀 봐 주세요. 이제 6개월 지났지요."
　그는 손자뻘 되는 아들의 생년월일과 시를 말했다. 역산은 만세력을 뒤적거리며 말했다.
　"60세에 얻은 아들이라 귀한 보물덩어리군요."

년　월　일　시　김용천
戊　甲　丙　己　　　　　　　乙丙丁戊己庚辛
辰　子　寅　丑　　　　　　　丑寅卯辰巳午未

역산은 사주를 뽑아 놓고서 고개를 끄덕끄덕했다.
　"영감님, 우리 용천이 사주가 어떤가요?"
　역산은 말했다.
　"살인상생격(殺印相生格)이라 좋군요. 병화(丙火) 일주가 자월생(子月生)이라 신약인데, 갑인목(甲寅木) 인성이 왕성하여 사주를 아주 잘 타고났습니다. 가히 장관 자리는 능히 오를 수 있는 좋은 재목이니 잘 키우세요. 당신이 만일 100살을 산다면 아들이 장관 자리에 오르는 것도 볼거요."
　역산의 말에 김우식은 얼굴에 기쁨이 충만하여 벌린 입을 다물 줄 몰랐다.
　"영감님, 그게 사실입니까? 우리 용천이가 정말 장관 자리에 오를 수 있단 말이지요. 아이고, 감사합니다."
　그는 감사의 표시로 절을 했다. 역산은 다시 말했다.
　"큰 인물이니 잘 키우세요. 어릴 때부터 하늘을 마음속에 모시고 사는 교육과 정도의 진리를 따르는 교육을 잘 시키면 나라에 큰 충신이 될 거요. 당신이 아들을 위해서 공덕을 많이 쌓았나보군요?"
　그는 눈을 감고 잠시 지난 일을 회상했다.
　"영감님, 사실 제가 딸만 다섯을 키우면서 아들이 하도 그리워서 명산대천을 찾아가서 기도를 많이 했지요. 그랬더니 그 기도가 30여 년 만에 이루어진 셈입니다. 앞으로도 우리 아들을 생각해서라도 기도를 더 많이 드릴 생각입니다.”

“암 그래야지요. 정성을 들이면 다 효험을 보지요. 공든 탑은 무너지지 않는 법이니까요.”

그러자 김우식은 한편으로는 근심스런 눈빛을 보였다.

“영감님, 그런데 용천이 생모는 저렇게 정신은 못 차리고 외간 남자와 바람을 피우고 그러니 어떡하면 좋을까요?”

“그럼 그녀의 사주를 한번 볼께요. 생년월일과 시를 말해 보세요.”

그는 후처인 용천이 엄마의 생년월일과 시를 불러주었다.

년 월 일 시 이영미
戊 丁 庚 乙   丙乙甲癸壬辛庚
戌 巳 午 酉   辰卯寅丑子亥戌

이렇게 사주를 뽑아 놓고서 역산 선생은 그녀의 사주를 유심히 살펴보았다.

“이 사주도 결코 나쁜 사주가 아닙니다. 초년은 대운이 흉하게 들어 두 번이나 결혼에 실패하는 쓰라린 고통을 당했지만, 앞으로 2년만 지나면 대운이 돌아오므로 그때는 바람도 그만 피울 거고, 또 아들이 큰인물 된다는 것을 알면 정신을 차릴 거요. 지금이 한창 고비군요.”

역산이 그렇게 말하자 김우식은 감개무량하였다.

“제발 그렇게만 되어 준다면 걱정이 없겠습니다. 그 말이 사실이지요?”

“너무 걱정 마세요. 오늘 저녁에 당장 가서 용천이가 앞으로 큰 인물이 된다는 이야기부터 해주세요. 그럼 정신을 차릴 거요.”

그는 감사하다는 인사와 함께 복채를 내고는 돌아갔다.

수도생활

역산이 잠시 휴식을 취하려고 계단 벽에 기대어 눈을 붙이자 또한 사람이 역산 선생을 찾아왔다.

"영감님, 제가 왔습니다."

역산이 눈을 뜨고 보니 얼마 전에 다녀간 한대성 교수였다.

"아니 한 교수님께서 웬일입니까? 어서 오세요. 그래 지난번에 이야기를 나눈 경천교육에 대해서 생각을 좀 해보았소?"

그러자 한 교수는 매우 감사하다는 듯 말했다.

"영감님께서 들려주신 경천교육이 너무나 지당하신 말씀이라는 생각이 들었습니다. 그리고 지금 이 시대에 꼭 필요한 교육이라고 생각이 됩니다."

역산은 아주 만족해 하며 말했다.

"고맙소. 이 늙은이의 주장을 이해하여 주시니 말이오. 그런데 오늘은 또 무엇이 궁금해서 오셨나요?"

한 교수는 빙그레 웃으며 말했다.

"궁금한 거야 한도 끝도 없지만, 오늘은 수도생활하는 데 대하여 좋은 법문을 듣고자 왔습니다."

한 교수는 근처에 있는 벽돌을 주워다가 의자 대신 앉았다.

역산 선생의 막걸리병을 잡으니 빈병이었다.

"좋은 법문을 듣고자 한다면 학비가 필요한 게 아니겠소. 학비 대신 저기 구멍가게에 가서 막걸리나 두어 병 사 오시오. 난 술이 없으면 말이 잘 나오지 않으니까요. 허허."

그러자 한 교수는 얼른 구멍가게로 달려가 막걸리 세 병과 오징어 안주를 사들고 왔다. 역산은 우선 막걸리를 한 병 들어 몇 모금 마시고는 말했다.

"사람이 수도생활을 해야 하는 목적이 무엇인가 하면, 타락하여 죄악의 두루마기를 입었기 때문입니다. 사람이 이처럼 죄악의 두루마기를 입고 있으면 원망심과 시기심과 증오심과 교만심 등이 일어나게 되고, 그로 말미암아 재앙을 당하여 파란만장한 인생살이를 살게 됩니다. 그래서 수도생활을 통해서 죄악의 두루마기를 벗어버리고 진리의 두루마기를 갈아입고 나면 참사랑과 진실한 마음으로 행복하게 살게 되지요. 이처럼 수도를 하는 목적은 죄악의 생활을 청산하고 복락의 생활을 하기 위한 것입니다."

한 교수는 고개를 끄덕였다.

"영감님, 그럼 평소에는 어떤 마음의 자세를 가져야 합니까?"

역산은 말했다.

"수도생활은 언제나 따뜻한 마음으로 봄기운을 갖는 생활입니다. 봄의 계절은 얼마나 따뜻합니까. 그래서 수도생활을 하려면 먼저 자기의 마음속에 봄기운 같은 따뜻한 참사랑을 소유해야 하며, 그 참사랑으로 이웃을 사랑하는 생활입니다."

한 교수는 또 질문했다.

"영감님, 말씀은 충분히 이해를 하겠습니다. 그런데 영감님께서는 하늘을 모시고 살아야 한다고 늘 주장하시지 않았습니까?"

역산은 고개를 끄덕이며 말했다.

"사람이 이 세상에 살면서 제일 중요한 것이 있다면 그것은 각자의 마음속에 하늘을 모시고 사는 생활입니다. 자고 깨고 오고 가고 주고받는 모두가 하늘과 함께 참사랑의 평화스러운 마음으로 해야 합니다. 즉 잠을 잘 때에도 하늘을 마음 중심에 모시고 자며, 어디를 갈 때에도 하늘을 마음 중심에 모시고 가야 하며, 또 일을 할 때에도 하늘을 마음 중심에 잘 모시고서 일을 하게 되면 하늘이 지혜와 능력을 주시지요. 이런 맛을 느낄 줄 모른다면 수도생활이 고달퍼서 못할 거요."

한 교수는 다시금 감탄하기-시작했다.

"영감님, 그럼 수도생활에서 제일 안전한 수도 방법은 무엇인가요?"

"수도생활 그 자체가 하늘의 뜻을 이루어 드리기 위한 책임맡은 자의 사명은 아닙니다. 중생제도를 외면한 채 혼자서 도를 닦겠다고 하는 것은 아집이며 독단이지요. 진실한 수도인은 모든 십자가를 지고서 아무 불평 없이 수행하는 자입니다. 이러한 수행에서 효자가 나오며 충신이 나오며 열녀가 결정되어지지요."

한 교수는 또 감동했다.

"영감님의 주장은 중생제도를 위해서는 고난을 피하지 말아야 한다는 뜻이군요. 수도생활이 쉬운 길이 아니군요."

역산은 힘주어 말했다.

"쉽다면 아무나 다 가지요. 쉽지 않기 때문에 수도인의 가는 길에 고난이 많으며 또 수도인을 우러러보지요. 수도인들이 스스로 살펴야 할 것은 자기의 위치와 전후관계에 대하여 신경을 많이 써야 합니다. 즉 위로는 하늘을 모시고 아래로는 중생을 제도해야 하는 것이 수도인의 사명이므로, 어찌 책임이 무겁지 않겠소. 또 수도인은 스승이나 제자를 잘 선택해야 하며 중생제도에도 신경을 많이 써야 합니다. 스승 앞에서는 온유 겸손한 자세로 배움에 임해야 하고, 중생들을 가르칠 때에는 정도와 진실만을 가르쳐야 하지요."

"그러니까 수도인은 생각하는 것부터가 달라야겠군요."

"그렇지요. 수도인은 중생제도에 대한 걱정까지 맡은 사람이고, 중생들은 자기의 고통까지 남에게 넘기겠다고 하는 사람이지요. 이처럼 중생들의 마음과 수도인의 마음 자세가 다르지요. 중생들은 열 번 잘해 준 은인이라도 한 번만 잘못 대해 주면 원망으로 돌리지마는, 수도인들은 열 번 잘못한 사람이라도 한 번만 잘하면 관용을 베푸는 것입니다."

한 교수는 연신 고개를 끄덕거렸다.

"정말 중생들과 수도인의 마음 자세는 엄청난 차이가 나는군요.

영감님, 그럼 수도인이 되려면 어떤 마음 자세가 필요할까요?”

“수도인이 되려면 첫째로 하늘의 사랑을 받아야 되고, 하늘과 하나 되어야 합니다. 하늘의 사랑을 받으려면 하늘의 심정과 사정을 체휼해야 하며, 하늘과 하나가 되려면 정도의 진리대로 살아야 하지요. 이를 위하여는 하늘을 모시는 경천주의 사상을 가지고 속세로 들어가 중생들 앞에 그 사상을 실천하여 본을 보여주어야 해요. 그 다음에는 하늘의 사랑을 본받아 천지자녀가 되므로 중생들을 제도해야 합니다. 이것이 곧 수도인의 책임이지요.”

역산은 목마름을 느꼈는지 막걸리병을 들었다. 그 순간 한 교수가 말했다.

“영감님의 말씀은 평범한 것 같으면서도 오묘한 내용이 있군요. 중생을 제도하는 데는 어려움이 많이 따르지요?”

역산은 어디서 났는지 아주 좋은 손수건으로 입술을 닦았다.

“중생을 제도하는 것이 쉬운 일은 아니지만 그래도 수도인이 크게 중생을 제도하고자 한다면, 먼저 자진해서 중생들을 위해 자비의 눈물로 호소하며 하늘 앞에 나선다면 문제없을 것입니다. 중생들의 그 아픈 마음을 달래주며, 중생들이 당하는 고통을 대신 짊어지고 가야만 제도할 수 있겠지요. 그러자면 자연 어려움이 따르겠고, 거룩한 희생정신이 필요하겠지요.”

한 교수는 중간 중간에 자를 맞추고 있었다.

“정말 말이 쉬워서 중생제도지, 실로 거룩한 희생정신이 반드시 필요하군요.”

역산은 단호하게 말했다.

“수도인은 하늘을 중심삼고 애달픈 심정을 소유한 사람입니다. 중생들을 위해서 잠도 덜 자야 하며, 먹을 것도 참으면서 수고하면 아무리 어리석은 중생이라도 감동하여 따라올 것입니다. 중생을 제도하는 데는 특별한 비법이란 게 없어요. 오직 그들을 더 사랑해 주고 보살펴 주고 고통을 대신 짊어져 줄 때만이 제도할 수 있습니다.”

한 교수는 고개를 끄덕이더니 말했다.

"영감님, 과거에 불보살들께서 중생을 제도하느라 많은 시련과 핍박을 받지 않았습니까?"

역산은 말했다.

"어리석은 중생들은 자신들을 구원해 주려고 찾아온 구원자를 몰라보고 박해를 많이 했습니다. 그것은 그 중생의 배후에서 조종하고 있는 악령이나 악마가 시켜서 자신도 모르는 사이에 구원자를 박해한 것이지요. 그러므로 수도인이 중생을 제도하고자 한다면 이러한 천적인 뜻을 알고서 3대 시련, 3대 핍박을 각오해야겠지요."

"영감님, 그럼 3대 시련은 주로 어떤 시련인가요?"

"3대 시련이란 첫째, 여색의 시험이지요. 수도인에게 가장 무서운 시험이 여색의 시험입니다. 수행중에 보면 가끔 양귀비 같은 미녀가 알몸으로 나타나서 유혹을 할 때 큰 믿음이 없다면 십중팔구는 다 유혹에 넘어가게 되어 있어요. 그리고 둘째는 돈의 시험이지요. 악마는 돈으로 수도인의 마음을 흔들어 놓습니다. 내가 전에 한창 수도를 할 시절에 너무나 궁핍한 생활을 했는데, 그때 어떤 선비가 찾아와서는 자기와 함께 동업을 하자고 유혹을 하더군요. 그 선비의 말에 의하면 함께 동업을 하면 3년 안에 천석꾼의 부자가 될 수 있는 길이 있다며 권하길래 나도 마음이 흔들리더군요. 그러나 그 후에 생각해 보니 그것도 모두 마귀의 시험이었음을 알았습니다. 그 선비는 나를 이용하여 자기의 사욕을 채우려는 사기꾼이었지요. 그러므로 수도인은 돈의 유혹에 넘어가면 큰 뜻을 이룰 수가 없습니다. 그리고 세번째 시험이 있는데, 그것은 영적인 시험이지요. 어느 정도 도력이 올라가면 영계의 악령들이 시험을 합니다. 그 악령들은 때로는 칭찬도 했다가 때로는 비방을 하기도 하며 시험을 하지요. 이러한 세 가지 시련은 중생들을 통해서 시험을 합니다. 때로는 미녀가 와서 꼬리를 치기도 하고, 때로는 돈 많은 사람이 와서 낚싯밥을 던지기도 하며, 또 때로는 중생들이 찾아와서 헛된 칭찬으로 비행기를 태워 정신을 흐리게 만들지요."

이때 한 교수는 인상을 찌푸렸다.

"영감님, 저도 그런 비슷한 시험을 받아 본 적이 있지요. 어느 날 제자 중에서 여자 하나가 찾아와서 은근히 동침해 주기를 유혹했는데, 그때 하마터면 큰 죄를 지을 뻔했습니다. 교수라고 하는 명예 때문에 간신히 그 유혹을 뿌리쳤는데, 지금 생각하니 정신이 아찔하더군요. 만일 그때 그녀를 범했다면 금방 탄로가 나서 얼마나 개망신을 당했겠습니까. 어휴!"

역산은 고개를 끄덕이며 말했다.

"천만다행으로 잘 극복하셨군요. 수도인이나 세상의 지도자급에 있는 사람은 정말 조심해야 할 시험이 여자와 돈의 시험인 것을 깊이 명심해야 합니다. '나'라는 관념을 초월하여 속죄자의 사명을 가지고 선업의 기반을 닦아 나가야 하기 때문입니다. 나는 개인이로되 부모와 조상들의 모든 업보를 책임진 역사적인 부활체란 것을 잊지 말고 공덕을 쌓는 데 게을리하지 말아야 합니다. 지금 이 순간도 '나' 한 사람을 지켜보며 구원을 받겠다고 매달리는 수많은 조상님들이 있다는 것을 생각해야 해요."

한 교수는 감탄했다.

"조상님들을 구원해 드리기 위해서라도 공덕을 쌓아야겠군요."

한 교수는 은혜를 받아 기쁨이 충만해 있었다. 역산은 한 교수를 좀 진정시킬 필요가 있다고 생각했던지 다시 경계되는 말을 한 미디 했디.

"은혜를 받고서 절도 없이 날뛰다가는 다 쏟아버리고 허전해지기 쉬워요. 그러므로 은혜를 받았으면 고이 잘 간직해야 합니다. 은혜는 움직이는 기운이므로 놓치지 않으려면 마음의 주머니 속에 잘 집어넣어서 소화를 잘 시켜 나가야 큰 복으로 간직되는 것입니다. 그리고 은혜받은 것을 계속 유지하려면 늘 그 은혜를 자꾸만 생각해 보아야 해요. 사실상 하늘은 공평하시고 자비하시므로 단비를 선인이나 악인을 구분하지 않고 골고루 내리시듯, 생명의 원천인 은혜도 만민에게 골고루 내리시나 오직 깨닫는 사람만이 은혜를 받게 되지요. 악인이나 중생들도 하늘의 한량없는 은혜를 받고 살면서도 그 고마움을 모르니 어찌 복을 받을 수 있겠소.”

이때 한 교수는 빙그레 웃으며 말했다.

“영감님은 그럼 하늘로부터 무슨 은혜를 받았습니까?”

역산 선생은 말했다.

“너무나 많은 은혜를 받아서 무슨 말부터 먼저 해야 좋을지 모르겠군요. 내가 지금 이렇게 살고 있다는 그 자체만 하더라도 한량없는 하늘의 은혜를 받고 있는 것입니다. 하나의 생명이 탄생하려면 한량없는 하늘의 은혜가 있어야 합니다. 하늘의 크신 은혜 속에 음과 양의 대기가 조화하며 부모님의 뜨거운 사랑이 있어야 합니다. 거기에는 하늘과 땅과 공기와 물과 식물과 빛이 필요하므로 모두가 은혜이지요. 무궁한 우주의 모든 것이 나의 생명의 근원이며 은혜입니다. 생명에 베풀어지는 은혜가 이렇게 크고 거룩함을 알진대 천지부모님께 감사해야 합니다.”

역산이 이처럼 은혜에 대하여 설명하자 한 교수는 놀라는 눈빛이었다.

“영감님의 말씀을 듣고 저도 많은 은혜를 받았습니다. 영감님, 그럼 우리가 하늘 앞에 무엇을 구해야 할까요?”

역산 선생은 말했다.

“하늘 앞에 구할 것은 지혜입니다. 하늘을 잘 모실 수 있도록 지혜를 구하고, 중생을 잘 제도할 수 있도록 지혜를 구하고, 시련을 잘 극복할 수 있도록 지혜를 구하고, 마음공부 잘 할 수 있도록 지혜를 구하세요. 물론 권능도 필요하겠지만, 지혜가 더 중요합니다.”

“솔로몬도 하늘 앞에 지혜를 구했기 때문에 지혜로운 왕이 되었을 것입니다. 영감님, 그럼 저는 어떤 자세로 살아갈까요?”

역산은 말했다.

“남들이 보지 않는 곳에서 진실하세요. 사람은 지상생활만이 인생의 전부가 아니므로 영계를 생각해야 하며, 장차 영계에 가서 걸리지 않는 사람이 되려고 노력해야 합니다. 먼저 저승보따리를 든든히 잘 챙긴 다음에 생활해 나가면 항상 마음이 넉넉해질 것입니다. 저승보따리를 잘 챙기지 못한 사람은 마치 주머니에 돈이 떨어진 사람처럼 항상 쓸쓸하며 불안하며 고달프지요."

한 교수가 또 질문했다.

"영감님, 그럼 저는 하늘 앞에 무엇부터 해야 합니까?"

역산은 말했다.

"지금 당신의 머리 속엔 지식은 조금 담겨 있으나 믿음이 없어요. 하늘 앞에는 믿음이 무엇보다 필요합니다. 먼저 하늘 앞에 믿음을 세우세요. 믿음보다 더 큰 힘은 없을 것입니다. 왜냐하면, 하늘도 믿음 강한 사람을 제일 좋아하시고 따라서 역사해 주시니까요. 진실로 믿는 믿음은 거짓을 참것으로 만드는 힘이 있어요. 믿음은 나무의 뿌리와 같고 깊은 물 원천과 같아서, 뿌리가 약하면 나무는 시들어 죽기가 쉽고 원천이 얕으면 물이 쉽게 말라 버리는 것처럼, 사람이 하늘에 대한 믿음이 없으면 무용지물입니다. 그러니 한 교수도 먼저 믿음을 크게 가져 보세요."

역산이 믿음을 강조하자 한 교수는 고개를 끄덕였다.

"잘 알겠습니다. 이제부터 저도 믿음을 가지고 살겠습니다. 영감님, 그런데 세상에는 자기를 드러내어 선전을 하지 않으면 아무도 알아주지를 않을 뿐 아니라, 또 가만히 있으면 바보 취급을 하는데 이것은 어떻게 생각하십니까?"

"남이 몰라준다고 화를 낼 필요가 없습니다. 세상 사람들이 다 몰라준다 해도 하늘만 알아주면 되니까요. 지금 세상 사람들이 이 늙어빠진 역산을 누가 알아줍니까? 안다고 해 봐야 기껏 사주쟁이 정도로 알겠지요. 그러나 오직 하늘만은 이 역산의 마음을 잘 알아줍니다. 하늘만 알아주면 되지, 세상 사람들이 알아주는 것이 뭐가 그리 중요합니까?"

한 교수가 물었다.

"그럼 영감님께서는 무엇을 간직하고 계십니까?"

역산은 빙그레 미소를 지으며 말했다.

"난 보물을 간직하고 있지요. 인간의 생사화복을 주관하시며 참사랑과 행복과 참생명의 주인 되시는 하늘을 마음 가운데 모시고 사는데, 이것이 보물이 아니고 뭐겠소. 그리고 정도의 진리를 알고 있으며, 열남열녀의 도를 알고 있어요. 그리고 하늘의 마음을 알고 있습니다. 이것이 내가 간직한 보물의 전부지요."

한 교수는 고개를 끄덕끄덕했다.

"영감님, 그럼 저희와 같은 중생들이 죄악의 두루마기를 벗어버리고 생명의 두루마기를 갈아입으려면 어떻게 해야 하나요?"

역산은 말했다.

"별로 어려울 것이 없어요. 세상 모든 사람들을 다 하늘같이 모시면 금방 죄악의 두루마기를 벗어버리고 생명의 두루마기로 갈아입게 되지요."

"영감님, 그럼 중생을 하늘처럼 대해 주었는데도 그 정성을 몰라주면 어떻게 됩니까?"

"그러면 그 사람의 복을 다 빼앗아 오게 되지요. 그러므로 복을 많이 받으려면 복을 많이 가지고 있는 사람을 하늘처럼 모시고 사세요. 그럼 쉽게 복을 받을 수 있습니다. 그리고 또 큰 복을 받으려면 오래 참을 줄도 알아야 합니다. 위인이나 달사들 치고 오래 참지 않고 성공한 사람은 한 사람도 없었지요. 큰 소망을 가진 자일수록 오래 참습니다."

한 교수는 수첩을 꺼내어 메모를 했다.

"영감님의 말씀은 너무나 귀중한 법문이라 그냥 듣고만 있다가는 잊어버릴까 봐 메모를 해야겠습니다."

역산 선생은 말했다.

"많이 기록하세요. 그리고 묵묵히 실행을 많이 하다 보면 결국은 말씀의 실체가 되는 거요. 물론 좋은 법문은 일단 입으로 많이 암송하는 것이 수도의 첫걸음이지요. 수도생활이란 게 다른 것이 아닙니다. 하늘을 지극히 사모하는 것이 수도생활의 핵심입니다. 아침에 눈을 뜨고 일어나서 보는 것이나 생각하는 것이나 말하는 것이나 행동하는 것 전체를 하늘과 결부를 시키세요. 보는 것도 하늘의 입장에서 보고, 생각하는 것도 하늘을 통해서 생각하고, 말하는 것도 하늘의 심정으로 말하며, 행동하는 것도 하늘의 대신자로 행동한다면 이외에 또 무슨 부족함이 있겠소. 만일 이것이 잘 되지 않을 때에는 회개 기도를 많이 하세요. 그럼 점점 마음의 눈이 밝아질 거요.”

한 교수는 정신없이 메모를 하면서 질문했다.

“영감님, 그럼 잘못을 범했을 때 회개만 계속하면 됩니까?”

역산은 말했다.

“회개하는 방법은 여러 가지인데, 마음만 가지고는 부족하고 몸을 굴복시켜야 합니다. 몸을 마음 앞에 굴복시키기 위해서는 몸이 싫어하는 희생 봉사의 험한 길을 가야 합니다. 마음은 원하지만 몸이 따르지 않으면 결실을 볼 수 없지요. 마음으로는 공덕을 쌓아야겠다고 생각을 하는데, 몸은 공덕 쌓는 것이 귀찮다고 하여 물러서면 공덕이 쌓여질 수가 없지 않겠소. 그래서 수도인은 몸을 마음 앞에 굴복시키는 연습을 하는 것입니다. 육신을 중심삼고 볼 때, 종교의 길이나 공덕 쌓는 길은 모두 고난의 길입니다. 큰 공덕을 쌓는 데는 깊은 믿음이 없이는 다 꺾이고 말지요. 악마는 죄의 주인입니다. 이러한 죄의 거점은 인간의 육신입니다. 그러므로 죄를 물리치려면 육신의 욕망인 의식주와 성적인 욕망을 극복시켜야 합니다. 몸은 늘 잘 먹고 싶어하고 잘 입고 싶어하고 좋은 집에 살고 싶어하고 여러 미녀들과 진하게 뒹굴고 싶어하는 욕망이 가득합니다. 악마는 인간의 본능을 이용하여 인간을 유혹하므로 수도인은 이러한 육신의 욕망을 억제하고 극복해야 하늘을 만날 수 있습니다. 그러나 이러한 육신의 욕망을 영원히 억제하는 것만은 아닙니다. 인간이 수도를 통하여 완성을 하면 그때는 육신의 욕망도 다 정도에 따라 행하게 됩니다.”

한 교수는 감동하여 입을 다물 줄 몰랐다.

“영감님께서는 하늘이 찾아오시는 길목이 인간의 본심이라고 하셨는데, 다시 한번 더 말씀해 주세요.”

역산은 말했다.

“쉽게 설명해 주겠소. 사람이 육신의 삿된 욕망을 중심삼고 점령당하면 지옥세계를 이루게 되고, 마음을 중심삼고 정도의 진리에 따르게 되면 수도인이며 불보살이 되어 하늘을 만나는 길이지요. 여기에서 본심은 하늘과 만나는 길목인데, 사람이 본심의 소리에 귀를 기울이며 본심의 명령에 따르면 그것이 가장 바른 정도의 길이며, 하늘과 심정 일체를 이루는 길이지요. 수도인들이 흔히 보면 도를 닦는답시고 들로 산으로 헤매고 있지만, 진실로 참된 도는 각자의 마음속에 있는 본심을 따라 행하는 일입니다. 이 본심을 외면한 채 도를 구한다는 것은 아무리 수고해도 결실을 볼 수 없지요. 본심의 가르침은 정직과 진실만을 주장합니다. 정직과 진실의 뿌리는 하늘이기에 곧 하늘과 연결되는 것이지요. 이외는 없습니다.”

한 교수는 메모를 하면서 고개를 끄덕였다.

“영감님, 그럼 수도인은 먼저 마음을 청결하게 해야 되겠군요?”

“그렇지요. 평화와 행복의 세계는 나중입니다. 먼저 자신 속에 있는 죄악을 없애야 합니다. 죄악을 없애지 않으면 평화와 행복의 세계가 쫓겨나지요. 그래서 수도의 첫걸음은 회개부터 시작하는 것입니다. 회개하여 일단 과거에 지은 모든 죄악을 다 몰아낸 다음 하늘이 주시는 진리의 말씀으로 무장을 해야 평화와 행복의 세계를 만날 수 있으니까요. 사람에게는 습관이 중요합니다. 누구에게든지 조그마한 일이라도 선한 말로 위로해 주는 습관을 길러야 합니다. 열 번을 위해서 말해 주면 열 사람을 제도하는 공덕이 됩니다. 이러한 습관을 가지는 것이 아주 좋아요. 그러면 자기의 신앙에 기준을 잃지 않을 것이며, 항상 그렇게만 할 수 있다면 기도도 필요없을 것입니다.”

한 교수가 말했다.

“영감님, 저는 우울한 표정을 자주 짓게 되는데, 이러한 습관도 옳지 않겠군요?”

“우울한 표정을 짓지 마세요. 우울한 표정을 자주 지으면 복이 감해집니다. 항상 마음을 명랑하게 가지세요. 명랑한 마음속에 행복이 나타납니다. 즐겁지 않더라도 얼굴 표정을 즐거운 것처럼 자꾸 미소를 지으면 마음도 따라서 즐거워집니다. 마음에서 몸으로 영향을 주기도 하고 또 몸에서 마음으로 영향을 주니까요. 마음의 표현이 몸인데, 그래서 관상을 모아 그 사람의 마음을 알 수 있는 것이 아니겠소. 평화의 마음을 가질 때 천국이 이루어지며, 진실된 마음을 가질 때 만복이 먼저 알고 찾아오지요. 참된 마음에서 진실과 평화가 시작되는 것이니, 먼저 참된 마음을 가지는 것이 우선이겠지요. 마음 하나가 참되면 모든 것이 참되게 나타나고, 마음 하나가 거짓되면 모든 것이 거짓으로 나타나지요. 하늘의 사랑 속에는 상극은 있을 수 없고, 다만 상생만이 있습니다. 그래서 인간도 상극의 마음에서 재앙을 불러들이게 되고, 상생의 마음에서 행복을 불러들이게 되지요. 성경에 보면 화평케 하는 자는 하늘의 아들이라고 하지 않았소. 상생이나 조화나 사랑이나 은혜나 자비와 같은 말들은 모두 복을 가져다 주는 좋은 말들입니다."

한 교수는 다시 질문했다.

"영감님, 그럼 수도의 길은 무엇이라고 할 수 있습니까?"

역산은 말했다.

"수도생활에 대해서 여러 가지의 말들이 있지만, 난 수도생활을 뱃길과 같다고 말하고 싶습니다. 노를 젓는 것을 수도생활에 비길 수 있는데, 하류에서 상류로 배를 타고 노를 저으며 올라가는 사람은 얼마나 힘이 들겠소. 노 젓는 것을 멈추면 배는 즉시 떠내려가고 마는 것처럼, 수도생활에서도 잠시만 중지하게 되면 곧 흑암이 깃들지요. 그래서 성경에 보면 쉬지 말고 기도하라고 했습니다. 사실상 죄악이 가득한 사회에서는 어느 조건도 수도생활 자체에 도움이 되지 못합니다. 한마디로 역경뿐인 것입니다. 이 세상을 주관하는 자는 하늘이 아니라 악마가 주인 노릇을 하고 있으므로 성경에는 악마를 '세상의 주인'이라고 말하고 있습니다. 그러므로 수도인에게는 역경과 수난을 각오해야 됩니다. 여기서 시련 고통이 저기에 가서 복이 된다는 그 말을 잘 이해하세요. 하늘이 만일 나를 책망하심은 내 속에 있는 죄를 책망하시는 것이니, 나도 동일한 위치에서 내 속에 있는 역심을 쳐야 죄를 물리칠 수가 있습니다. 죄악의 두루마기를 벗는 비결은 하늘 앞에 순종 굴복하는 길뿐입니다. 인간이 하늘 앞에 순종 굴복하지 아니한 것이 타락이며 죄악 역사이니 이를 탕감 복귀하는 길은 순종 굴복뿐입니다.”

역산 선생은 이렇게 한번 입을 열었다 하면 끝도 없이 천도의 진리를 쏟아 놓으니 한 교수로서는 감당치 못하여 어쩔 줄을 몰랐다.

“영감님의 정체는 도대체 뭡니까?”

한 교수가 묻자 역산 선생은 빙그레 웃었다.

“난 완전히 미친 사주쟁이지요. 하늘 앞에 완전히 미쳐 버린 사람이오. 나에게서 찾을 것이라고는 하늘밖에 없소. 내가 말하는 것이나 행동하는 것이 모두 하늘이 주신 것을 말하는 것이며 행동할 뿐이오. 사실은 나에게도 종교가 있으며 나를 가르쳐 준 대스승이 있지요. 그러나 지금은 나 자신이 부족함을 한할 뿐입니다. 때가 되면 저의 정체도 밝혀질 것입니다.”

“그렇게 말씀하시니까 더더욱 영감님에 대해서 궁금해집니다. 그러나 점심시간이 되었으니 점심이나 먹으러 갑시다.”

“그럴까요.”

“그럽시다.”

두 분은 다정히 일어섰다.

수도인의 자세

점심식사를 끝내고 역산 선생과 한대성 교수는 다시 계단 밑 돗자리에 앉았다. 한 교수가 먼저 질문했다.

"영감님의 말씀은 하도 오묘해서 아무리 듣고 또 들어도 싫증이 나질 않는군요. 그러니까 결국 수도생활이란 것이 악의 세계에서 선의 세계에로 원상회복하기 위한 노력이군요?"

역산 선생은 말했다.

"그렇지요. 수도생활이 저울과 같다면 하루하루의 생활에 선한 무게를 얹어 눈금을 점점 높여 나가는 생활이 되어야 합니다. 마음공부를 통해서 날마다 새롭게 변해 가는 생활이 수도생활이에요. 수도생활을 하는 목적은 자신의 행복만을 위한 것이 아니라, 이웃 사람도 함께 행복해지기 위한 것이므로 이웃을 구제해야 됩니다. 중생을 제도하는 길이 비록 어렵다 하지만, 있는 정성 다 바쳐 공을 들이면 열매를 맺게 되어 있습니다. 공을 들인 것은 무너지지 않습니다. 공을 들인 것은 공 들인자의 것이니 아무도 빼앗아 가지 못하지요. 악마가 아무리 교활하다 해도 공든 탑은 무너뜨릴 수 없습니다. 정성을 많이 드리세요."

한 교수는 듣고 있었다.

"영감님, 그럼 사람이 죽을 때 어떻게 죽어야 합니까?"

역산은 말했다.

"죽을 때는 기뻐하며 죽어야 하는 것이 정상적인 죽음이긴 하나, 그렇지 못할 때에는 최소한 자기 스스로를 비웃지는 말고 죽

어야 합니다. 일생을 살면서 하늘을 잘 모시고 공덕을 많이 쌓았
다면 죽어 천국을 들어가는데 어찌 기쁘지 않을 수 있겠습니까.
그러나 중생들은 지은 죄가 많아서 이와 같이 기쁨으로 죽지 못하
고 불안과 공포 속에서 떨며 죽어갑니다. 그러니 아무리 세상이
험악하다 해도 자신의 이익을 위해 죄업을 쌓지 말아야 합니다.
죽을 때 최소한도 자기 스스로 자신을 죄많은 놈이라고 비웃지 않
을 정도로 살아야 된다 이 말이오. 한 교수 당신은 지금 당장 죽는
다고 하면 어떤 기분으로 죽을 수 있겠습니까?"
  한 교수는 두 눈을 지그시 감고는 깊은 생각에 잠겨 있었다.
  "정말 영감님 말씀을 듣고 보니 갈 길이 바쁘다는 생각이 드는
군요. 전 아직도 죽음에 대한 준비는 너무나 소홀히 한 것 같습니
다. 이제부터라도 열심히 저승보따리를 챙겨야겠습니다. 영감님,
그럼 저승보따리는 몇 살 때부터 챙겨야 좋습니까?"
  역산은 말했다.
  "꼭 몇 살 때부터라고 정하기는 곤란하지만, 대개 40세부터 저
승보따리를 챙기는 것이 좋습니다. 불혹의 나이부터는 마음의 중
심을 다른 곳에 두지 말고 자신의 저승보따리에다 두고서 하나하
나 챙겨 나가야 막상 죽을 때 바쁜걸음을 치지 않지요. 자연의 이
치를 살펴보세요. 열매가 맺기 시작하면 꽃잎은 떨어지지 않소. 마
찬가지로 마음속에 저승보따리를 챙기기 시작하면 모든 허물은 사
라지는 것이오. 사람의 일생이 지상의 육신생활만이 전부라면 도
둑질을 해서라도 순간적인 호의호식을 즐기기도 하겠지만, 그러나
사람의 일생이란 지상의 육신생활만이 전부가 아닙니다. 육신을
벗은 후 영혼은 영계에 가서 영원히 살기 때문에, 사실상 지상의
육신생활이란 영계에 들어가서 보다 행복하게 잘 살기 위해 준비
하는 과정인 것을 알아야 합니다. 부디 저승보따리를 잘 챙기세
요."
  한 교수는 머리를 조아렸다.
  "영감님께서 주장하시기는 사주 운명의 기운이 70% 작용을 하
고 인간의 노력이 30% 작용을 한다고 하셨는데, 여기에 대해서

한번 더 말씀해 주세요."

"사주팔자란 부모와 조상들이 지은 선악간 업보의 기록이므로 이미 정해진 것이지요, 그래서 정업(定業)이라고 합니다. 이처럼 정업은 이미 고정되어 있는 것이므로 고칠 수가 없어요. 그리고 후천적인 인간의 노력이란 이미 정해진 사주의 길흉화복을 자신의 노력 여하에 따라 그 길흉화복이 가감될 수 있는 것입니다. 노력은 그래서 필요한 것입니다. 사주 운명에 충살(冲殺)이 들어 목숨을 잃을 수 있는 운명이라고 하더라도 그 사람이 지극 정성으로 하늘을 잘 모시고 살면 다치는 정도가 된다든지 또는 무사히 넘기게 되는 것입니다. 사주팔자에는 누구나 선업과 악업이 혼합되어 있는데, 선한 사람은 선업의 기운을 많이 받게 되고 악한 사람은 악업의 기운을 많이 받게 되지요. 그러니 인간들끼리 의논해서 잘 되었다고 해서 그것이 꼭 선한 일이라고는 할 수 없습니다. 선과 정도(正道)의 주인이신 하늘을 통해야 합니다. 하늘 앞에 보고드리고 하늘이 인정을 해야 그것이 절대적인 선이 됩니다. 그래서 항상 하늘을 중심삼고 문의하고 보고드리는 생활을 해야 편안한 수도자의 길을 갈 수 있는 것입니다. 이것을 본심으로, 본심이 움직이는 대로 생활하면 100% 정도의 길입니다. 그러므로 수도생활도 본심이 움직이는 대로 따른다면 성불하는 데 지름길이 된다는 것을 아세요."

"영감님, 그럼 본심이 지향하는 영역에는 어떤 것들이 있나요?" 역산은 말했다.

"본심은 하늘의 심정이며 하늘의 음성이므로 하늘의 안타까운 사정을 알 수가 있지요. 잃어버린 자녀를 찾으시기 위한 한이 많은 하늘이심을 알게 됩니다. 안타까운 하늘의 사정을 알게 되면 통곡하지 않을 수가 없지요. 하늘은 알고 보면 불쌍하신 분입니다. 자녀을 잃어버린 부모가 어찌 기뻐할 수 있겠습니까? 오늘날 종교인들이 수없이 많지만, 이러한 하늘의 마음을 모르고 있습니다. 어떤 종교에서는 복만 달라고 보채는 어린 아이 신앙을 하고 있는 사람이 있는가 하면 좌선이나 염불만 하면 제일인 것처럼 온갖 의식을 다 자랑하고 있는데 실로 안타까운 일입니다.”

역산 선생은 한숨을 쉬며 오늘날 종교인들의 마음 자세를 탄식했다. 한 교수는 역산 선생의 놀라운 법문에 크게 감동했다.

“영감님, 그럼 원수가 나타나서 시험을 하면 어떻게 대해야 합니까?”

“수도인에게는 항상 악마의 시험이 따릅니다. 부처님께서도 성도(成道)하실 때 8만4천의 악마가 시험을 하셨다고 했고, 그 후에 모든 수행자에게 악마는 시험을 해 왔습니다. 시험은 법위(法位)가 한 단계 올라갈 때마다 더 심해지는데, 아무리 악마가 나타나서 여러 가지로 시험을 하더라도 분하게 생각지 마세요. 악마는 재색(財色)을 가지고 나타나 시험을 하지만, 나는 생애 노정중에서 승리한 장면을 기록할 재료로 생각하고 하늘 앞에 감사하세요. 악마는 거짓과 사도(邪道)를 주장합니다. 그러므로 수도인은 거짓과 사도의 탈 속에 자기를 감추지 마세요. 악마의 공격을 이기는 좋은 기회를 주는 것이니 수도인은 정도와 진실의 길을 걸어가야 시험에서 이길 수가 있습니다. 나 한 사람을 놓고도 나를 위해 주는 사람도 있고, 나 대신 고통을 당하는 사람도 있고, 나의 앞길을 가로막는 사람 등 세 부류가 있다는 것을 알고 사람과 사귈 때 신중해야 합니다.”

“……”

“하늘의 은사는 그냥 쉽게 받는 것이 아닙니다. 악마의 시험에서 승리한 다음 하늘의 은사가 내리지요. 그러므로 하늘의 은사는 시험 뒤에 있다는 것을 알아야 합니다. 악마가 시험하여 가난하고 천한 자리에 떨어져 더 이상 내려갈 수 없는 만신창이가 될 때 하늘의 은사가 내립니다. 극과 극은 서로 먼 것 같지만 서로 통하는 데가 있지요. 악마 뒤에는 하늘이 계심을 알고 시험을 잘 극복하세요. 본심이 움직일 때 이는 정도이니, 그 본심이 원하는 대로 따르면 방향을 잃지 않습니다. 스스로 탄식할 만큼 지은 죄가 많다면 지옥에 떨어질 것은 뻔한 사실이니, 육신을 벗기 전에 회개하여 씻어야 합니다. 사람의 일생이란 이슬 같으므로 한눈 팔 시간이 없어요. 바쁘게 바쁘게 저승보따리를 챙기세요.”

역산은 한숨을 돌린 다음 막걸리를 한 모금 마신 후 또 입을 열었다.

“많은 돈을 주머니에 넣고 다니면 도둑을 당할까봐 염려가 됩니다. 그래서 돈은 은행에 맡겨 두어야 안심이 되는 것처럼, 보물이 있는 곳에 마음이 따라가게 마련이지요. 그러므로 진짜 보물은 마음속에다 두는 것입니다. 마음속에 두어야 도둑맞을 일이 없거든요. 그러기에 최고로 귀하신 하늘을 마음속에 모시는 것입니다. 하늘을 마음속에 모시면 아무도 빼앗아 가지 못하니까요. 하늘은 사랑과 생명과 은혜의 주이신데, 은혜라는 것은 세상을 구원하기 위하여 하늘이 주시는 선물입니다. 그러므로 은혜는 자기 것으로만 생각해서는 안 되며 이웃과 나누어 즐겨야 합니다.”

한 교수가 질문했다.

“영감님, 공을 들인 다음 얼마나 뒤에 복이 돌아옵니까?”

역산은 안타깝다는 듯이 얼굴을 찡그리며 말했다.

“작은 소원은 쉽게 이루어지고 큰 소원은 늦게 이루어지는 법이라, 대기만성이 아니겠소? 공을 들인 것은 도수가 차면 반드시 공을 들인 사람 앞으로 복이 돌아오게 되어 있으니 조급히 바라지 마세요. 천지 법칙에는 도수가 차야 하니까요. 하늘을 위해서 정성을 들이고 땅을 위해서 정성을 들이고 사람을 위해서 정성을 들이세요. 이것을 다른 말로 표현하면 하늘을 공경하고 땅을 사랑하며 사람들과 잘 화합하는 것이지요. 그러기에 경천애지인화(敬天愛地人和)란 말은 참으로 복된 말입니다. 신앙자의 기본은 믿음인데, 죽더라도 하늘을 믿다가 죽어야 복이 되고 망하더라도 하늘을 믿다가 망해야 다시 살 수 있는 운이 열립니다. 하늘이 주시는 은혜를 입고 살면서도 은혜를 깨닫지 못하는 사람은 제도하기가 어렵습니다. 그러나 진실로 하늘을 모시는 사람은 감사와 감격의 눈물을 흘리지 않을 수가 없지요. 세상에 이로움을 줄 수 있는 수도인이 되어야 합니다. 세상 사람들이 꼭 필요로 하는 수도인이 되어야 공을 이룰 수 있는 거예요. 수도인은 공덕을 짓고는 절대로 기

억하지 않으며, 반대로 은혜입은 것은 반드시 기억해 두었다가 갚
아야 한다는 것을 잊어서는 안됩니다."
　"영감님, 그럼 어떤 마음이 귀한 마음입니까?"
　역산은 무릎을 두어 번 두들기더니 말했다.
　"하늘을 중심으로 함께 일하고자 하는 마음이 귀한 마음이며,
하늘을 중심으로 함께 모이고자 하는 마음이 귀한 마음이요, 하늘
을 중심으로 동지들이 한 방향을 취하고자 하는 마음이 귀한 마음
이지요. 이처럼 귀한 마음을 하늘 앞에 바쳐야 큰 복을 받을 수 있
어요."
　"영감님, 그럼 은혜를 주었는데, 그 사람이 몰라주면 어떻게 되
나요?"
　"은혜를 준 것만큼 그 사람의 복을 빼앗아 오게 되지요. 그러므
로 사심없이 모든 사람에게 은혜를 베푸세요."
　"영감님, 적선(積善)이란 무엇인가요?"
　"적선이란 남에게 주고는 주었다는 그 생각을 잊어버리는 것이
지요. 아무 생각 없이 무심으로 베푸는 것이 적선입니다. 적선을
많이 하면 하늘이 도와주며 땅이 도와주고 사람들이 도와줍니다.
자기는 생각지도 않는데 자기를 위하여 도와주는 사람이 많으면
그 사람은 절대로 망하지 않습니다."
　"그럼 구원은 어떻게 받습니까?"
　"구원은 하늘을 모심으로 받습니다. 하늘을 모시지 않고서는 구
원받을 수가 없지요. 그것이 제일 중요합니다."
　"영감님, 그럼 수도생활이란 무엇입니까?"
　"수도생활은 살아서 죽음의 길을 가는 것입니다. 비록 세상에
살아 있지만 온갖 사심과 욕망을 다 억제해야 하며, 온갖 시련을
다 극복해야 하므로 살아 있으면서도 죽음의 길을 가는 것이지
요."
　한 교수는 잠시 쉬었다가 다시 궁금한 것을 질문했다.
　"영감님, 그럼 종교란 무엇인가요?"
　역산의 대답은 자동응답기처럼 튀어 나왔다.

"죄악의 바다에 빠져 있는 인간을 구원하시기 위하여 하늘이 내려준 구원의 줄이 곧 종교지요. 생사의 큰 문제를 해결할 수 있는 힘이 오직 종교에서만 나옵니다. 그러니 지식 가지고는 생명문제를 해결할 수 없고, 오직 종교의 힘에 의해서 생사의 문제가 풀리게 됩니다."

"영감님, 그럼 하늘의 능력으로 일시에 악인을 몰아낼 수는 없는가요?"

역산은 눈을 껌벅거리며 말했다.

"악마는 하늘로부터 완전한 사랑을 받아 본 적이 없고, 또 완성한 사람으로부터도 완전한 사랑을 받아 본 일이 없기 때문에 악마는 지금까지 하늘에 대하여 반항하면서 나왔습니다. 그러나 하늘은 그들을 대해 주시지 않을 수 없었던 것입니다. 원수를 사랑하라는 이유가 여기에 있지요. 자비하신 하늘은 부모의 심정이시므로 그들까지 구원을 하시려고 하십니다. 결코 쓸어서 없애버릴 수는 없지요. 하늘이 일시에 인간을 구원하실 수 없는 이유는 인간에게 책임분담이라는 것을 주었기 때문입니다. 천지의 이치가 이렇게 되어 있기 때문에 인간의 구원 섭리가 지금까지 연장되어 나왔던 것입니다."

"그럼 수도생활은 모험도 필요하겠군요?"

역산은 고개를 끄덕이며 말했다.

"암, 모험이 필요하고말고요. 큰 공덕을 쌓으려면 크게 믿을 줄 알아야 하고 크게 뛰어넘을 줄도 알아야 합니다. 그러므로 수도생활은 모험의 길이라고도 할 수 있지요. 남들이 생각하지도 못한 선업(善業)의 일을 해놓아야 시대적 구원 섭리에 인정받게 됩니다. 종교인들이 많다고 자랑할 것이 아닙니다. 오늘날 종교인들은 하늘의 뜻을 이루어 드리겠다는 사람은 없고, 하늘을 이용하여 사욕만 채우겠다는 욕심쟁이들뿐이니 어찌 안타깝지 않겠습니까!"

"영감님, 중생들이 사는 모습을 보면 사욕으로 말미암아 일들이 얽히고 설켜서 결국은 고통을 당하는데 생활의 고통을 어떻게 해결해 나가야 합니까?"

"아무리 사건이 얽히고 설켜서 복잡하게 꼬여 있다 해도 인생을 포기하는 마음을 가져서는 안됩니다. 복잡한 생활이라도 포기하지 말고 하나하나 순리를 따라 풀어 놓지 않으면 죽어서는 더욱 풀기 어려운 사건으로 남아지는 것이니, 이생에서 다 풀어 놓고 죽어야 합니다."

"영감님, 그럼 수도생활을 하는 도중에 힘을 잃지 않는 비결은 무엇입니까?"

"수도생활은 남들이 감득(感得)하지 못하는 가운데 감사하는 생활을 해야 하며, 홀로 만족하는 생활을 해야 정상적입니다. 만일 이러한 감사와 만족의 생활을 못할 때에는 회개를 해야 합니다. 이 두 가지 중에서 어느 한 가지만 늘 지켜 나간다 해도 수도생활 에서 힘을 잃지 않을 것이오. 만일 이 두 가지를 다 잃으면 도중에 타락하고 말 것입니다."

한 교수는 크게 감명을 받았다.

"늘 감사하거나 아니면 회개하는 생활을 해야 하는군요. 영감 님, 그럼 평소에 마음은 어떻게 가져야 합니까?"

역산의 정력은 대단했다. 그 나이에, 그 많은 질문에도 꼬박꼬박 대답하고 있었다.

"항상 마음을 새롭게 가지세요. 하늘길을 따라가는 사람은 언제 나 즐거워야 되고, 감사하는 마음이어야 합니다. 남들이 알지 못하 는 귀중한 보물덩어리를 혼자만 간직하고 있는 듯 항상 은혜가 솟 구치는 마음이 새로운 마음입니다. 이처럼 새로운 마음에서 영혼 이 부활되며, 천국을 수용할 처소가 되는 거예요."

"그런데, 사람의 마음은 참으로 미묘하여 하루에 열두 번도 더 변하는 것인데, 항상 새로운 마음을 간직할 수 있을까요?"

"그래서 죽음을 생각하며 살아야 하는 것입니다. 수행의 목적은 지상에서 사망을 밟고 일어서는 것입니다. 죽음에 대한 의식이 희 박하면 수도생활을 힘있게 할 수 없으며, 또한 저승보따리를 잘 챙길 수가 없습니다. 늘 죽음을 생각하며 살아야 수행에서 힘을 잃지 않습니다. 생(生)과 사(死)는 횡적인 것 같지만, 사실은 종적인 것입니다. 세상 사람들은 그러한 생명의 주인을 모르고 있습니다. 그러니 우리는 생명의 참된 주인이신 하늘을 알고 믿고 모시어 죽음의 주인인 악마를 현실 속에서 찾아 정복해야 합니다. 그리하여 죽음의 사신(死神)이 점령한 곳을 정리하여 그곳에다 생명의 신이신 하늘을 모셔야 합니다. 거듭 당부하거니와 인생은 짧은 것이오. 죽는 순간에 처절한 후회를 남기지 않으려면 평소에 저승보따리를 잘 챙겨야 합니다."

"선생님, 그럼 지상에서 꼭 지켜야 할 일이 무엇입니까?"

역산은 한 교수의 '선생님'이라는 말에 호감이 갔는지 미소를 짓더니 말했다.

"악업을 쌓지 말아야 합니다. 구체적으로 말하자면 지상에서 세 사람 이상의 원수를 맺고 가면 천국에 못 들어가지요. 그러므로 원수 맺은 사람이 있으면 땅에서 다 풀고, 3일 이상 기도해 주어야 합니다. 죽음과 싸워서 승리하는 길을 가는 것이 수도인의 길입니다. 잠자리에 들 때에도 이것이 내가 마지막 병상에 눕는 순간이라면 어떻게 해야 하겠소? 그리고 아침에 눈을 뜰 때에도 이것이 내가 영계에 들어가 첫눈을 뜰 때라면 어떻게 해야 하겠소? 수도인은 한시라도 죽음에 대한 문제를 소홀히 하지 말아야 하는 법입니다. 무엇이 죽음이겠소? 죽음은 본고향을 찾아가는 길입니다. 본고향을 가는 데 있어서는 과연 무엇을 저승보따리에 담아 갈 것인가를 생각해 보아야 합니다. 이러한 일을 한번 생각하면 촌분도 허송세월을 보내지 말고 저승보따리를 잘 챙겨야 하는 것입니다. 영계에 가서 합격될 수 있는 사람을 만드는 곳이 도문(道門)이며, 수도인의 목표가 되는 것입니다. 천국에 들어가기 위해서는 최후의 단판 기도를 세 번은 하고 넘어가야 한다는 것도 명심하세요. 수도인은 '어떻게 하면 사망의 세계에서 멋진 승리를 하여 저승보따리를 가득히 잘 챙길 수 있을까' 하는 문제를 놓고 늘 공덕을 쌓아야 합니다."

"……"

"중생들은 자기 자신의 영원한 생명 문제인 저승보따리에 대해서는 걸레 조각만큼도 생각지 않으니 누가 그들의 영혼을 책임져 주겠소. 모든 사람은 죽으면 그 영혼이 각자의 심령 상태에 해당되는 영계에 머물게 됩니다. 영계에 들어가게 되면 보통 열두 대문의 시험을 거쳐야 하는 것이지요. 공덕이 많은 사람에게는 세 고개의 시험을 거치지요. 영계의 저승문 앞에서는 시험을 거쳐야 하는데, 땅에서 자기의 가장 원수였던 자가 나타나서 시험을 하며, 다음은 역사적인 원수인 악마가 나타나 시험을 하지요. 너희들의 선지자인 노아, 아브라함, 모세, 예수, 공자, 맹자, 부처님, 보살님 등이 영생의 진리를 가르쳐 주었는데, 너는 그대로 실천했는가 하며 참소를 합니다. 다음은 천국세계의 시험이 있지요. 천국의 법도는 시천(侍天)과 정심(正心)과 감사와 은혜와 인내와 열남열녀(烈男烈女)의 도를 지켜서 하늘의 3대 축복을 이루어 자성성불(自性成佛)을 하여 가정성불(家庭成佛)을 하며 만물에 대한 주관성을 회복해야 하는 것인데, 너는 그와 같은 충신의 길을 걸었는가 하는 시험입니다. 마지막에는 천지자녀가 되기 위해서 천지부모님과 문답하는 시험이 있는데, 그것을 넘어야 천국에 들어갑니다.”

“천국에 들어가는 것이 정말 어렵군요. 말씀을 들으면 들을수록 겁이 납니다.”

“수도생활을 함에 있어서도 수도의 동지가 필요합니다. 어려울 때 서로가 의지할 수 있고, 기쁠 때 서로 사랑을 나눌 수 있는 그러한 아름다운 모습을 가져야 수도생활에서 역경을 극복하기 쉽습니다. 하늘을 사모하기를 아픈 것을 잊어버릴 정도로 깊이 하늘을 사모하고 생각하면 만 가지 병이 다 낫는 은혜를 입을 수 있습니다. 하늘을 절대적으로 믿으면 사주 운명도 바꿀 수가 있지요. 그리고 아무리 수고를 하여 공덕을 쌓는다고 해도 하늘과 함께 해야 복이 되지, 하늘을 외면한 채 나 혼자서 수고를 하면 그것은 악마가 다 빼앗아 가 버립니다. 수도의 목적은 자기 완성을 해가지고 무한한 축복 속에 무한한 복락을 누리자는 것입니다. 그래서 도의 길은 참사랑의 세계에서 그리움을 연결시키는 것이지요. 우리의 일생은 정말 짧습니다. 참으로 짧은 것이 인생인데, 한 번밖에 없는 생애에 왜 빚지고 가야 한단 말이오. 세상에 이득을 끼쳐 주고 가야 승리한 인생이 되는 겁니다.”

　역산은 막걸리병을 들어 벌컥벌컥 마셨다. 한 교수는 역산 선생의 가르침에 취하여 메모를 하느라 정신이 없었다.

신앙 생활

어느 날 오후, 얼굴에 수심이 가득한 30대 여인이 역산 선생을 찾아왔다.

얼굴에 가득한 수심을 보아 집안에 무슨 큰 걱정거리가 있는 여자임이 분명하다고 역산은 생각했다.

"얼굴색이 많이 나쁘군요. 무슨 고민거리라도 있소?"

역산이 묻자 그녀는 한숨을 크게 내쉬며 말했다.

"남편이 너무나 속을 썩입니다. 어쩌면 좋을까요. 제 사주에 남편 복이 없어서 그럴까요?"

그녀는 자신의 생년월일과 시를 말했다.

역산은 그녀가 불러주는 대로 종이에다 적고는 만세력을 뒤적거렸다.

```
년  월  일  시   김순영
丙  辛  壬  丙              庚己戊丁丙乙甲
申  丑  子  午              子亥戌酉申未午
```

역산은 사주를 뽑아 놓고서 한숨을 쉬었다. 신수가 심히도 불길했기 때문이다.

"정말 험악한 팔자를 타고나셨군요. 부모 덕도 없고 남편 덕도 없으니 얼마나 고달픈 신세겠소."

역산이 이처럼 말하자 그녀는 그만 울음을 터뜨리고 말았다.

김순영 씨는 올해가 만 30세다.

일찍이 부모님을 잃고 큰아버지 집에서 식모처럼 자랐는데, 설움을 무척 많이 당했다. 그러다가 22세에 지금의 남편과 결혼을 하게 되었다. 그런데 남편은 트럭 운전수로 성격이 거칠고 난폭하여 틈만 나면 그녀를 두들겨 팼다. 그녀는 아들만 하나 낳아서 키우는데, 남편은 월급봉투를 제대로 가지고 오지 않았다. 대부분의 돈을 술집에다 쓰고서 집에는 빈봉투를 내밀기 일쑤였다. 그녀는 별수없이 아기를 업고 다니며 시장에서 행상을 했다. 남편의 성질은 갈수록 더 심하게 포악해져서 심심하면 그녀를 두들겨 패기를 자주 하였다.

너무 많이 맞고 살다 보니 옆구리를 제대로 펴지 못해 병자처럼 다녀야 했다. 죽지 못해서 살아가는 그녀는 서러움의 눈물만 계속 흘리다가 역산 선생을 찾아온 것이다.

"영감님, 전 왜 이렇게 남편 복이 없을까요. 3일이 멀다 하고 반죽음이 되도록 맞고 살아야 하니 죽을 지경이에요. 엉엉엉
⋯⋯."

그녀는 소리 내어 울었다.

역산은 두 눈을 지그시 감고는 한참 후에야 입을 열었다.

"타고난 팔자를 어떡하겠소. 팔자를 고치는 비결은 운명의 주인이신 하늘을 절대적으로 믿는 길밖에 없습니다. 하늘에게 한번 매달려 보세요. 자신의 어려운 역경을 이기려면 하늘의 능력을 빌리는 도리밖에 없습니다."

그녀는 흐르는 눈물을 닦으며 말했다.

"영감님, 저는 남편이 너무나 미워요. 저주하고 싶어요."

역산은 고개를 좌우로 흔들며 그러지 말라고 했다.

"그래서는 안됩니다. 남편의 그 난폭한 행동을 보고서 저주하지 말고 기도해 주세요. 사랑으로 품어야 합니다."

그녀는 눈빛을 반짝이며 말했다.

"영감님, 지금 남편은 집에 없습니다."

"그럼 어디로 갔소?"

그녀는 입술을 깨물며 말했다.

"남편은 며칠 전에 술을 먹고 싸우다가 경찰서에 끌려갔어요. 주먹을 많이 휘둘러서 피해를 많이 입혔거든요. 피해자 쪽에서는 합의를 보려면 5천만 원을 내놓으라 하는데, 지금 저희집 전재산이래야 단돈 5백만 원도 안 돼요. 무슨 수로 합의를 봅니까?"

역산은 쓴 입맛을 다시며 말했다.

"그래도 무슨 방법을 찾아보아야 하지 않겠습니까?"

"영감님, 저는 오히려 남편이 감옥소에 들어가는 것이 잘 됐다고 생각합니다. 그 인간은 감옥에서 한 10년 정도 살고 나와야 정신을 차릴 거예요."

그 말에는 역산도 고개를 끄덕였다.

"차라리 잘 됐다고 생각하세요. 그리고 당신은 남편이 감옥살이를 하는 동안 개과천선을 하도록 열심히 기도해 주세요. 그러면 그 정성이 쌓여 남편도 새사람이 되어서 나올 거요. 벌받은 사람을 놓고 저주해서는 안됩니다. 벌받은 자에게 저주하면 오히려 당신에게 저주가 내릴 수도 있어요. 이제 남편이 감옥에 들어가고 없으니 당신을 때릴 사람이 없지 않소. 그러니 이제부터라도 열심히 하늘을 믿고 모시며 살아 보세요. 하늘이 감응하여 복을 내릴지 누가 압니까. 사실 복은 구하는 자에게 가게 되어 있습니다. 틀림없이 선영들이 협조하여 화목하게 되고 생활도 나아지게 될 것입니다. 결국 선한 영들이 그의 양심을 흔들어 본 위치에 놓을 것이기 때문입니다."

그녀는 이해가 되는 듯 고개를 끄덕였다.

"영감님, 그런데 전 왜 이렇게 팔자를 험악하게 타고났나요?"

역산은 말했다.

"사주팔자는 부모와 조상들의 선악간 지은 바 업보의 기록이므로 지금 당신의 피살에는 조상들이 지은 죄악이 니타나 있습니다. 세포에는 조상들이 지은 죄악의 업보가 엉크러져 있어요. 이것 때문에 팔자가 험악하게 타고난 것이며, 이것을 풀기 위해서는 절대적으로 회개가 필요합니다."

"하늘은 저에게 무엇을 해 주었나요? 전 하늘이 원망스러워요."
역산은 조용히 말했다.
"그건 하늘을 몰라서 하는 소리요. 당신의 사주를 보니 죽을 수밖에 없는 업보가 있지만, 하늘이 대신 담당하시고 구원해 주신 줄이나 아세요. 하늘이 당신을 오늘 이런 자리에 세워 준 것도 다 뜻이 있을 겁니다. 10대를 걸쳐서 갚아야 할 무거운 업보를 당신 1대로 줄여서 갚게 하시는 것일지도 모르니, 그 은사에 감사하여 어떤 역경이라도 감사하게 받아들이겠다는 마음을 가져야 흉운이 물러가고 길운이 오는 것입니다."
"영감님 말씀을 듣고 보니 제가 너무 어리석은 생각을 한 것 같군요. 영감님, 그럼 제가 무엇을 해야 하늘이 기뻐하실까요?"
역산의 철학은 이때부터 펼쳐지기 시작했다.
"부족한 당신을 통하여 하늘을 위로해 드릴 수 없겠느냐고 몸부림칠 수 있어야 하지요. 어떤 일을 당하면 그것을 당신의 입장에서만 해결하려 하지 말고 '하늘이시라면 이 일을 어떻게 해결하실까' 하고 생각해 보면 답이 저절로 나옵니다. 모든 생각을 하늘 입장에서 생각해 볼 때 만 가지 문제의 정답을 얻을 수가 있지요."
그 말에 그녀는 너무나 크게 감동하였다.
"영감님, 저는 앞으로 어떻게 살아가야 할까요?"
"진실하게 살아가세요. 진실하다는 말은 거짓이 없다는 말입니다. 그러므로 진실한 수도인이 되기 위해서는 마음의 자세를 더욱 바르게 가져야 하는 것입니다. 변명하는 것은 자신이 목적하는 길 앞에 아무런 도움을 주지 못하며, 상관없는 종착점에 연결되어 고통만 당할 뿐입니다. 열만한 죄를 지었다고 생각되면 자신은 백만한 죄책감을 가지고 감히 하늘 앞에 나타날 수 없다고 할 때 하늘은 모든 것을 탕감해 주십니다. 그렇기 때문에 수도인은 변명할 필요가 없는 것이요 더욱 진실해야 하는 것입니다. 그리고 아무리 역경이 파도처럼 밀려와도 좌절하거나 실망하지 말고 희망을 가지세요. 희망이 있는 곳에는 발전이 있게 되며, 희망이 없게 될 때는 정지하거나 후퇴하게 됩니다. 그러므로 행복과 불행은 희망을 가지느냐 못 가지느냐에 좌우된다고 할 수 있습니다. 내일의 희망을 바라고 나가는 것이 수도인의 자세인데, 만일 수도인에게 희망이 사라진다면 그는 지극히 불행한 사람이며 그는 껍데기 수도자입니다. 하늘의 구원 섭리는 부유하게 잘사는 사람부터 구원하시는 것이 아니라, 고생하며 어렵게 사는 사람부터 구원하시기 때문에 종교인들은 고생하며 헐벗고 굶주리는 사람이 많은 것입니다. 당신도 그 동안 고생하였기 때문에 이 역산을 통하여 구원받을 수 있는 길을 알게 된 것 아니겠소.”

그녀의 얼굴 표정이 다소 밝아졌다.

“영감님, 제가 자식 덕은 보겠습니까?”

그러자 역산은 그녀의 사주를 다시 한번 살펴보더니 말했다.

“용산이 시주(侍柱)에 있으니 자식 덕은 보겠군요. 자식에다 희망을 걸고 살아가세요. 자식이 커서 철들면 효자가 됩니다.”

그녀의 얼굴에 웃음꽃이 피었다.

“그럼 앞으로 아들이나 잘 키우면서 살아가렵니다. 어려움이 닥치면 항상 영감님께 문의를 드리겠으니 잘 좀 지도해 주십시오.”

역산은 막걸리병을 잡으며 말했다.

“언제든지 오세요. 무슨 내용을 물어도 좋습니다.”

“영감님, 그럼 제가 의류 판매를 하면 어떨까요?”

역산은 고개를 끄덕이며 막걸리를 한 모금 마시더니 말했다.

“용신이 불이라 가능하겠군요. 그러나 웬만하면 직장에 다니는 것이 좋겠어요. 왜냐하면, 팔자에 개인사업을 하기에는 용신이 워낙 미약하여 오히려 직장에 들어가서 월급쟁이하는 게 더 안전하겠군요.”

“그럼 봉제 공장에 취직을 할까요?”

“그게 좋겠어요. 그게 더 좋습니다.”

그녀는 자리에서 일어나 돌아갔다.

역산은 그녀의 사주를 살펴보았다.

임수(壬水) 일주(日主)가 축월생(丑月生)이라, 용신은 시간의 병화(丙火)인데 자오(子午)가 충극을 당하고, 병임(丙壬)이 충을 당하여 최하격 사주가 되고 말았다. 일지에 있는 자수(子水)가 가신이라 남편은 무례한이라 폭력을 많이 휘둘렀고, 월주는 부모궁인데 기신이라 일찍이 부모를 잃고 고생하며 자라야만 했던 것이다. 기미(己未) 대운부터는 운이 돌아오므로 말년에 가서는 편안히 살 팔자다.

자식이 커서 틀림없이 효도할 것이다.

제6장
잘 죽는 죽음

사람은 누구나 한 번은 죽게 된다.

죽음은 육신의 종착역이므로 죽을 때 어떤 마음 자세로 죽어야 할 것인가는 참으로 중차대한 문제이다.

죽을 때 그 마음 자세를 보면 그 사람이 생전에 어떻게 살았다는 것을 짐작할 수가 있다. 죽을 때 아주 기뻐하는 마음으로 죽음에 임하는 사람은 생전에 저승보따리를 잘 챙겨 둔 사람이고, 죽을 때 자신을 스스로 죄 많은 놈이라고 한탄하며 죽는 사람은 생전에 저승보따리를 잘 챙기지 못한 사람이다.

그러므로 저승보따리를 잘 챙긴 사람은 승리한 인생이며 영원무궁토록 복락을 누리게 될 것이고, 반대로 저승보따리를 잘 못 챙긴 사람은 실패한 인생이며 영원토록 고통을 당하게 된다.

한 번밖에 없는 인생을 우리가 과연 어떻게 살아야 할 것인가.

그리고 당신의 저승보따리에는 무엇을 담아 놓았는가. 한 번 살펴볼 일이다.

두려운 죽음

어느 날 오후 스무 살 남짓한 아가씨가 역산 선생을 찾아왔다
그녀는 자리에 앉지도 않고서 무슨 말을 할 듯하며 주저주저했다.
그래서 역산 선생이 먼저 물었다.

"나한테 무슨 할말이 있소?"

그러자 그녀가 말했다.

"저 영감님, 다름이 아니라 저희 아버님께서 영감님을 꼭 한 번
뵙고 싶어 하시는데 함께 가 주실 수 있는지요?"

역산은 말했다.

"아가씨의 아버지가 이곳에 올 처지는 안 되는가요?"

그녀는 눈물을 글썽이며 말했다.

"영감님, 저희 아버님은 지금 심한 병환중에 계십니다. 다니실
수가 없어요. 영감님, 제발 부탁드립니다. 저희 아버님의 소원을
꼭 한번 들어 주세요. 사례비는 넉넉히 드리겠습니다."

그녀가 애원을 하자 역산은 허락을 했다. 책은 가방 속에 주워
담고 돗자리는 둘둘 말아서 계단 구석에 밀어넣고는 그녀를 따라
갔다.

그녀는 지나가는 택시를 잡아 역산 선생을 태워 달렸다. 택시는
영동대로를 지나 군자동 어느 골목 어귀에 섰다.

그녀를 따라 어느 부잣집 대문을 열고 들어갔다. 집안에 없는
것 없이 다 갖추어 놓고 사는 으리으리한 부잣집이었다. 그녀의
안내로 2층 방으로 들어가니 70세 가량의 늙은이가 침대에 누워

있다가 천천히 일어났다. 벌서 몇 년째 병석에 누워 있는 처지인
듯 깡마른 체구에 뼈와 가죽만 남아 있었다.
　그는 숨쉬기가 힘든 듯 손으로 가슴을 만지며 말했다.
　"이렇게 와 주셔서 정말 고맙습니다."
　"무슨 일로 날 찾았소?"
　역산 선생이 묻자 그는 곁에 있던 딸을 쳐다보며 말했다.
　"경숙아, 넌 밖에 나가 있어라. 그리고는 아무도 이 방에 못 들
어오도록 해라."
　노인이 이렇게 말하자 그녀는 조용히 방문을 열고 나갔다. 방
안에는 역산 선생과 단 두 사람뿐이었다.
　"영감님, 먼저 제 사주부터 한번 봐 주세요."
　그는 가쁜 숨을 몰아쉬면서 자신의 생년월일과 시를 말했다.

년　월　일　시　이돌식
壬　辛　庚　丙　　　　　　壬癸甲乙丙丁戊
子　亥　辰　戌　　　　　　子丑寅卯辰巳午

이렇게 사주를 뽑아 놓고서 역산은 중얼거렸다.
　"경진일생(庚辰日生)이라 괴강격(魁罡格) 사주인데, 사주에 괴
강이 있는 사람은 강열한 살(殺)로써 길운을 만나면 대부귀(大富
貴)의 태평성대를 만날 수 있고 흉운을 만나면 살인을 하거나 극
빈하게 살거나 하는 등의 대흉을 당할 수가 있지요. 괴강은 네 가
지가 있는데, 즉 경술(庚戌), 경진(庚辰), 임진(壬辰), 무술(戊戌)
네 가지입니다. 당신의 사주를 보니 경진(庚辰)의 괴강이라 사람을
해칠 위험이 있군요. 용신(用神)이 시간(詩干)의 병화(丙火)인데
대운이 목화(木火)운으로 잘 하면 벼슬도 할 수 있고 재물도 많이
따르겠군요."
　역산이 사주에 나오는 대로 설명을 하자 이돌식은 머리를 끄덕
끄덕하더니 입을 열었다.
　"예, 맞습니다. 제가 지금까지 걸어온 일생을 마치 손바닥 들여

다보듯이 훤히 잘 알아맞추시는군요. 영감님, 그런데 제 나이 28세 때 무슨 일을 했다는 것은 나오지 않습니까?"

그러자 역산은 다시 이돌식의 사주를 봤다.

"28세 때라면 축(丑)대운인데 흉운이라, 그해는 축진(丑辰)이 파극(破剋)을 하는 시기라 여자 문제로 고통을 당할 수도 있고, 또 사고를 낼 수도 있는 시기지요. 아무튼 그해는 악살이 가득한 해였군요."

이때 이돌식은 역산 선생의 손을 잡으며 말했다.

"영감님, 그해에 제가 사고를 저질렀습니다. 너무나 엄청난 죄를 지었지요."

그는 두 눈을 지그시 감으며 과거를 회상했다.

그러니까 지금으로부터 45년 전, 이돌식은 고향 친구인 김민수와 함께 어느 중소기업에 다니고 있었다. 두 사람은 친형제나 다름없이 가까운 사이였는데 김민수가 사귀는 아가씨가 하나 있었다. 그 아가씨의 이름은 정애경이라고 했고, 바로 두 사람이 다니고 있는 회사 사장의 둘째딸이었다. 정애경은 마음씨도 착하고 인물도 양귀비를 버금갈 정도의 미녀였다. 더구나 정 회장은 슬하에 아들은 없고 딸만 둘뿐이니, 김민수는 정애경과 결혼만 하면 장차 회사의 재산을 절반까지는 차지할 수 있는 처지가 되어 있었다.

그래서 이돌식은 속으로 괴로워했다. 친구인 김민수만 없었더라면 자기가 정애경 씨와 결혼할 수 있었을 것이라 생각하니 갑자기 마음속에 무서운 음모의 흑심이 또아리를 틀었다.

김민수를 죽여 버리기로 계획을 세웠다. 어느 일요일 이돌식은 한강에 구경을 가자고 유혹하여 강가에서 놀다가 미리 준비해 온 수면제가 든 음료수를 김민수에게 권했다. 김민수는 아무런 생각 없이 음료수를 마시자 이내 잠이 들었다. 이돌식은 잠든 김민수의 옷을 벗기고는 강물 속에 밀어넣었다.

잠든 김민수는 그대로 강에 빠져 죽고 말았다. 이돌식은 3시간 후에 경찰에 신고했다. 함께 목욕을 하다가 김민수가 물에 빠져 죽었다고 하자 경찰은 아무런 의심도 없이 수색작업을 벌인 결과

익사한 지 5시간 만에 김민수의 시체를 건져 내었다. 경찰들은 김민수가 목욕을 하다가 심장마비로 익사했다는 결론을 짓고는 사건을 종결했다.

이돌식은 그 후 정애경과 결혼하였고 다음에 회사의 재산 절반을 차지하는 행운을 얻게 되었다. 그러나 그때 그 사건을 생각하면 종종 괴로워 잊어버리려 애를 쓰며 살아오다가 60세부터는 중풍에 걸려 그때부터 지금까지 병석에 누워서 지내게 된 것이다.

이제 죽음이 눈앞에 다가온 것을 느끼자 지난날의 과오를 털어놓고 싶은 생각이 들었지만 마땅한 상담자가 없어 고심을 해 왔다. 그러다가 소문을 듣기에 역산 선생이 인생문제의 해결사라는 말을 듣고는 초청을 한 것이다.

지금까지의 이야기를 듣고는 역산 선생도 한숨을 크게 쉬었다.

"어쩌자고 그런 무서운 죄를 지었소. 당신의 손에 억울하게 죽은 친구 김민수는 지금쯤 저승문 입구에서 이를 갈며 기다리고 있겠군요."

역산이 탄식을 하자 이돌식은 두려움의 눈물을 흘렸다.

"영감님, 이 죄를 어떻게 하면 좋겠습니까? 민수에게 너무 큰 죄를 지었습니다. 이제 저도 죽을 날이 멀지 않았는데, 막상 죽으면 저승에 가서 민수를 만나 무슨 얼굴로 대할까, 그 생각만 하면 눈앞이 캄캄합니다. 영감님, 좋은 해결책이 없을까요?"

이돌식은 부들부들 떨며 매달렸다. 역산은 두 눈을 감고 깊은 생각에 잠겨 있다가 눈을 뜨며 말했다.

"그런 엄청난 죄를 지어 놓고서 그간 괴롭지도 않았소? 아무리 사람이 악마의 탈을 썼다 해도 본심만은 살아서 움직이기 때문에 죄를 지은 사람은 괴롭지 않을 수가 없지요. 그런 죄를 지었다면 진작 좀 밝혀서 죄를 씻을 것이지 이제 곧 죽음에 임박해서야 털어놓으니 무슨 방법으로 해결을 하겠소!"

이돌식은 또 눈물을 흘렸다.

"지금은 너무나 후회가 됩니다. 김민수를 위해서 제가 지금 무엇을 하면 좋겠습니까? 무엇이든지 하겠습니다. 말씀만 해 주세요, 영감님."

역산은 쓴 입맛을 다시며 입을 열었다.

"그럼 그때 정애경 씨는 지금의 안사람이 되어 있겠군요?"

이돌식은 고개를 끄덕이며 말을 이었다.

"예, 그렇습니다. 그녀와 결혼한 후에 아들 하나 딸 하나를 두었지요. 그런데 아들이 큰 걱정거리랍니다."

역산은 눈빛을 반짝이며 물었다.

"아들이 큰 걱정거리라니요? 그게 무슨 소립니까?"

이돌식은 한숨을 쉬더니 말했다.

"제가 지은 죄업 때문에 아들이 그렇게 되었다고 생각합니다."

이돌식은 징애경과의 사이에 아들 하나 딸 하나를 두었는데, 아들이 25세 때 교통사고를 당하여 두 다리가 다 부러져 병신이 되고 말았다. 늘 휠체어를 타고서 집안에서만 생활하고 있었는데, 항상 괴로워하다가 스스로 목숨을 끊으려고 자살을 시도한 적이 수없이 많았다.

왜 이러한 불행이 아들에게 닥쳤는가를 아무도 몰랐으나, 아버지인 이돌식만은 스스로 알고 있었다.

"영감님, 하나밖에 없는 아들마저 저 꼴이 된 것도 모두 제가 과거에 지은 죄업 때문이겠지요?"

역산은 대답 대신 고개만 끄덕끄덕했다.

"영감님, 괴로워하는 저에게 위안이 될 만한 법문(法門)을 좀 들려주세요. 너무나 괴롭습니다."

역산은 조용히 꾸짖었다.

"지금 당신은 저승보따리에 무엇을 담아 두었소! 여자와 재물이 탐이 나서 친구를 죽인 살인마의 죄업만 가득히 담아 두지 않았소! 그 죄업으로 말미암아 아들도 불구자가 되었으니, 이 어찌 무서운 죄업이 아니라 할 수 있겠소?"

이돌식은 흐르는 눈물을 닦으며 말했다.

"영감님, 지금 저의 저승보따리에는 살인죄와 간음죄만 가득히 들어 있어요. 지난 과거가 너무나 후회스럽습니다."

역산은 놀라면서 물었다.

"간음죄란 또 무엇이오. 부인 외에 다른 여자를 건드리기라도 했소?"

역산이 묻자 이돌식은 고개를 끄덕이며 눈물을 흘렸다.

"42세 때 회사의 비서로 있던 미스 박이란 아가씨를 건드리고 말았지요. 그러자 그녀는 순결을 잃어버린 것을 괴로워하다가 독약을 마시고는 목숨을 끊어버린 사건이 있습니다. 그 아가씨가 남긴 유서를 지금도 제가 가지고 있어요. 아무에게도 보이지 않았는데, 오늘 처음으로 영감님께 보여드릴게요."

그는 서랍 깊숙히 간직해 둔 미스 박의 유서를 내놓았다. 역산이 종이를 펴보자 이렇게 쓰여 있었다.

'이돌식 사장님이 너무나 밉다. 22년간 고이 간직해 온 순결을 이토록 처참하게 짓밟아 버리다니, 난 이제 살 희망이 없다. 조용히 사라지겠다.'

유서를 읽고 난 역산은 두 눈을 감아 버렸다. 어찌 이런 일을 저지를 수가 있나 생각하니 분노가 치밀어 올랐다.

"영감님, 제가 짐승만도 못한 놈이지요. 저로 말미암아 죽은 두 사람에게 한없이 깊은 사죄를 드리고 싶습니다. 용서해 주십시오."

역산은 이성을 되찾아 정신을 수습했다.

"도대체 어쩌자고 그런 짓을 했단 말이오. 정업(定業)을 면치 못하겠군요. 비록 믿음으로 천업(天業)을 돌파한다 해도 어렵겠습니다."

역산 선생이 한숨을 짓자 이돌식은 물었다.

"영감님, 정업을 면치 못한다는 뜻은 무슨 뜻이며, 또 천업을 돌파한다는 말은 무슨 뜻인가요?"

이돌식은 마치 지푸라기라도 잡으려는 심정으로 매달렸다.

역산은 역겨운 듯 말했다.

"정업을 면치 못한다는 말은 이미 부모와 조상들이 지은 업이기 때문에 한번 결정된 업은 면할 길이 없다는 뜻이며, 또 천업을 돌파한다는 말은 아무리 이렇게 주어진 업이라고 하더라도 하늘을 지극히 잘 모시고 살면 악업이 감해진다는 뜻입니다. 그런데 당신의 경우에는 이제 죽을 날이 너무 임박하여 이 천업을 돌파할 여유가 없겠군요. 너무 때가 늦었습니다.”

그러자 이돌식은 또 한숨을 크게 내쉬며 고개를 끄덕였다.

“영감님, 김민수와 미스 박의 영혼을 위하여 지금이라도 위령제를 지내주고 싶은데 어떨까요?”

역산은 말했다.

“너무 때가 늦었지만 위령제를 지내주는 것은 좋은 일입니다. 내일이라도 당장 지내 드리세요. 구천을 헤매 도는 두 영혼이 다소나마 해원이 될 거요.”

그는 다소 밝은 표정을 하며 말했다.

“영감님, 위령제를 지상에서 지내주는 것이 구천을 헤매는 원혼들에게 무슨 혜택을 주나요?”

역산은 역겨운 듯 말했다.

“하늘을 모시고 마음의 자세를 바르게 하면 그 정성의 기운으로 원혼들을 달랠 수가 있지요. 사람에게는 몸과 영혼이 있는데, 영혼이 주인입니다. 그런데 이 영혼의 주인은 또 하늘이시니, 사람이 하늘을 마음속에 모시고 살면 우주의 큰 기운과 합치되므로 세상에서는 이보다 좋은 일이 없습니다. 이러한 사람이 원혼을 위해 위령제를 지내면 큰 효과를 볼 수 있는데, 가장 중요한 것은 지상에서 육신을 쓰고 있는 사람이 생전에 자신의 저승보따리를 잘 챙겨두는 것이 제일 좋은 방법입니다. 지상의 자녀나 후손의 정성이 비록 많다 하더라도 자신이 생전에 자신의 영생을 위해 저승보따리를 챙기는 것에 어찌 비교가 되겠습니까. 그건 그렇고, 두 사람의 원혼을 위해 위령제를 지내 주세요.”

이때 이돌식이 말했다.

“영감님께서 대신 제사를 좀 지내 주십시오. 사례는 넉넉히 하겠습니다. 부탁합니다.”

역산은 잠자코 있더니 허락을 했다.

이튿날 이돌식은 사람을 시켜 제삿상을 차리게 했다. 역산은 제

사에 필요한 목탁과 향과 촛불 등을 준비하여 갔다. 방문을 열고 들어서니 제삿상이 잘 차려져 있었다. 이돌식과 이돌식의 아내 정애경과 딸 정희 그리고 아들은 휠체어에 몸을 실은 상태에서 둘러서 있었다.

역산은 먼저 위령제를 지내야 하는 목적에 대하여 간단하게 설법했다.

"사람은 타고난 수명을 살다가 마치고 돌아가는 것이 원칙입니다. 물론 천수를 다한 것을 고종명이라 하여 예부터 오복 중에 하나로 여겨 왔습니다. 그런데 세상에는 천명을 다 지키지 못하고 비명으로 가는 사람이 종종 많이 있습니다. 즉, 모진 병에 걸려 죽거나 차에 치여 죽거나, 물에 빠져 죽거나, 또는 배신자의 손에 살해를 당하는 것 등입니다. 이렇게 죽은 영혼들은 죽은 뒤에도 제 갈 길을 바로 가지 못하고 원혼이 되어 구천을 떠돌게 됩니다. 이러한 원혼들은 자기를 그렇게 만든 지상에 남아 있는 사람을 저주하며 해독을 끼칩니다. 그러므로 지상인은 그 원혼을 위하여 위령제를 지내 주어서 원한을 풀어 주고, 편안히 저승문을 지나가도록 하는 것이 곧 위령제를 지내는 목적입니다. 또한 미혹한 중생이 그 자리를 통하여 깨달음을 얻도록 하는 것이기도 합니다. 곧 위령제를 지내는 목적입니다."

역산이 한참을 설명하자 참석한 사람들은 모두 고개를 끄덕끄덕했다.

역산 선생은 다시 목탁을 치면서 주문을 암송했다. 천문 120송, 장군주 120송, 영생주 120송을 암송했다. 그리고는 위령기도를 올렸다.

"천지부모님 도와주시옵소서. 수호신령님 도와주시옵소서. 고 김민수 영혼과 박혜숙 영혼을 위한 위령기도를 드리는 저희들의 정성을 받아주시옵소서. 두 영혼은 지상에서 꽃도 피워 보지 못하고 어리석은 중생의 손에 억울하게 목숨을 잃었나이다. 이 시간 저희들의 믿음과 정성을 모아 일심으로 기도하오니, 그의 원혼들을 불쌍히 여기사 저승의 제자리로 찾아 들어가도록 저승문을 열어 주시옵소서. 조상들의 업보와 현생의 모든 악업을 모두 씻어 주시고, 이승에서 풀지 못한 억울한 원한을 풀어 주옵소서. 오늘 이 자리에 무릎을 꿇은 이돌식 죄인이 깊이깊이 회개를 하오니 정성을 보시고 두 영혼의 억울한 원한을 다 풀어 주시옵소서. 그리하여 비명에 간 원혼이 구천을 헤매지 말게 도와주시고, 앞길을 막는 백천사마의 방해를 물리쳐 주시어 천지부모님의 품안에 편히 잠들게 하옵소서…….

일심으로 비옵나이다.

일심으로 비옵나이다.

일심으로 비옵나이다."

기도가 끝나자 이돌식은 대성통곡을 했다. 참석한 가족들도 모두 눈물을 흘렸다. 이돌식은 역산의 다리를 붙들고 매달렸다.

"영감님, 부디 가지 마시고 제 곁에서 저를 좀 지켜 주십시오. 저는 영감님께서 곁에 있어 주셔야만 마음이 놓입니다. 제발 부탁드립니다."

그가 매달리자 역산은 난처한 빛을 띠었다. 그러자 딸 정희가 역산 선생의 손을 굳게 잡으며 애원을 했다.

"영감님, 부탁드립니다. 제발 마지막 가시는 저희 아버님의 소원을 들어주십시오."

역산은 할수없이 주저앉았다.

"죽은 사람의 소원도 들어주는데, 어찌 산 사람의 소원을 외면할 수 있겠소. 당분간 이곳에 머물러 있을께요."

그러자 이돌식은 감사의 눈물을 흘리며 굽신굽신했다.

"영감님, 너무 감사합니다. 이제 저는 두렵지가 않습니다. 감사합니다."

그래서 할수없이 이돌식이 죽을 때까지 역산 선생은 그 집에서 머물러 있기로 했다.

장례식

역산 선생은 할수없이 이돌식의 집에 머물게 되었다. 역산은 이튿날 저녁 식사를 끝내고는 가족들을 모두 한방에 불러 모아 죽음에 대한 설법을 시작했다.

"살고 죽는 것은 모두 하늘에 달린 것이지요. 그러므로 사람이 지상에 살면서 생존의 도리를 다한 후에는 천명을 기다리는 것이 당연한 일입니다. 그러니 대개는 죽는 것이 두려운 것이 아니라, 저승보따리를 잘 못 챙긴 것이 두려울 것입니다. 육신을 중심으로 보면 빈손으로 왔다가 빈손으로 돌아가는 공수래공수거(空手來空手去)가 맞지마는, 영혼을 중심으로 보면 빈손으로 왔다가 저승보따리를 가득 채워서 가야 한다구요. 사람들을 보면, 친구나 친척들이 죽는 것을 종종 구경하면서도 자신은 마치 천년 만년 살 것처럼 저승보따리 챙길 생각은 않으니 참으로 안타까운 일입니다. 저승보따리에다 공덕과 자비와 충정의 보물을 챙길 생각은 하지 않고서 죽는 날까지 돈이나 밝히고, 여자들의 엉덩이 구경만 하려고 애를 쓰고 있으니 말이나 됩니까! 사람이 지상에서 꼭 해야 할 것은 하늘을 중심삼고 심신일체를 이루어 성불(成佛)하는 것이며, 하늘을 중심삼고 부부일신하여 가정천국(家庭天國)을 이루고, 만물에 대한 주관성을 회복하는 것이 인생의 존재 목적입니다. 사람이 죽는다는 것이 인생의 끝이 아니에요. 영원한 세계인 본고향으로 돌아가는 것인데, 이러한 것을 모르고 지상이 인생의 전부라고 살고 있는 사람을 보면 참으로 안타깝습니다."

역산이 이렇게 설법을 하자 듣고 있던 가족들은 모두 고개를 끄덕끄덕했다. 그런데 제일 앞에 앉아 있던 이돌식이 갑자기 옆으로 쓰러졌다. 가족들이 깜짝 놀라 침대 위에 누이자 이돌식은 마지막 꺼져 가는 목소리로 역산 선생에게 말했다.

"영감님, 제 곁에 있어 주세요……."

"걱정 마시오. 당신이 죽을 때까지 내가 지켜 주기로 약속하지 않았소."

그러자 이돌식은 아들과 아내와 딸의 손을 번갈아 잡으며 모기만한 목소리로 말했다.

"여보, 나를 용서해 주시오. 당신의 첫사랑의 남자인 김민수를 내가 죽인 것을 용서해 주시오. 내가 죽거든 뒷일은 모두 역산 선생과 의논해서 처리하도록 해요……."

그는 두어 시간 오락가락 죽는 연습을 하더니 끝내 숨을 거두고 말았다.

가족들은 모두 소리내어 울었다. 역산은 이불을 가져오게 하여 이돌식의 몸을 덮었다. 그리고는 목탁을 치며 주문을 암송했다. 그리고 나서 임종기도를 올렸다.

역산 선생은 다시 가족들에게 타계했을 때의 절차를 간단히 설명했다.

"사람이 숨을 거두면 다음과 같은 방법을 취해야 합니다. 첫째로 깨끗한 솜으로 코와 귀를 막아 바람이 들어가지 못하게 해야 합니다. 둘째로는 눈을 감기고 입을 다물게 한 뒤에 머리를 높게 고이고 손과 발을 바르게 잡아 놓습니다. 마치 편안히 잠자는 자세를 취해 주는 것이지요. 셋째로는 알콜이나 물로써 시신의 몸을 깨끗이 닦고 평상복 중에서 편안한 옷을 입힙니다. 그리고 넷째로 칠성판(七星板) 위에 시신을 누이고 홑이불을 덮은 뒤에 병풍으로 가려야 합니다. 그 다음 고인의 사진을 모시고 촛불을 밝히며 향을 피웁니다. 다섯째, 시신을 거두는 일이 끝나면 가족들은 검소한 옷으로 갈아입고 근신하며 애도하는 예를 올려야 합니다. 여섯째로 상주(喪主) 및 유족들은 분향제사를 드려야 하지요."

역산이 우선 조치를 이야기하자 미망인이 말했다.

"영감님, 분향제사는 어떻게 드리나요? 저희들은 처음 당하는 일이라 절차를 잘 모릅니다."

역산은 다시 분향제사 드리는 절차에 대하여 설명했다.

"각 종교마다 의식이 조금씩 다르긴 하나 대동소이하지요. 먼저 귀계예배(歸界禮拜)를 드리는데, 상주나 유족들이나 근친들은 절을 두 번 합니다. 살아 있는 사람에게는 한번 절을 하나, 죽은 사람에게는 두 번 하지요. 그리고 대표가 나와서 귀계축문(歸界祝文)을 낭독합니다. 다음 조객들의 분향 순서가 있는데, 이것은 조객들이 당도하는 대로 하면 됩니다. 그리고 천문(天文)과 장군주(將軍呪)와 영생주(永生呪)를 각각 암송하고, 마지막으로 다시 절을 두 번 하는 것으로 분향제사를 끝내지요."

다음에 역산은 발상(發喪)에 대해서 설명했다.

"수시(收屍)가 끝나면 가족들은 모두 검소한 옷으로 갈아입고 근신하며 애도를 해야 합니다. 다시 말해서 발상이란 초상이 났다는 것을 알리는 절차인데, 즉 근조(謹弔)라고 쓴 등을 달고 문에는 기중(忌中)이라고 쓴 네모진 종이를 붙입니다."

그때서야 역산은 목이 마른지 막걸리를 찾았다. 딸 정희가 막걸리와 간단한 안주를 준비하여 소반에 담아 오자 역산은 잔에 따르지도 않고 흔들어 병째 나발을 불었다. 절반쯤 마시고 난 뒤 옆에 두게 하고는 또 말했다.

"상주(喪主)는 장자(長子)가 되고, 만일 장자가 부재중일 경우에는 장손이 됩니다. 그런데 장자나 장손이 없으면 차자(次子)나 차손(次孫)이 상주가 되지요. 그런데 고약하게도 자손이 없는 경우에는 제일 가까운 친척이나 친지가 상주가 되어서 장례를 주관하게 됩니다. 고인을 위해 상복을 입는 범위는 고인의 팔촌까지의 친족으로 합니다."

역산이 여기까지 설명하자 가족들은 상복 입을 사람들의 숫자를 세느라 손가락을 꼽기도 했다.

역산은 다시금 호상(護喪)에 대한 설명을 했다.

"상중에는 호상소를 마련하고, 호상은 친족이나 친지 중에서 상례에 밝고 경험이 많은 사람을 호상으로 하여 장례에 관한 안내와 연락, 조객록, 사망 신고, 매장 허가 신청 등을 다루도록 합니다. 즉 호상이란 장례식을 대표해서 장례에 대한 모든 일을 다스리는 사람이지요. 그 밖에도 서기를 두어 조문객의 내왕이나 상비(喪費)의 출납 등의 기록 사무를 처리하도록 할 수도 있습니다. 더구나 요즘은 사기꾼들이 많아서 부의금을 도둑질해 가는 사례가 많다고 하니, 그런 점에도 착안하여 잘 살피도록 호상이나 서기에게 부탁을 해 둬야 뒷날 서로간에 오해를 불러일으키지 않습니다."

드디어 장례일이 되었다. 역산은 가족들과 호상 및 오늘 장례에 일을 할 사람들을 모두 불러모아 몇 가지 주의사항을 설명한 후 염습(殮襲)하는 절차를 서둘렀다.

"염습이란 시체를 깨끗이 닦고 수의를 갈아입히는 일입니다. 염습을 하는 데 있어서는 먼저 그에 필요한 여러 가지 물건을 준비해야 하는데, 그 절차가 옛날에는 매우 복잡하였으나 요즘은 많이 간소화해졌지요. 죽은 자가 남자일 때는 가족 중에 남자들이 수의를 갈아입히며, 여자들은 잠시 자리를 피해야 합니다. 또 죽은 사람이 여자일 경우에는 가족이나 친지 중에서 여자가 수의를 갈아입히며, 남자들은 수의를 갈아입힐 동안 잠시 자리를 피해 주어야 합니다. 그리고 염습 때 시체를 닦은 수건 등은 땅을 파서 묻어야 하며, 그 밖의 병중에 입었던 옷이나 수건 등은 불살라서 땅에 묻어야 합니다. 수의는 아래 옷부터 차례로 입히고 옷고름은 매지 않으며, 옷깃은 산 사람과 반대로 여미는 것입니다."

역산이 시키는 대로 가족들은 염습을 끝냈다. 염습이 끝나자 역산은 입관을 하라고 했다.

"운명 후 24시간이 지나면 염습을 하고 입관을 하는데, 입관할 때에는 관벽과 시체 사이의 공간을 깨끗한 백지나 마포로 공간을 채워 시체가 관 속에서 흔들리지 않도록 한 다음 홑이불로 덮고 뚜껑을 덮어 나무로 만든 못을 박습니다. 그리고 관상명정(棺上銘

旌)을 쓴 다음에 장지(壯紙)로 싸고 노끈으로 관을 묶습니다.”
　역산이 시키는 대로 입관 절차가 끝나자 이번에는 영좌(靈座)에
대하여 설명했다.
　“입관한 후에는 병풍이나 가리개로 가려 놓고, 따로 정결한 위
치에 영좌를 마련하여 고인의 사진을 모시어 촛불을 밝히고 향을
피웁니다. 영좌의 오른쪽에는 명정(銘旌)을 만들어 세웁니다. 영좌
앞에 탁자를 놓고 술잔과 실과를 차려 놓고 분향을 합니다.”

　잠시 후 영구차가 왔다는 소식이 전해지자 모두들 곡을 하며 관
을 영구차에 실었다. 영구차 외에 별도로 전세 버스 다섯 대가 더
와 있었다. 조문객들이 모두 버스에 타자 차는 장지로 달렸다.
　버스로 2시간 정도 달리자 이돌식의 선산(先山)이 나타났다. 이
돌식의 조상들이 묻혀 있는 선산에 역산은 적당한 자리를 골라서
좌향을 본 뒤 자리를 정했다. 따라간 일꾼들은 곡갱이로 구덩이를
파기 시작했다. 이때 호상이 와서 물었다.
　“영감님, 하관(下棺)은 몇 시에 합니까?”
　“미(未)시요. 미(未)시에 하관을 하세요.”
　“미(未)시라면 앞으로 한 시간 후에 하관을 해야겠군요.”
　“그렇소. 그렇게 합시다.”
　“영감님, 오늘 이 자리가 명당자리는 됩니까? 명당자리가 되어
야 후손이 잘 된다고 하지 않습니까?”
　“조상의 묘지를 잘 모셔야 후손들이 부귀와 영화를 누리며 잘
산다는 이야기가 있는데, 그것은 조상에 대한 효심의 발로라고 할
수가 있지요.”
　호상이 다시 물었다.
　“영감님, 오늘 장례를 치르는 고인의 조상 중에서 묘지를 잘 못
써서 고인의 아들이 저렇게 다리 불구자가 된 게 아닐까요?”
　역산은 고개를 가로저었다.
　“조상의 무덤을 잘 못 써서 아들이 불구자가 된 게 아니라, 고
인이 생전에 허물이 커서 그런 것이지요.”

호상은 눈이 동그래지며 물었다.

"영감님, 고인께서는 주위 사람들에게 악인이라는 소리는 듣지 않고 평범하게 살았습니다. 그런데 허물이 있다니요. 그게 무슨 말씀입니까?"

"사람을 평가하되 겉으로 드러나 있는 것만 가지고 평가할 수는 없지요. 사기꾼들이 겉으로는 자선가의 흉내를 내고 있는 사람이 많으며, 삼악(三惡)을 범한 사람이 겉으로는 대덕군자(大德君子)인 채 흉내를 내면서 살고 있으니까요."

호상은 계속 고개를 갸웃거리며 물었다.

"그럼 혹시 영감님께서는 고인의 허물을 알고 계십니까?"

"알고 있지만 이미 죽은 사람인데, 허물을 밝히는 것은 옳은 일이 아니므로 난 입을 다물 것이오. 사람이 세상에 살면서 겉으로 진실한 척 꾸미고 살 게 아니라 속으로 진실하게 살아야 합니다. 죽을 때에 하늘을 향해 한 점도 부끄러움이 없어야 잘 산 인생이며 승리한 인생이지요. 죽을 때 최소한도 자신을 죄 많은 놈이라고 비웃지 않을 정도는 되어야 지옥은 면할 수 있는 거예요."

역산의 이야기를 들은 호상은 고개를 끄덕이며 얼굴빛이 붉어졌다.

"영감님의 말씀을 들으니 양심에 가책을 느끼게 되는군요. 죄송합니다."

역산은 호상의 얼굴빛이 별로 좋지 않은 것을 보고는 물었다.

"왜 양심에 걸리는 죄라도 지은 것이 있소? 있다면 죽기 전에 빨리 씻어 버리세요. 육신을 벗으면 씻을래야 씻을 수가 없습니다."

호상은 말했다.

"다른 거야 뭐 있겠습니까. 남의 여자를 좀 많이 건드린 허물이 있지요. 전 팔자에 끼가 많은지, 이상하게도 여자들이 많이 달려들데요. 그래 열 계집 마다하는 사내가 어디 있습니까. 닥치는 대로 마구 주워먹었지요……."

역산은 쓴 입맛을 다시며 말했다.

"가서 일이나 보세요."

역산이 힐책하자 그는 호상소로 돌아갔다. 그때 구덩이를 파고 있던 일꾼 한 사람이 역산에게 다가오더니 입을 열었다.

"영감님, 지금 파고 있는 구덩이는 좌청룡(左靑龍)은 좋으나 우백호(右白虎)는 좀 허약하지 않는지요?"

역산도 빙그레 웃으며 말했다.

"지형의 생김새가 그런데 달리 방법이 없지 않겠소. 그렇다고 다른 산으로 정할 수도 없고……."

하자 그 일꾼은 안타까운 듯 말했다.

"우백호만 좀 좋으면 아들이 장관쯤은 해 먹을 수 있겠는데……. 안됐군!"

그가 혀를 끌끌 차며 돌아가자 역산은 혼자서 중얼거렸다.

"반풍수 집구석 망친다는 말이 있는데, 저런 사람들이 낯선 곳에 가서는 엉터리 도사 노릇 하여 사람 속이고 재물 빼앗을 짓을 할 거야. 쯧쯧…… 어디서 좌청룡이니 우백호니 하는 말은 주워들은 모양인데 알려면 뭔가 좀 똑똑히 알고 말을 해야지……."

역산은 옆에 차려져 있는 술을 마셨다. 모두 점심식사를 끝내고 잠시 쉬고 있자 역산은 호상을 불러 하관을 하라고 지시했다. 하관이란 관을 구덩이에 넣고 흙을 덮은 것을 말한다. 하관에 이어 일꾼들은 흙을 쌓아 봉우리를 만들어 나갔다. 무덤이 완공되자 역산은 위령제를 지낼 준비를 했다.

위령제는 성분(成墳)이 끝난 후 영좌를 묘 앞으로 옮기고 간소한 제수를 차려 놓고 제사를 지내는 것을 말한다.

역산은 축문을 낭송했다.

"백년이란 세월이 반짝하는 번갯불같이 짧고, 사람의 한평생이 풀잎에 이슬 같나이다. 만나면 헤어지고 태어나면 반드시 죽는 것이 만고불변의 천지이치라, 인간이 지상에서 백년을 산다 할지라도 잠시 잠깐의 꿈이요 부귀영화가 모두 허사이나이다. 다만 분명한 것은 평생을 살아오면서 저승보따리에 공덕과 선연과 하늘에 대한 충정을 챙겨가지고 간다면 낙원이나 천국으로 들어가게 될 것이고, 반대로 저승보따리에 탐욕과 살인죄와 도둑질과 간음죄 지은 것을 담아 두었다면 지옥에 떨어질 것은 면할 수 없는 길이나이다. 오늘 이승의 생을 마치고 떠나가는 영가(靈駕)는 생전에 지은 선업과 악업이 많이 있으니 선업은 더욱 크게 드러나게 지켜 주시고 악업은 감추어 주사, 악도를 면하고 선도로 들게 인도하여 주시옵소서. 그리고 이 세상에서 인연 맺은 처자와 일가친척과 사회의 여러 사람들과 이별을 하게 되어 안타까운 심정 헤아릴 수 없으며, 이승에서는 다시 만나 보지 못한다고 생각할 때 비통한 마음 금할 길이 없나이다. 오직 천지 수호신령님께서 떠나가는 영가를 지켜 주시옵소서. 비록 육신은 죽어서 장례를 지내지만 영혼은 죽지 아니하며, 이 자리에서 우리와 함께 장례를 지켜보고 있는 줄 아옵니다. 영원한 저승길을 가는 영가에게 수호신령님께서 지켜 주사 무사히 천지부모님의 품안으로 들어가도록 지켜 주시옵소서.

일심으로 비옵나이다.
일심으로 비옵나이다.
일심으로 비옵나이다.”

그것으로 모든 장례식을 끝내고 모두 버스에 탔다. 버스는 아침에 오던 길로 돌아서 달리기 시작했다. 역산은 달리는 버스 안에서 생각에 잠겨 있었다.

이돌식의 일생을 더듬어 보았다. ‘부모님 덕분에 학교를 무사히 다닐 수가 있었고, 회사에 다니면서 여자와 출세욕 때문에 고향 친구인 김민수를 교묘하게 물에 빠뜨려 죽였다. 그리고는 그의 애인을 빼앗아 결혼하였다. 그 후 사업중 비서로 근무하던 미스 박이란 아가씨를 건드려 그녀가 자살을 하게 만든 장본인이다. 남들이 보기에는 회사의 사장님 대우를 받으며 호의호식했겠으나, 생전에 지은 죄가 많아 지옥에 떨어질 수밖에 없다. 주위 사람들은 그런 줄도 모르고 인자하신 사장님이 돌아가셨다고 슬퍼하며, 그를 위해 비석을 세우고 기념관을 만들어야 한다고 떠들고 있으니,

과연 비석을 세울 만한 일인가? 그 비석에 무엇을 쓸 것인가. 보나마나 회사 창립의 공로자니 또는 온갖 좋은 말은 다 기록할 것이다. 실제 지은 공덕도 없는데 공덕이 많은 것처럼 부풀려서 쓸 것이다. 물론 김민수를 죽였다는 말이야 쓰지 않겠지.'

이처럼 그의 일생이 회상되고 있었다.

이돌식, 그는 한마디로 실패한 인생이다.

아마 지금쯤 지옥의 염라대왕 앞에서 부들부들 떨고 있을 것이다. 초라한 그의 영혼을 누가 거두어 줄 것인가.

보험금

이돌식의 장례를 마치고 역산은 지하철 뚝섬역으로 돌아와서 돗
자리를 깔았다. 그때 50세쯤 되어 보이는 여인이 찾아왔다. 그녀
의 얼굴은 병기(病氣)가 짙어 심한 중병을 앓고 있는 여인 같았다.
그녀는 곧 꺼질 듯한 목소리로 겨우 겨우 말을 했다.
"영감님을 만나 보려고 며칠을 찾아왔는데 안 계시더군요. 어디
다녀오셨나요?"
역산도 조용히 말했다.
"죄 많은 놈 하나 땅 속에 묻어 주고 오느라 며칠간 자리를 지
키지 못했습니다."
그녀는 다시 숨을 몰아쉬며 말했다.
"영감님, 제 사주를 보시고 제가 얼마나 더 살 수 있을지 좀 봐
주세요. 지금 같아서는 내일이라도 당장 죽을 것 같아요."
그녀는 간신히 자신의 생년월일과 시를 말했다.

년 월 일 시 이연숙
辛 庚 甲 乙   辛壬癸甲乙丙丁
巳 子 戌 亥   丑寅卯辰巳午未

이렇게 사주를 뽑아 놓고서 역산은 고개를 갸우뚱거리며 입을
열었다.
"대운으로 봐서는 아직 죽을 때가 되지 않았는데요. 대운으로

봐서는 90세까지 살 수 있겠는데요."

그녀는 고개를 저으며 말했다.

"과거에 지은 죄가 많아서 천벌을 받아 이렇게 빨리 죽으려나 봅니다. 지금 생각하니 후회가 됩니다."

그녀는 눈물을 흘렸다.

이연숙, 그녀는 금년에 50세다.

그녀는 24세 때 박씨란 사람과 결혼하여 살다가 남편 몰래 이씨란 사람과 바람을 피우기 시작했다. 2년이 넘게 이씨와 진하게 바람을 피우다가 결국은 남편과 헤어지기 위하여 수작을 부린 것이다.

남편 박씨의 이름으로 생명보험에 가입한 뒤 7개월을 붓고는 교묘하게 남편을 죽였다. 남편은 술에 만취해서 돌아오다가 언덕에 굴러 떨어진 것처럼 살해를 위장했는데 경찰이나 보험회사 직원들은 감쪽같이 속아 넘어갔다. 그녀는 2억이 넘는 보험금을 타서 좋은 집을 사서 이씨와 정식으로 재혼을 했다. 그녀가 남편을 살해한 것은 이씨도 눈치를 못 챈 것이다.

이렇게 몇 년간 이씨와 진하게 뒹구는 재미로 살았는데, 그녀는 또 다른 사내의 품안이 그리워지기 시작했다. 즉 이씨보다 양물이 더 강한 사내가 그리웠던 것이다. 그래서 궁리 끝에 남창들이 있는 곳에 가서 종종 즐기고 오자, 눈치를 챈 남편 이씨가 화를 내어 다투다가 불화가 생긴 것이다. 그래서 그녀는 또 전 남편을 죽인 것과 똑같은 방법으로 두 번째 남편인 이씨도 감쪽같이 살해하고는 보험금을 타먹었다.

그 뒤 그녀는 보험금을 탄 돈으로 남창들과 주야로 몸을 즐기는 짓을 계속했는데, 45세부터는 몸이 아프기 시작했다. 아무리 치료를 해도 좀체 회복될 기미가 보이지 않았다. 몸이 아프자 마음도 약해져서 죽음이 두려워지기 시작했다. 그래서 여기저기 도문을 기웃거려 보다가 조카의 소개로 역산 선생을 찾아오게 된 것이다.

지금까지의 이야기를 듣고 난 역산은 그만 눈을 감아 버렸다. 너무나 충격적인 실토에 놀라지 않을 수 없었다. 보험금을 타먹기 위해서 남편을 두 명이나 살해하다니, 도대체 사람의 탈을 쓰고서 할 수 있는 행동이란 말인가!

역산은 한숨을 크게 쉬었다.

"너무나 큰 죄를 지었군요. 무엇으로 그 죄를 다 갚으려 하십니까?"

그녀는 흐느끼며 말했다.

"그땐 정말 제정신이 아니었습니다."

역산은 막걸리 병을 들어 벌컥벌컥 마셨다. 술이 목에 들어가지 않고서는 도저히 말이 나올 것 같지 않았기 때문이었다.

"그래, 이제 뭘 어쩔 참이오?"

"영감님, 막상 죽음을 생각하니 너무 겁이 납니다. 밤마다 제 손에 억울하게 죽은 두 사람이 나타나는 악몽을 꾸는데, 너무나 무서워요. 부적이 좋을까요?"

역산은 고개를 가로저었다.

"지은 죄가 너무나 커서 하늘에 닿았는데, 부적 따위가 무슨 소용이 있겠소."

"영감님, 그럼 어떻게 죽어야 잘 죽는 죽음인가요?"

"기뻐하며 죽는 죽음이라야 잘 죽는 죽음이지요. 죽음이란 육신의 탈을 벗어 버리고 천지부모님이 계시는 본향으로 돌아가는 것인데, 어찌 기쁘지 않겠소. 죽을 때 기쁘지 않다면 그는 지옥 갈 사람이지요. 사람이 천국을 들어가는지 지옥에 들어가는지는 죽을 때의 모습을 보면 알 수 있습니다. 당신은 어떤 기분으로 죽을 것 같습니까?"

그녀는 부들부들 떨면서 말했다.

"영감님, 전 죽음이 너무나 무섭고 겁이 납니다. 저를 좀 살려 주세요. 오래 살고 싶어요."

역산은 역겨운 듯이 말했다.

"당신은 원래 장수할 수 있는 팔자를 타고났는데, 지은 죄가 너무나 많아 팔자에도 없는 50세에 죽음을 맞이하게 되었군요. 팔자에 타고난 수명보다 40년이나 스스로 단축한 것입니다.”

그때서야 그녀는 두 손으로 자신의 머리카락을 움켜쥐고는 통곡을 했다.

“너무나 괴롭습니다. 너무나 괴로워요. 이 고통에서 저를 좀 구해 주세요. 돈도 싫고 집도 싫고 사랑도 다 싫어요. 제발 고통 없이 살다가 죽게 해주세요.”

그녀는 괴로움에 몸부림쳤다. 마침 그때 리어커에 여러 가지 칼과 가위 등을 팔러 다니는 사람이 지나가자 그녀는 무슨 결심을 했는지 리어커 쪽으로 달려가 갑자기 칼을 하나 손에 잡더니 자신의 배를 깊이 찌르고는 앞으로 고꾸라졌다. 칼 장수도 깜짝 놀랐고 역산 선생도 깜짝 놀랐다. 그녀는 숨을 거두고 말았다. 잠시 후 경찰들이 달려왔다.

길바닥에는 피가 홍건히 흘러 있었고 그녀의 시신은 경찰에 의해 처리되었다. 역산은 이연숙의 사주를 다시 한번 살펴보았다.

갑목(甲木) 일주(日主)가 자월생(子月生)이라 신강사주인데 용신은 일지(日支)의 술토(戌土)다. 즉 화토(火土)는 길하고 금수(金水)는 흉한데 자년(子年)이 상충하여 사주가 불길하다. 사주에 수기(水氣)가 너무 많아 바람기가 많았다. 계(癸)대운에 첫남편 박씨를 살해한 것을 위장하여 보험금을 타먹었고, 그 후에 묘(卯)대운 경진년(庚辰年)에 또 이씨를 살해한 뒤 보험금을 타먹었다. 결국 그녀는 보험금이 탐이 나서 두 명의 목숨을 빼앗은 살인마가 된 것이다. 그 살인마도 나중에는 괴로움을 이기지 못하여 대로에서 스스로 자기 목숨을 끊어 자살을 하고 만 것이다. 정말 개같이 살다가 개 같은 죽음을 맞이한 것이다.

역산은 중얼거렸다.

‘그렇게 사는 것이 인생이 아닌데, 그녀는 왜 그렇게 살았을까? 돈이 인생의 전부가 아닌데, 그녀는 돈이 생기는 일이라면 남편뿐만 아니라 자식까지도 죽일 악독한 여자였구나! 죽을 때 잘 죽으려면 평소에 잘 살아야 하는 법인데, 그녀는 그것을 왜 몰랐을까?

지금쯤 지옥에 떨어져 있겠구나.'

역산은 돗자리를 말았다.

그리고 늘 드나드는 주막으로 들어갔다. 주모는 의외란 듯 호들 갑을 떨었다.

"영감님, 아직 해가 중천에 남아 있는데, 왜 이렇게 일찍이 들어 오셨어요? 무슨 언짢은 일이라도 있었나요?"

그 말에 역산은 투덜거렸다.

"보험금을 노리고 두 사람의 남편을 죽인 죄 많은 년 때문에 기 분이 상해서 오늘은 일찍 들어왔어요."

"저런 저런, 벼락맞을 년이 있나……. 그래 그년 아직도 살아 있나요?"

주모가 흥분하며 묻자 역산은 쓴 입맛을 다시며 말했다.

"자기 손으로, 칼로 자기 배를 찔러 자살을 하고 말더군요. 하기 야 그년이 그렇게 자살하지 않았다면 누가 죽여도 죽였을 거여!"

역산은 술을 한 잔 들이켰다.

"영감님, 세상에 어쩌면 그런 악독한 년이 다 있었대요. 그년은 지금쯤 지옥 제일 밑창에 떨어졌겠군요. 에이 지독한 년같으니라 고……."

주모도 술을 한 잔 마셨다. 그러자 역산은 벽에 걸려 있는 달력 을 쳐다보며 중얼거렸다.

'오늘의 일진이 병오(丙午)일이구나. 그래서 오늘따라 재수없는 년의 사주를 보게 된 거군. 아무튼 사주팔자 운세는 속일 수가 없 단 말이야…….'

역산은 나머지 술을 다 마시고는 집으로 향했다.

이튿날 역산 선생이 다시 돗자리를 깔고서 자리에 앉자 경찰관 한 명이 찾아왔다. 그는 거수경례를 하고는 말했다.

"영감님, 어제 이곳에서 자살한 이연숙이라는 여자의 사주를 영 감님께서 보셨다면서요?"

역산은 고개를 끄덕이며 시인했다.

"그렇소. 어제 사주를 봤지요."

"영감님, 그녀가 무엇 때문에 자살을 했을까요? 경찰의 입장에서는 자살한 사연을 밝혀야 하거든요. 혹시 아시면 말씀 좀 해 주시겠습니까?"

경찰관이 부탁하자 역산은 어제 그녀에게 들은 이야기를 전해 주었다. 이야기를 전해 들은 경찰관은 깜작 놀라며 주저앉고 말았다.

"영감님, 그게 사실입니까? 도저히 믿어지지 않는군요. 사람의 탈을 쓰고서 어찌 그럴 수가 있단 말입니까?"

경찰관은 고개를 좌우로 흔들었다.

"사람이 악해지면 끝이 없나 봅니다. 돈을 남편보다 더 중요하게 생각했으니, 그런 끔찍한 죄를 지은 것 아니겠소."

"영감님, 세상이 왜 이 모양입니까! 너무나 무서운 세상으로 변해 가는 것 같습니다."

"사람에게 있어 가장 소중한 것은 죽을 때 기쁜 마음으로 잘 죽어야 하는 것인데, 그렇게 잘 죽으려면 생전에 하늘을 모시고 바르게 잘 살아야지요."

역산의 이야기를 들은 그는 고개를 끄덕이며 이연숙이 자살하게 된 이유를 적어서 주머니에 넣고는 돌아갔다.

실패한 인생

어느 날 30세 정도 되어 보이는 청년이 역산 선생을 찾아왔다. 눈에 이상한 살기가 번뜩이는 것을 보아 분명 사고를 낸 사람이라고 역산은 짐작했다. 그는 떨리는 목소리로 말했다.

"그놈의 돈 때문에…… 영감님, 제 사주 좀 봐 주세요. 전 지금 무척 괴로운 사정이 있습니다."

그는 자신의 생년월일과 시를 말했다.

년 월 일 시 박영수
庚 己 庚 丁   庚辛壬癸甲乙丙
子 卯 午 丑   辰巳午末申酉戌

이렇게 사주를 뽑아 놓았다.

역산이 대운을 살펴보더니 심히 근심 어린 모습을 했다.

"지금이 오(午)대운이라 약한 경금(庚金) 일주(日主)는 녹을 지경이군요. 조심하시오. 관액살이 아주 강해요."

역산이 이렇게 말하자 박영수는 부들부들 떨면서 말했다.

"영감님, 금년은 무사히 넘길 수 있을까요? 밤마다 경찰에 쫓기는 악몽을 꾸는데 너무나 괴롭고 무서워요. 살 길이 있겠습니까?"

"나한테 모든 사실을 다 털어놔 보시오. 그래야 해결할 수 있는 방법을 연구해 볼 것 아니겠소."

박영수는 한숨을 내쉬며 자신의 과오를 털어놓았다.

어느 날 박영수는 친구를 찾아갔다. 그런데 친구 이준식은 평소 박영수와는 약간 감정이 상해 있었던 친구였다. 그 이유는 박영수가 돈 40만 원을 빌려준 것이 있는데, 이준식은 그것을 갚을 생각을 하지 않았기 때문이다.

"야, 준식아! 빨리 내 돈 갚아 줘."

박영수가 말하자 준식이는 쳐다도 보지 않으며 욕설부터 했다.

"야 임마, 돈이 있어야 갚을 게 아냐! 그 자식 돈 몇 푼 가지고 더럽게 보채고 있네."

박영수는 화가 났다.

"벌써 몇 년째야. 이번 달 안으로 반드시 갚아 줘. 안 갚으면 가만 있지 않겠어!"

그러자 이준식은 자리에서 벌떡 일어나 박영수의 뺨을 한 대 때렸다.

"임마, 안 갚으면 뭘 어쩔래. 사정 사정해도 갚을까말까 하는데 큰소리치고 있어. 기분 나쁘게……."

박영수는 너무나 어이가 없었다.

급하게 돈이 필요하다고 해서 박영수는 적금을 해약해서 빌려주었다. 그런데 이자는 고사하고 원금을 갚을 생각도 않으면서 오히려 큰소리를 치고 있으니 박영수로서는 화가 날 대로 나고 말았다.

마침 옆에 있던 빨랫방망이를 집어든 박영수는 이준식의 머리통을 힘껏 때렸다. 그러자 이준식은 외마디 비명과 함께 쓰러지더니 그만 죽고 말았다.

이준식이 죽었다는 것을 알자 겁이 덜컥 났다. 이 일을 어쩌면 좋을까 생각하다가 쌀자루에다 이준식의 시신을 담았다. 그리고 밤이 되기를 기다려 시체가 든 자루를 어깨에 메고서 근처 연못가로 갔다. 돌멩이를 자루에 매달고는 연못에 자루를 밀어넣었다. 아무도 모르게 감쪽같이 사건을 처리한 것이다.

그런데 3년이 지나 4년이 접어드는데도 양심의 고통은 더욱 그를 괴롭혔다. 밤만 되면 경찰에 쫓기는 꿈을 꾸기도 하고, 때로는 이준식이 칼을 들고 따라오는 악몽을 꾸기도 했다. 그러나 아무하고도 이러한 사실을 이야기할 상대자가 없었다. 혼자서 늘 괴로워하다가 인생문제의 해결사로 소문난 역산 선생을 찾아오게 된 것이었다.

"영감님, 이 일을 어떻게 하면 좋겠습니까. 전 살고 싶어요. 홀로 계신 노모가 있어요. 좋은 길이 없을까요?"

그가 심각한 모습으로 역산 선생의 손을 잡고 살 길을 부탁했다.

역산 선생은 긴 한숨을 내쉬며 말했다.

"사주의 대운으로 봐서는 이번 달에 체포되어 사형을 당한다고 나옵니다."

그러자 박영수는 깜짝 놀라며 말했다.

"영감님, 안 됩니다. 전 살고 싶어요. 죽기는 싫단 말이에요."

그는 부들부들 떨기까지 했다. 그때 저쪽에서 경찰관 두 명이 걸어오는 것을 보자 박영수는 황급히 일어나 골목으로 달리며 말했다.

"영감님, 저를 보았단 말은 하지 마세요. 전 죽고 싶지 않아요."

역산은 막걸리병을 들어 몇 모금 마시고는 혼자서 중얼거렸다.

'쯧쯧— 도망가 봐야 붙잡히고 말겠어. 차라리 자수를 하면 사형은 면할지 모르나, 체포가 되면 살인죄에다 사체유기까지 합해서 사형을 면할 수가 없겠는데, 무엇을 믿고 도망만 다닌단 말인가…….'

그 후 박영수는 역산 선생의 예언되로 체포되어 사형을 선고받았다. 복역중에 그는 내내 살고 싶다고 외치며, 자신은 억울하다고만 소리를 질렀다.

판사가 무엇이 그렇게 억울하냐고 묻자 박영수가 말하기를, '남의 돈 갚지 않는 놈은 죽어 마땅하다'고 했다. 그러자 판사가 말하기를 '빌린 돈을 미처 못 갚았다고 해서 사람을 죽이면 이 세상에 살아 남을 사람이 몇 명이나 되겠느냐'고 했다. 그리고 시체를 자루에 담아 호수에 버린 것이 더 큰 죄가 되어 사형을 선고한다고 했다.

그 후 박영수는 형장의 이슬로 사라지고 말았다. 박영수도 결국 실패한 인생이다.

사실상 박영수가 잘 죽는 죽음을 선택하려면 일단 자수를 해야 했다.

자수를 한 뒤 자신의 잘못을 크게 반성하며 선처를 요구했다면 사형은 면했을 것이다. 그리하여 감옥 안에서 열심히 수도생활을 하며 자신의 죄를 씻었다면 많은 세월이 흐른 뒤 새사람으로 풀려날 수도 있었을 것이다. 좌우간 죽기 전에 지은 죄를 다 씻는 것이 중요한데, 박영수는 3년이 넘게 도망만 다닐 줄 알았지 죄를 씻을 줄은 몰랐다. 그도 지금쯤 지옥에 떨어져서 염라대왕에게 무시무시한 벌을 받고 있을 것이다.

불행한 죽음

어느 날 60세가 넘어 보이는 노파가 역산 선생을 찾아왔다. 그는 무슨 일로 많이 울었는지 눈이 벌겋게 부어 있었고, 아직도 눈물 자국이 남아 있었다.

그는 손수건으로 눈물을 닦으며 말했다.

"영감님, 이 나이에 이런 모습을 보고 살아야 합니까?"

"무슨 기막힌 일이라도 있소?"

그 노파는 가방을 열어 편지 한 통을 꺼내어 역산 선생께 보였다.

그 편지는 법원에서 날아온 편지였다.

그 편지의 내용은, 지금 이 노파의 딸 김영숙이가 이달 20일에 사형을 당하니 시신을 찾아가라는 편지였다.

역산은 깜짝 놀라며 물었다.

"딸이 무슨 죄를 지었길래 사형을 당한단 말이오?"

그 노파는 눈물을 닦으며 말했다.

김영숙은 올해 38세로, 그녀의 죄목은 남편과 두 딸을 죽인 살인죄였다. 형량은 사형을 선고받아 이 달 20일에 형이 집행되게 되어 있었다.

김영숙은 남편 최씨와 결혼한 지 14년이 되었다. 남편은 모 회사에 다니고 있었는데, 그녀는 가전제품 외판원인 신씨란 사내놈과 눈이 맞아 바람이 나고 만 것이다. 남편이 출근하고 두 아이가 학교에 가면 시간을 맞추어 신씨가 찾아와서 그녀와 음양 도적질을 하며 벌써 3년째 접어들고 있었던 것이다. 그런데 어느 날 여느 때와 다름없이 신씨를 집안으로 불러들여 진하게 뒹굴고 있는데 열두 살 난 큰딸이 학교에 갔다가 배가 아파서 조퇴를 하여 집에 돌아왔다. 그녀와 신씨가 너무 진하게 뒹굴다 보니 딸이 집안에 들어왔는지도 모르고 즐기다가 그만 딸에게 들키고 말았다. 딸이 현관에서 기겁을 하고 있자, 그녀는 딸의 입을 손으로 틀어막고는 엄포를 놓았다. 지금까지 본 것을 절대 말하면 안 된다고 엄포를 놓는 그녀의 손이 딸의 입과 코를 너무 오래 막다 보니 딸이 그만 질식해서 죽고 말았다. 갑자기 딸이 죽은 것을 보자 그녀는 겁이 났다.

그래서 신씨와 의논 끝에 뒷마당에 딸의 시신을 묻기로 했다.

딸의 시신을 파묻고는 다음 일이 걱정되었다. 즉 남편 최씨가 퇴근하여 돌아와 딸의 행방을 물으면 무엇으로 변명할 것인가를 고민하다가 두 사람은 이왕 엎질러진 물이니 남편 최씨도 살해하기로 의논을 모았다.

이렇게 의논을 하고 있는데 작은딸이 학교에서 돌아왔다. 작은딸을 보자 신씨는 기왕 죽인 김에 작은딸도 없애 버려야 뒤끝이 깨끗하다며 작은딸도 죽일 것을 주장하자, 그녀도 흔쾌히 승낙하였다. 결국 작은딸도 죽여서 뒷마당에 파묻었다.

이러한 끔찍한 사실도 모르고 남편 최씨는 퇴근하여 집으로 돌아왔다. 아내가 내미는 음료수 한 잔에 남편도 쉽게 쓰러졌다. 그녀는 신씨와 함께 남편의 시신도 뒷마당에 묻었다.

그리고 그녀는 신씨와 함께 주야로 음문이 찢어지도록 뒹굴며 살았다. 그러나 그들의 배꼽 맞추기도 오래 가질 못했다. 남편 최씨의 동생이 경찰에 신고하여 결국 사건 전모가 탄로나게 되어 사형을 선고받게 된 것이다. 김영숙과 신씨는 각각 사형을 당하기 전 가족에게 사형집행에 대한 편지가 전달되었다. 김영숙에게는 친정 집으로 편지가 왔는데, 친정 어머니는 그 편지를 받고는 대성통곡을 했다.

"영감님, 제가 전생에 죄가 많아서 그런 죄많은 딸을 두었나 봅니다. 영숙이 그년이 그런 끔찍한 짓을 저지를 줄이야 꿈에도 몰랐습니다. 그년이 끼가 좀 많다는 것은 알았지만, 사람을 셋씩이나 죽이는 살인마일 줄은 상상도 못했습니다."

역산은 깊은 탄식을 하며 말했다.

"해도 해도 정말 너무했군요. 신씨란 놈과 놀아나기 위해서 남편과 두 딸을 죽이다니, 정말 살인마군요. 그래 그런 살인마를 두고서 뭘 어쩌겠다고 날 찾아왔소?"

그 노파는 눈물을 흘리며 말했다.

"아무리 지은 죄가 밉다 하지만, 죽기 전에 최후 기도라도 한번 드려 주고 싶어서 영감님을 찾아왔습니다. 영감님, 우리 딸 영숙이를 위해 최후 기도를 부탁드립니다."

역산은 쓴 입맛을 다시며 입을 열었다.

"죄는 미워도 그 사람을 미워해서는 안 되겠지요. 좋습니다. 내가 최후 기도를 해 주지요."

그렇게 해서 역산 선생은 김영숙의 최후 기도를 해 주기로 약속하고는 노파를 위로했다.

"모두 부모와 조상들이 지은 업보라 생각하세요. 조상들이 지은 업보가 너무나 무겁군요. 기왕 죽는 딸이긴 하나 그녀의 사주나 한번 보지요. 생일이 언제입니까?"

노파는 딸의 생년월일과 시를 말했다. 역산 선생은 만세력을 펼치며 말했다.

"잠시 왔다 가는 것이 인생인데, 왜 그렇게 함부로 살았을까요?"

년	월	일	시	김영숙	
癸	辛	丙	戊		壬癸甲乙丙丁戊
巳	酉	午	子		戌亥子丑寅卯辰

이렇게 사주를 뽑아 놓고서 역산은 고개를 끄덕거렸다.

"지금이 자(子)대운이라 꼼짝달싹도 못하고 죽게 되는군요. 팔자가 이렇게 타고난 사람은 천지부모님께 기도를 많이 드렸다면 그 흉살이 감해져서 사형만은 면할 수 있었을 텐데, 이젠 돌이킬 수가 없게 되었군요. 사건을 저지르기 전에 미리 마음의 자세를 바르게 가져야 흉운이 그냥 지나가는 것인데……."

노파는 다시 눈물을 흘리며 말했다.

"모두 자기가 타고난 팔자대로 사는가 봅니다. 그년이 결혼 전에는 제법 정숙한 듯했는데, 결혼 후에 변해 버렸더군요."

"여자가 한번 바람이 나면 바로 잡기가 무척 어렵지요. 조물주께서 배꼽 밑의 일을 그러라고 한 것이 아닌데 말입니다."

20일 아침, 김영숙의 어머니는 아침 일찍 역산 선생을 찾아왔다.

지나가는 택시를 잡아타고 형무소 있는 곳으로 달렸다.

도착 즉시 접수를 시켜 놓고 대기실에서 기다렸다. 노파는 딸의 왕생극락을 비는 뜻에서 반야심경을 계속 외우며 눈물을 흘리고 있었다.

이윽고 간수가 불러 역산 선생은 사형장 안으로 들어갔다. 죄수들은 이곳을 넥타이 공장이라고 부르고 있었다. 즉 밧줄로 목을 매달아 처형하기 때문에 그런 말이 생긴 것이다.

역산 선생과 김영숙과는 초면이었다.

역산은 천문(天文)과 장군주와 영생주 등을 암송한 뒤 천상길로 인도하는 기도를 했다.

장군주

천지장군내조아	天地將軍來助我
삼척장검재수중	三尺長劍在手中
천지부모엄령하	天地父母嚴令下
일휘장검참악신	一揮長劍斬惡神

기도가 끝난 후 역산은 그녀에게 물어 보았다.

"무슨 할말이 있소?"

그녀는 눈물을 흘리며 말했다.

"제 마음으로는 개미 한 마리도 죽이지 못할 것 같은데, 남편과 두 딸을 죽였다는 것이 스스로 믿어지지가 않아요. 저승에 가서 남편과 딸에게 사죄하겠어요……."

이윽고 그녀에게 교수형이 집행되었다.

집행이 끝나자 그녀의 가족은 김영숙의 시신을 화장터로 옮겨 화장을 시켜 강물에 뿌렸다. 이때 울고 있는 노파를 달래며 역산이 말했다.

"딸은 마지막으로 하는 말이 자신은 개미 한 마리도 못 죽이는 착한 마음이라고 하더군요. 사실 그런 거요. 사람의 본심은 누구나 착합니다. 그러나 사심이 들어가면 살인도 저지르고 도둑질도 하고 간음도 하지요."

"영감님, 사람이 일생을 살면서 어떻게 하면 바르게 살 수 있을까요?"

"그것은 사랑과 생명과 정도의 주인이신 하늘을 마음속에 모시고 살면 되지요. 하늘을 모시고 살면 사심이 틈타지 않으므로 일생을 바르게 살 수 있으며 편안히 살 수 있지요. 그래야 죽을 때도 행복하게 죽을 수가 있습니다. 사람은 무엇보다도 죽을 때 잘 죽어야 승리한 인생인데, 그러니 죽을 때 잘 죽으려면 평소에 하늘을 모시고 살면서 저승보따리를 잘 챙겨야 하지요."

역산은 집으로 무거운 발걸음을 옮겼다.

죽음을 준비하라

어느 날 50이 좀 넘어 보이는 여인이 역산 선생을 찾아왔다. 그녀는 무슨 병을 앓고 있는지 얼굴색이 많이 나빠 보였다. 역산 선생이 먼저 물었다.

"어디가 많이 아프세요?"

그녀는 인상을 찌푸리며 대답했다.

"머리부터 발끝까지, 오장육부와 사지백체 어느 한 곳도 멀쩡한 곳이 없나봐요. 늘 약주발이 곁을 떠날 줄을 모르고 살아요."

그녀는 생년월일과 시를 말했다.

역산은 만세력을 뒤적거리며 말했다.

"팔자에 병약한 몸으로 타고났는가 보군요. 가난하게 살아도 몸이나 건강해야 하는 건데, 쯧쯧……."

년 월 일 시 김말숙
癸 庚 丙 丙　　　　　辛壬癸甲乙丙丁
未 申 子 申　　　　　酉戌亥子丑寅卯

역산 선생은 사주와 대운을 살펴보더니 혀를 끌끌 찼다.

"정말 험악한 팔자를 타고나셨군요. 병화(丙火) 일주(日主)가 신월생(申月生)이라 신약(身弱)사주인데, 금수(金水)는 태강하고 병화(丙火)는 뿌리가 없어 허약합니다. 그렇다고 종격(從格)도 될 수 없으니 팔자가 험악할 수밖에요. 이 사주에서는 목(木)이 꼭 필요

하건만 없으니 더 고전을 당하게 되었군요. 설상가상으로 대운마
저 기신(忌神)운으로 흘러 지금까지 죽지 못해서 살아온 인생 같
군요."

역산이 이처럼 말하자 그녀는 눈물을 흘렸다.

"영감님, 전 50년을 살아오면서 어느 하루도 행복하게 살아 보
지 못했어요. 늘 병석에 누워 있거나, 아니면 약주발이 곁을 떠나
질 않았으니까요. 흐흑……."

역산 선생은 두 눈을 지그시 감고서 말했다.

"조상들의 업보가 무거워서 그렇습니다. 조상들이 살생이나 사
람을 때리는 죄업을 많이 지었기 때문에 그런 거예요. 하늘을 향
해 조상들의 죄를 회개하는 기도를 많이 하세요."

"영감님, 전 지금까지 한번도 기도를 해본 적이 없어요. 그래서
어떻게 기도를 해야 하는지도 모릅니다. 영감님께서 기도문을 하
나 적어 주시면 고맙겠습니다."

역산은 조상 죄를 회개하는 기도문을 적어 주었다.

' 우주의 주인이시며 인간의 영원한 부모이신 천지부모님이시여,
간절히 구하옵나이다. 우리의 조상들이 어리석어서 죄를 많이 지
었나이다. 무거운 죄 때문에 지옥에 들어가서 무서운 고통을 받고
있는 것을 알고 있나이다. 또한 조상들이 지은 죄 때문에 오늘날
저희도 이렇게 많은 고난을 당하고 있는 줄 알고 있나이다. 천지
부모님이시여, 다시 한번 자비를 베풀어 주시옵소서. 저희가 조상
들의 죄업을 모두 다 갚을 때까지 천지부모님 앞에 충성과 효성을
다 바치겠나이다. 그리고 천지부모님을 절대적으로 믿으며 지극히
모시고 살겠나이다. 또한 바른 마음을 가지며 정직하고 진실하게
살겠나이다. 천지부모님의 무량한 은혜 앞에 한없는 감사함을 느
끼며 은혜에 보답하는 마음으로 공익사업을 위하여 헌금을 바치겠
나이다. 이러한 정성을 받아 주시어 조상들의 죄업을 소멸시켜 주
시옵소서. 혈통의 인연을 타고 내려오는 조상들의 죄업을 저희 당
대에 다 소멸시켜 주시옵소서. 간절히 빌고 원하옵나이다. 그리하

여 저희들의 자녀에게는 삼재팔난의 재난이 닥치지 않게 하여 주
시옵소서. 또한 저희가 들인 정성으로 지옥에서 고통당하는 조상
들을 해방시켜 주시옵소서. 조상과 후손은 혈통의 인연 때문에 공
동의 운명이란 것을 알고 있나이다. 그러므로 조상들이 지은 모든
악업은 후손이 반드시 갚아야 된다는 천리원칙을 이제 확실히 깨
달았사오니, 업보를 소멸하는 데 온갖 정성을 다 기울이도록 도와
주시옵소서. 저희는 이제 악도(惡道)에서 발길을 돌려 선도(善導)
로 돌아가 참된 사람이 될 것을 천지부모님 앞에 맹세하옵나이다.
도중에 마음이 변하지 않도록 지켜 주시옵고, 만일 변심이 일어나
면 무서운 징계를 내려서라도 정도의 길을 가도록 지켜 주시옵소
서. 일심으로 비옵나이다. 일심으로 비옵나이다. 일심으로 비옵나
이다.'

　이렇게 적어 주자 그녀는 잘 접어서 가방 속에 집어 넣었다.
그리고는 질문했다.
"영감님, 죽음이란 무엇입니까?"
"죽음이란 천지부모님이 계시는 본고향으로 돌아가는 것이지요.
사람은 육신과 영혼의 이중구조로 되어 있는데, 죽음을 통하여 육
신을 벗어 버리고 영혼만이 영계에 들어가서 영원히 살지요."
　그녀는 다시 물었다.
"죽는 순긴 이렇게 죽이야 하나요?"
"죽는 순간에 한을 남기거나 후회하지 말아야 합니다. 물론 한
을 남기지 않으며 후회하지 않으려면 생전에 바르게 살아야 할 것
이며, 저승 보따리를 잘 챙겨 둬야 하겠지요."
　그녀의 질문은 더 진지해졌다.
"영감님, 그 저승보따리에는 무엇 무엇을 챙겨 둬야 하나요?"
"여러 가지 많이 있겠지만, 나는 세 가지만 강조하겠소. 첫째는
남을 위해 베푼 공덕이지요. 생전에 어느 방면으로든지 남을 위하
여 많이 베푼 공덕을 저승 보따리에 많이 담아 두어야 영생길이
편안합니다. 둘째는 선한 사람과 상생의 인연을 많이 맺어 두는

것이 좋은데, 선한 인연을 저승보따리에 많이 담아 두면 저승길에 외롭지가 않아요. 셋째는 하늘의 심정을 많이 체휼해 두는 것이 보물 중에 가장 큰 보물입니다. 이처럼 귀중한 체휼을 저승보따리에 많이 담아 두면 그 사람은 영계에 가서 높은 자리에 올라가게 되지요.”

그녀는 다시 물었다.

“땅에서 원수를 맺고 있는 사람이 있는데 어떻게 할까요?”

“누구와 원수를 맺었소?”

그녀는 과거를 회상하며 털어놓았다.

김말숙, 그녀는 23세 때 최씨란 사람과 결혼을 했는데, 최씨는 천하에 둘도 없는 바람둥이였다. 그녀가 해산을 했는데도 남편은 쳐다보지도 않고서 다른 여자와 즐기고 있었다. 그녀는 해산한 몸으로 손수 밥을 지어 먹으며 남편에 대한 저주심이 일어났다. 그러다가 첫딸이 백일이 좀 지나서 남편 최씨는 온다 간다 말도 없이 다른 여자와 함께 사라져 버렸다. 그때부터 그녀는 병이 들어 시름시름했다. 병들고 생활능력도 없는 그녀를 버리고 떠나간 남편에 대한 저주가 그녀의 머릿속에 가득 차 있었다.

“영감님, 최씨 그놈은 원수예요. 그 원수놈을 도저히 잊을 수가 없어요.”

이야기를 듣고 난 역산은 말했다.

“남편 최씨 그놈은 정말 나쁜 놈이군요. 생활능력도 없는 처와 딸을 버리고 자기 일신의 향락을 위해 떠나가다니, 아마 지금쯤 그놈도 벼락을 맞아 죽었을 거요. 이젠 그 원수에 대한 감정을 풀어 버리세요. 지상에서 세 사람 이상의 원수를 맺고 가면 천국을 못 들어가는 법이오. 그러니 이제 당신 스스로 다 풀어 버리세요. 죽기 전에 다 풀고 3일 이상 기도해 주어야 합니다.”

그녀는 고개를 끄덕였다.

“영감님, 전 병든 몸이라 앞으로 오래 못 살 것 같아요. 죽음에 대한 문제를 어떻게 대비하고 살까요?”

“한시도 죽음에 대한 문제를 소홀히 하지 마세요. 잠자리에 들

때도 이것이 내가 마지막 병상에 눕는다고 각오를 하면서 잠자리에 드세요. 당신의 사주로 보나 건강으로 봐서 아마 금년을 넘기기가 어려울 거요.”

“금년이 아니라 앞으로 몇 달도 못 살 것 같아요. 영감님, 죽음에 대한 법문을 좀 들려주세요. 부탁합니다.”

그녀가 애원을 하자 역산 선생은 말했다.

“사람이 죽을 때가 되면 아무리 악독한 인간도 착해지는데, 그 이유는 본심이 나타나기 때문입니다. 평소에는 악마의 노예가 되어 시기심과 질투심과 원망과 교만한 마음으로 살인이나 도둑질이나 간음을 행하고 살았는데, 임종에 다다르면 악마가 이용 가치가 없음을 알고는 떠나갑니다. 악마가 떠나가자 그제야 본심이 나타나 지극히 선하게 되지요. 생전 처음으로 느끼는 본심이 나타나니 지금까지 살아오면서 죄 지었던 것을 후회하며 눈물을 흘리게 됩니다. 그때서야 모든 죄업을 놓고 진심으로 용서를 빌며 회개의 눈물을 흘리지요. 평소에는 그토록 저주하며 살던 원수의 이름을 놓고 용서를 빌며 참회의 눈물을 흘리는데, 참으로 진실되고 아름다운 본심의 마음은 누구나 임종 시기에 나타나는 것입니다. 그러나 당신은 때가 너무 늦었습니다. 좀더 젊었을 때 이러한 본심을 가졌더라면 좋았을 텐데, 이제 와서 후회를 한들 무슨 소용이 있겠습니까. 그래서 생전에 하늘을 잘 모시고 살면서 마음을 잘 닦아야 하는 것입니다. 생전에 본심의 소리에 귀를 잘 기울이며 살아야 막상 죽을 때 후회하지 않는 죽음을 맞이할 수 있는 거라구요. 지금부터라도 하늘을 잘 모시고 사세요.”

그녀는 감격의 눈물을 또 흘렸다.

“영감님, 전 죽는다는 것이 두려워요. 왜 이렇게 죽음이 무섭지요?”

역산은 또박또박 분명하게 말해 주었다.

“죽음이란 영혼과 육신이 분리되는 것인데, 옷이 낡아지면 벗어버리는 것처럼 육신도 노쇠하면 벗어버리고 영혼만이 영계에 들어가서 영원히 살게 되지요. 타락으로 말미암아 사람들은 모두 영안

(靈眼)이 어두워져 있습니다. 영안이 어둡다 보니 육신의 죽음을 두렵게 생각하고 있는 거예요. 이제 이러한 천지간의 이치를 깨달으셨으면 죽음에 대한 공포심을 버리고 새로운 생사관을 가지세요. 죽음이란 이처럼 두려운 것이 아닙니다. 다만 저승보따리를 잘 챙기지 못한 것이 두려울 뿐이지요. 즉 공덕을 쌓지 못한 것이 두렵고, 생전에 하늘을 잘 모시지 못한 것이 두려우며, 죄 지은 것이 두려울 뿐입니다. 그러나 생전에 하늘을 잘 모시고 살면서 저승보따리를 잘 챙긴 사람은 두려울 것이 없습니다. 저승보따리만 잘 챙겼다면 오히려 기뻐하며 가는 길이 저승길입니다. 죽음이란 천지부모님이 계시는 본고향으로 돌아가는 것인데, 돌아갈 때 무엇을 선물로 가지고 가야 천지부모님께서 기뻐하겠습니까.”

역산 선생의 말에 그녀는 아주 밝은 모습으로 변했다.

“영감님, 저도 이제 저승보따리 챙기는 공부를 하렵니다. 이제 죽을 날도 얼마 남지 않았으니 열심히 살아 보겠습니다. 오늘 말씀 너무나 고맙습니다.”

그녀는 발걸음을 가볍게 돌아서 가고 있었다.

위령제

　김말숙 씨가 다녀간 후 두 달쯤 뒤에 25세 가량의 아가씨가 역산 선생을 찾아왔다. 그녀는 공손하게 역산 선생께 인사를 했다.
　"영감님, 두 달 전에 저희 어머니가 영감님께 좋은 말씀을 많이 듣고 왔었는데 기억이 나시는지요. 이름이 김말숙이라고 합니다."
　역산 선생은 하도 여러 사람을 상대하다 보니 누군지 빨리 감을 잡지 못했다.
　"누구를 말씀하시는지요?"
　"그때 영감님께서 죽음에 대한 말씀을 많이 해 주셨다면서요. 저희 어머니는 그때 병근이 깊었는데요."
　그제야 기억이 나는 듯 역산 선생은 고개를 끄덕였다.
　"알겠소. 그래 아직도 살아 계신가요?"
　"돌아가셨어요. 3일 전에 장례를 치렀지요. 흐흑, 불쌍하신 어머니세요."
　"그래 마지막 남긴 말은 없었던가요?"
　그녀는 눈물을 닦으며 말했다.
　"어머니께서는 마지막까지 영감님을 그리워하셨어요. 그리고 말씀하시기를, 저도 영감님을 자수 찾아뵙고 많은 가르침을 받으며 살아가라고 했어요."
　역산은 혀를 끌끌 찼다.
　"한많은 일생을 끝냈군요. 불쌍한 사람이었소. 위령제라도 한 번 잘 지내 주세요."

"영감님, 불쌍하신 저의 어머니를 위해서 위령제를 좀 지내 주세요. 부탁드립니다."

역산은 흔쾌히 허락했다.

이튿날 김말숙의 딸 최연희와 역산 선생은 간단한 제물을 준비하여 묘지로 향했다. 망우리 공동묘지에 가서 보니 김말숙의 묘는 한쪽 구석에 자리잡고 있었다. 역산과 최연희는 제삿상을 차려 놓고 위령제를 시작했다. 목탁 소리와 천문 암송 소리가 온 산골짜기에 울려 퍼졌고, 금방이라도 귀신들이 무덤에서 뛰쳐 나올 것만 같았다.

한참 후 역산은 천상길 인도하는 축문을 올렸다.

"영가시여, 정신을 차려 이 축원을 잘 들으소서. 이 세상에서 영가가 선악간 받은 바 그것이 멀리는 부모나 조상이 지은 것을 받게 되었고, 가까이는 영가 자신이 지어서 받은 것이나이다. 그러니 이 세상에서 선악간 지은 바 그것은 천상세계에 들어가서 심판을 받게 되나니 이것이 곧 천지의 대법칙이나이다. 영가이시여, 천지자녀가 되어 천국으로 들어가거나 죄악자녀가 되어 지옥으로 들어가는 것이 모두 자기 자신이 짓는 줄로 이제 확연히 아셨나이까. 생사의 이치는 천지자녀나 죄악자녀가 다 같은 것이며, 영혼의 본래 모습도 또한 다 같은 청정한 모습이었습니다. 그러나 이 세상에 나와서 광채 나는 영혼으로 진급하기도 하고, 반대로 죄짓고 살다가 악한 영혼으로 강급하기도 하나이다. 우리 인생은 육신을 낳아 주신 생육부모님이 계시고, 또 우리의 영혼을 낳아 주신 천지부모님이 계시나이다. 우리 인생들은 육신의 눈만 있어서 육신을 낳아 주신 생육부모님은 알았으나 영혼을 낳아 주신 천지부모님은 몰랐나이다. 또 이승세계는 알았으나 본고향인 저승세계는 몰랐나이다. 영가시여, 이제 육신을 벗음으로 이승세계와는 완전히 이별하게 되었나이다. 이제 이 육신을 벗어 버리고 천상세계에서 자리를 정할 때에는 영가의 업보에 따라 자리를 결정하나니, 평생을 욕되게 살지 않았다면 천국으로 들어가서 그곳에서 영원토록 복락을 누리며 살게 될 것이나이다. 듣고 들으시나이까. 또 들으소서. 영가시여, 보배로운 천문을 지성으로 암송하면서 저승문을 들어가소서. 생전에 비록 공덕이 부족하여도 천문을 지성으로 암송하면 구원을 얻게 되고, 또한 어떠한 죄악도 다 소멸시킬 수 있는 축복이 천문 속에 있사오니 지성으로 암송하시어 지옥을 피하여 천국으로 들어가시옵소서. 일심으로 비나이다. 일심으로 비나이다. 일심으로 비나이다.”

　기도를 하는 동안 그녀의 딸은 하염없이 눈물을 흘렸다.
　이윽고 위령제가 끝나자 역산은 막걸리 한 잔을 절반쯤 마시고는 나머지를 무덤에다 뿌리며 말했다.
　“이보시게, 편안히 잠드시게. 인생이란 다 그런 거요. 사랑도 미움도 모두 버리고 고이 주무시게……”
　역산은 음복을 한 뒤 짐들을 챙겼다.
　버스를 타고 돌아오는데 차 안에서 망자의 딸 최연희가 질문했다.
　“영감님, 사람이 산다는 게 참으로 허망한 것 같아요. 이번 어머니의 죽음을 보고서 많은 것을 느꼈어요.”
　“누구나 다 죽게 되는 거요. 문제는 죽을 때 어떻게 죽느냐 하는 것인데, 죽을 때 후회를 하면 생전에 바르게 살지 못한 것이고, 죽을 때 아무 부끄럼 없이 죽는다면 잘 산 인생이지요. 인생은 한 번뿐이오. 남은 인생을 바르게 살도록 하시오. 바르게 산다는 것이 무엇이겠소. 곧 저승보따리를 잘 챙기는 것을 말하는 거요……”
　역산은 다시 지하철 뚝섬역 계단 밑으로 돌아왔다. 그리곤 종이에다 글을 하나 써서 최연희에게 내보였다.

　‘ 차신불향금생도(此身不向今生度)
　　갱대하생도차신(更待何生度此身).’

　“영감님, 이 글이 무슨 뜻인가요?”

"이번 생에 이 몸을 제도하지 못하면 다시 어느 생을 기다려 제
도할 것이냐 하는 뜻이지요. 정말 금생이 중요한 것이오. 이생에서
갈고 닦아 성불하지 못하면 기약도 할 수 없는 긴 세월을 기다려
야 하는 거요. 지상에서 한 단계 완성하는 것을 천상에 가서는 천
년을 수고해도 어렵다고 하오."

그녀는 오늘 일을 고마워하며 돌아갔다.

역산은 위령제 때 쓰다 남은 막걸리를 들어 병째 나발을 불었
다.

역산 선생은 한참 동안 깊은 생각에 잠겨 있다가 기분도 울적하
고 해서 영업을 끝내기로 했다. 책은 낡아빠진 가방에 주워 담고,
돗자리는 둘둘 말아 계단 구석에 밀어넣고는 집으로 향했다.

해는 아직 많이 남아 있었다.

끝맺는 말

어떻게 살아야 죽을 때 후회없는 죽음을 맞이할 수 있을까 하는 것이 인생살이에 있어서 중요한 문제라고 생각된다. 이 우주가 지상세계뿐이라면 죽음에 대한 문제를 생각해 볼 필요도 없겠지만, 그러나 알고 보면 육신을 벗은 후 영혼의 세계가 분명히 있다.

그러니 그곳에 들어갈 준비를 하지 않을 수 없는 것이다. 저승보따리를 챙기는 일이 전설에 나오는 옛날 이야기가 아니며 또 남의 일도 아니다. 바로 나 자신의 일이며, 나 자신의 영생 문제이다. 아무튼 필자는 영적인 체험을 통해 영계를 구경하여 왔고, 또 확신을 가지고 말하는 것이다.

이 책에서 예화에 등장된 사람의 이름은 모두 가명이며, 혹자의 항의를 피하기 위해 월간(月刊)을 바꾸어서 사주를 정립해 놓았다. 이 점을 독자께서는 이해해 주었으면 한다. 천국의 길잡이, 저승보따리의 대미를 끝내면서…….

1996년

김찬동

팔자 고치는 법
―사주팔자를 고쳐야 성공한다

초판 인쇄 · 1996년 7월 25일

초판 발행 · 1996년 7월 29일

지은이 · 김찬동

펴낸이 · 임종대/펴낸곳 · 미래문화사

등록번호 · 제3-44호/등록일자 · 1976년 10월 19일

주소 · 서울시 용산구 효창동 5-421

전화 · (02)713-6647/715-4507

팩시밀리 · 713-4805

값 · 6,000원

ISBN 89-7299-116-3 03810

● 작자와의 협의하에 인지는 생략합니다.

● 잘못 만들어진 책은 바꾸어 드립니다.

● 저자 주소 · 서울시 성동구 성수1가 656-892 역산철학원

● 저자와의 만남 · (02)465-3207/456-9616